하루 10분, 90일 영어 습관 프로젝트

캘리쌤의 루틴 잉글리시

하루 10분, 90일 영어 습관 프로젝트

캘리쌤의 루틴 잉글리시

CALLIE'S ROUTINE ENGLISH

캘리쌤
지음

북플레저

Travel/Special Events
여행과 특별한 날의 루틴 영어

CHAPTER

3

안녕하세요, 캘리쌤입니다. 저는 한국에서 10년 넘게 다양한 분들께 영어를 가르쳐 왔습니다. 대치동의 학생부터 국제학교 학생, 외국계 직장인, 스타트업 CEO, 심지어 K-pop 아티스트까지 정말 많은 분들과 함께했어요. 그런데 가르치면서 한 가지 놀라운 사실을 발견했습니다. 대부분의 한국인분들은 단어와 문법 지식을 충분히 가지고 있었어요. 하지만 막상 외국인 앞에 서면 머리가 하얘지고, 아는 표현조차 입 밖으로 잘 나오지 않는다고 고민을 털어놓았어요.

"10년, 아니 그 이상을 영어 공부에 쏟았는데 왜 아직도 외국인 앞에만 서면 머리가 하얘질까요?"

혹시 여러분도 이런 경험이 있나요? 분명히 알고 있는 단어나 표현인데 실제 대화에서는 잘 떠오르지 않고, 말문이 뚝뚝 끊기는 현상. 이건 결코 노력이 부족해서가 아닙니다. **문제는 공부하는 방식에 있습니다.** 대부분의 한국인들이 하는 영어 공부 방식은 이렇습니다.

- 단어를 외우거나 문법책을 공부한다.
- 토익 등 시험 대비 문제를 풀거나 템플릿을 암기한다.
- 영어 회화 학원에 다닌다.

하지만 이런 방식으로는 미국에 갔을 때 실제 상황에서 자연스럽게 말하기가 어렵습니다. 왜냐하면 영어가 사용되는 상황과 맥락을 함께 익히지 않았기 때문이죠. 그렇다면 왜 《캘리쌤의 루틴 잉글리시》가 해결책이 될 수 있을까요? 언어학계에서 가장 영향력 있는 스티븐 크라센(Stephen D. Krashen) 박사의 가설을 소개해 드릴게요. 그의 핵심 주장은 이렇습니다. 학습자가 자신의 수준보다 조금 더 어려운 언어에 노출되면서, 상황과 맥락을 통해 메시지를 이해할 때 가장 빠르게 언어를 배우게 된다는 것입니다. 아이들이 문법책 대신 보고 듣고 따라 하면서 자연스럽게 언어를 배우는 것과 같죠.

제가 일상 브이로그를 통해 영어를 가르치는 이유도 바로 여기에 있습니다. 예를 들어 "make the bed"라는 표현을 배운다고 해볼게요.

기존 방식	브이로그 방식
"make the bed=침대를 정리하다"라고 뜻을 단순히 암기한다.	실제로 침대를 정리하는 모습을 보며 "I'm making the bed"라는 말과 상황을 함께 익힌다.

어떤 방식이 더 오래 기억에 남고 실제 상황에서 바로 적용할 수 있을까요?

이 책을 효과적으로 활용하는 법

이 책은 여러분의 일상을 모두 영어로 말할 수 있도록 구성되었습니다.

• 챕터 1: 아침, 저녁 등 집에서의 루틴

• 챕터 2: 회사, 카페, 병원 등 바깥에서의 루틴

• 챕터 3: 여행, 생일 등 특별한 날의 루틴

각 루틴은 Day 1과 Day 2로 나뉩니다.

• Day 1: 상황별 영어와 핵심 표현을 익히는 "Input Day"

• Day 2: 실제 대화와 문화 팁, 영작 훈련을 통해 체화하는 "Output Day"

각 에피소드에 있는 QR 코드를 통해 제가 직접 녹음한 음성파일을 들어보세요. 원어민의 자연스러운 발음과 억양을 익힐 수 있습니다. 챕터가 끝날 때마다 준비된 퀴즈로 실력을 점검하는 것도 잊지 마세요!

또, 오른쪽 QR 코드를 스캔하면 책 내용과 관련된 브이로그 영상을 만나볼 수 있어요. 배운 표현들이 실제 상황에서 어떻게 쓰이는지 보며 더 깊이 있게 익혀보세요. 눈으로 보고, 귀로 듣고, 입으로 따라 하는 '살아 있는 영어'를 경험할 수 있을 거예요.

루틴 브이로그 영상 보러 가기

하루 10분, 루틴 영어의 기적

영어는 단 하루 만에 갑자기 잘하게 되는 기술이 아닙니다. 하지만 하루에 단 10분이라도 꾸준히 루틴을 지켜나간다면, 90일 뒤에는 영어가 분명 더 쉽고 재미있는 친구가 되어 있을 거예요. 이제 영어를 공부하거나 억지로 암기하지 마세요. **대신 경험하고 체화하세요.**

여러분의 여정을 진심으로 응원합니다. 그리고 저, 캘리쌤이 늘 곁에서 함께하겠습니다.

캘리쌤 드림

캘리쌤과 이렇게 공부해 보세요

한 가지 주제에 대한 루틴 영어를 2일 동안 깊이 있게 배워요.
1일 차에는 상황별 영어와 핵심 표현을 익히는 "Learn it - Input Day"
2일 차에는 실제 대화와 문화 팁, 영작 훈련으로 표현을 체화하는 "Use it - Output Day"

DAY 1 – Learn it

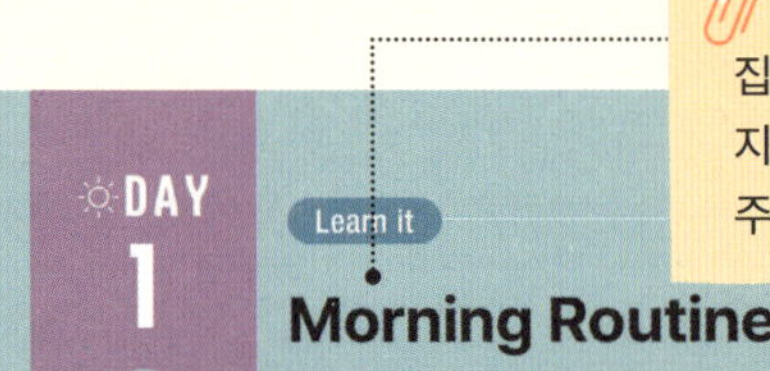

집에서의 생활부터 외출과 특별한 날까지, 일상의 모든 순간을 아우르는 45가지 주제를 담았습니다.

The very first thing I do every morning is drink some water because I always wake up feeling a bit **dehydrated**. Then I **squeeze** some **toothpaste** onto my **toothbrush** and start **brushing my teeth**. After I brush my teeth, I **do some light stretching.**

I usually do simple stretches in the morning, such as touching my toes or raising my arms above my head. After about five minutes of stretching, I sit on the ground with my legs crossed to **meditate**. While meditating, I close my eyes and rest my hands on my legs. I try to **sit very still** and ⋯⋯ reath.

⋯저 하는 일은 물을 마시는 거예요, 왜냐하면 자고 일어나면 항상 ⋯족하다는 느낌이 들거든요. 그러고 나서 칫솔에 치약을 짜서 양⋯에는 가볍게 스트레칭합니다.

⋯한 스트레칭을 하는데요, 발가락을 터치하거나 팔을 머리 위로 ⋯것들이에요. 약 5분 정도 스트레칭한 뒤에는, 명상하기 위해서 ⋯앉아요. 명상하는 동안에는, 눈을 감고 손을 다리 위에 올려둡니⋯아서 호흡에 집중하려고 해요.

Script
캘리쌤이 직접 만든 브이로그 지문으로, 실제 일상에서 자주 쓰이는 이야기만 담았습니다. 생활 속 영어 대화와 실제 원어민 감각에 맞춘 자연스러운 해석을 통해 교과서 영어가 아닌 진짜 실생활 표현을 배워보세요.

QR코드
캘리쌤이 직접 녹음한 음성을 QR 코드로 제공합니다. 듣고 따라 하면 귀와 입이 자연스럽게 영어에 익숙해질 거예요.

Vocabulary

dehydrated 수분이 부족한 | **squeeze** 눌러서 짜다 | **toothpaste** 치약 | **toothbrush** 칫솔 |
meditate 명상하다 | **sit still** 가만히 앉다 | **focus on** ~에 집중하다 | **comforter** 이불 | **spread** 펴다,
퍼뜨리다 | **smooth out** 펴다 | **wrinkles** 주름 | **dry off** 몸을 말리다 | **wrap** 감싸다 | **every once
in a while** 가끔 | **neighborhood** 동네

🔊 Key Phrases

✅ **Brush (one's) teeth** 이를 닦다
  I always brush my teeth after eating.
  나는 항상 식사 후에 이를 닦는다.

✅ **Do some light stretching** 가볍게 스트레칭을 하다
  Let's do some light stretching before our run.
  뛰기 전에 가볍게 스트레칭을 하자.

  I take a few minutes to pick out my clothes every morning.
  나는 매일 아침마다 옷을 고르는 데 몇 분이 걸린다.
  다르게 말해보기 Choose an outfit / Figure out what to wear

✅ **Get dressed** 옷을 입다
  I got dressed quickly and left for work.
  나는 서둘러 옷을 입고 출근했다.
  다르게 말해보기 Put on some clothes / Throw on some clothes

DAY 2 – Use it

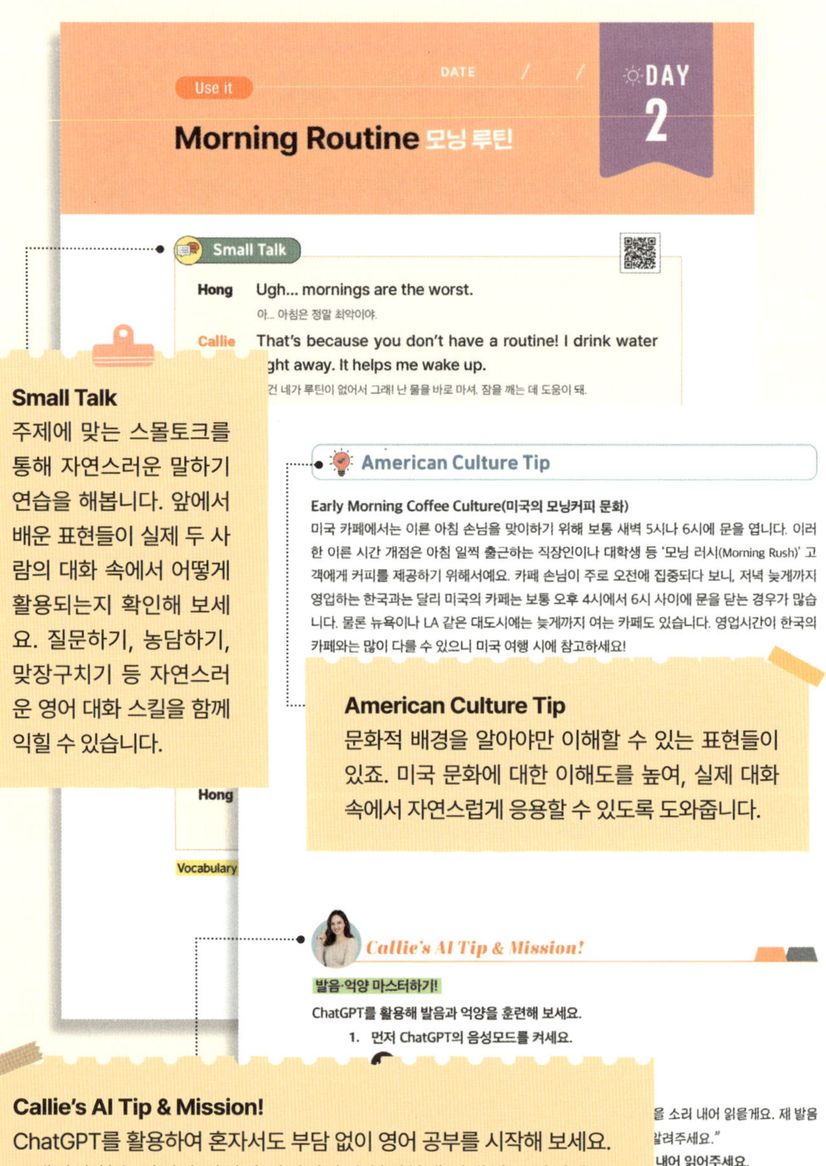

Small Talk
주제에 맞는 스몰토크를 통해 자연스러운 말하기 연습을 해봅니다. 앞에서 배운 표현들이 실제 두 사람의 대화 속에서 어떻게 활용되는지 확인해 보세요. 질문하기, 농담하기, 맞장구치기 등 자연스러운 영어 대화 스킬을 함께 익힐 수 있습니다.

American Culture Tip
문화적 배경을 알아야만 이해할 수 있는 표현들이 있죠. 미국 문화에 대한 이해도를 높여, 실제 대화 속에서 자연스럽게 응용할 수 있도록 도와줍니다.

Callie's AI Tip & Mission!
ChatGPT를 활용하여 혼자서도 부담 없이 영어 공부를 시작해 보세요. 구체적인 학습 방법과 명령어 입력법까지 친절하게 안내해 드립니다.
⚠ AI 답변은 정확하지 않을 수 있습니다. 버전에 따라 결과가 다를 수 있으니 여러 번 시도하며 자신만의 학습 노하우를 만들어보세요.

·Diary

이번 파트에서 배운 주요 표현과 단어들을 활용해, 아래 질문에 답해보세요.

Callie's Diary The very first thing I do every morning is drink some water
... ... hydrated when I wake up. After that, I brush my
... ... retching. Then I make my bed and take a hot

... 물을 마시는 일인데, 자고 일어나면 항상 약간 수분이 부족한
... 양치를 하고 가볍게 스트레칭을 해요. 그 후엔 침대를 정리하고

Diary

1~2일 농안 배운 내용을 '내 표현'으로 만
드는 시간이에요. 캘리쌤의 문장 패턴에 여
러분의 단어와 표현을 담아 나만의 이야기
를 완성해 보세요. 여백의 노트에 자유롭게
나만의 일기를 추가로 작성해도 좋습니다.

REVIEW

DAY 1-30 **REVIEW** ·

30일 동안 정말 열심히 공부해 온 여러분, 스스로에게 큰 박수를 보내주세요! 꾸준
히 좋은 습관을 만들어가며 여기까지 왔어요. 지난 30일간 함께 배운 내용을 차근
차근 돌아보며, 간단하게 점검해 볼까요?

※ 알맞은 영어 단어를 골라 빈칸을 완성해 보세요

01 I always _______ my bed in the morning.
    A) clean   B) organize   C) make

02 Every night, I _______ my vitamins after ea
    A) take   B) eat   C) swallow   D)

한 챕터가 끝날 때마다 리뷰 코너가
있습니다. 주요 표현과 문장을 되짚으
며 배움을 정리하고, 캘리쌤의 응원과
함께 다음 단계로 나아가 보세요.

03 On weekends, I like to _________ becaus
    A) sleep in   B) oversleep   C) sleeping   D) sleepy

04 Let's just take it _________ tonight and watch a movie.

우리의 하루는 대부분 작은 루틴들이 모여 만들어져요. 아침에 일어나 침대를 정리하고, 세수하고, 커피를 마시고, 집 안을 돌보는 일들처럼 누구나 매일 반복하는 순간들이 있죠.

이런 평범한 일상을 모두 영어로 표현할 수 있다면, 여러분의 영어 실력은 정말 눈에 띄게 달라질 거예요. 매일 같은 상황이 반복되기 때문에, 루틴을 통해 배운 표현이 자연스럽게 떠오르고, 영어가 입에 착착 붙기 시작합니다.

이 챕터에는 집 안에서 일어나는 모든 루틴을 담았어요. 아침부터 저녁까지, 주말의 느긋한 순간부터 요리하는 시간까지. 집에서 보내는 하루가 영어로 가득 차도록 도와줄 거예요.

그럼 시작해 볼까요?

Chapter 1

DAILY ROUTINES AT HOME

집 안에서의 일상 루틴 영어

Learn it

Morning Routine 모닝 루틴

 Script

The very first thing I do every morning is drink some water because I always wake up feeling a bit **dehydrated**. Then I **squeeze** some **toothpaste** onto my **toothbrush** and start **brushing my teeth**. After I brush my teeth, I **do some light stretching.**

I usually do simple stretches in the morning, such as touching my toes or raising my arms above my head. After about five minutes of stretching, I sit on the ground with my legs crossed to **meditate**. While meditating, I close my eyes and rest my hands on my legs. I try to **sit very still** and **focus on** my breath.

매일 아침에 가장 먼저 하는 일은 물을 마시는 거예요, 왜냐하면 자고 일어나면 항상 몸에 수분이 약간 부족하다는 느낌이 들거든요. 그러고 나서 칫솔에 치약을 짜서 양치해요. 이를 닦은 후에는 가볍게 스트레칭합니다.

아침에는 보통 간단한 스트레칭을 하는데요, 발가락을 터치하거나 팔을 머리 위로 올리는 동작과 같은 것들이에요. 약 5분 정도 스트레칭한 뒤에는, 명상하기 위해서 다리를 꼬고 바닥에 앉아요. 명상하는 동안에는, 눈을 감고 손을 다리 위에 올려둡니다. 최대한 가만히 앉아서 호흡에 집중하려고 해요.

Vocabulary

dehydrated 수분이 부족한 | squeeze 눌러서 짜다 | toothpaste 치약 | toothbrush 칫솔 | meditate 명상하다 | sit still 가만히 않다 | focus on ~에 집중하다 | comforter 이불 | spread 펴다, 퍼뜨리다 | smooth out 펴다 | wrinkles 주름 | dry off 몸을 말리다 | wrap 감싸다 | every once in a while 가끔 | neighborhood 동네

After that, it's time to **make my bed**. I grab the **comforter** and **spread** it evenly across the bed. I put the pillows on top and **smooth out** the comforter as much as possible so there aren't any **wrinkles**. Next, I **take a hot shower**. I **dry off** and **wrap** myself in a towel before **picking out my clothes**.

I **get dressed**, and then it's finally time for my favorite part of my morning routine: eating breakfast and drinking coffee. Normally, I cook breakfast, but **every once in a while**, I order delivery from a local cafe in my **neighborhood**. While eating breakfast, I usually read my book.

그다음에는 침대를 정리할 시간이에요. 이불을 잡아 침대 위에 고르게 펼쳐요. 베개를 위에 놓고 주름이 생기지 않도록 이불을 최대한 펴줍니다. 그다음에는 따뜻한 물로 샤워를 해요. 옷을 고르기 전에 몸을 말리고 수건으로 몸을 감싸요.

옷을 입고, 그리고 드디어 제가 아침 루틴 중 가장 좋아하는 시간이에요. 아침을 먹으면서 커피를 마시는 시간이죠. 평소에는 아침을 요리하지만, 가끔은 동네 카페에서 배달을 시켜요. 아침을 먹는 동안에는 보통 책을 읽어요.

✅ **Brush (one's) teeth** 이를 닦다

> I always **brush my teeth** after eating.
> 나는 항상 식사 후에 이를 닦는다.

✅ **Do some light stretching** 가볍게 스트레칭을 하다

> Let's **do some light stretching** before our run.
> 뛰기 전에 가볍게 스트레칭을 하자.

✅ **Make (one's) bed** 침대를 정리하다

> My room looks much cleaner when I **make my bed**.
> 침대를 정리하면 내 방이 훨씬 깔끔해 보인다.

✅ **Take a shower** 샤워를 하다

> I love **taking hot showers** in the winter.
> 나는 겨울에 뜨거운 물로 샤워하는 것을 좋아한다.
> **다르게 말해보기** Shower / Hop in the shower

✅ **Pick out (one's) clothes** 옷을 고르다

> I take a few minutes to **pick out my clothes** every morning.
> 나는 매일 아침마다 옷을 고르는 데 몇 분이 걸린다.
> **다르게 말해보기** Choose an outfit / Figure out what to wear

✅ **Get dressed** 옷을 입다

> I **got dressed** quickly and left for work.
> 나는 서둘러 옷을 입고 출근했다.
> **다르게 말해보기** Put on some clothes / Throw on some clothes

DATE   /   /

☀ DAY 2

Morning Routine 모닝 루틴

Small Talk

Hong Ugh... mornings are the worst.

아... 아침은 정말 최악이야.

Callie That's because you don't have a routine! I drink water right away. It helps me wake up.

그건 네가 루틴이 없어서 그래! 난 물을 바로 마셔. 잠을 깨는 데 도움이 돼.

Hong I just **go straight for** coffee.

난 그냥 바로 커피부터 마시는데.

Callie Yeah, I know. After drinking water, I brush my teeth, stretch a little, and meditate.

응, 나도 알아. 난 물 마시고 나서 양치하고, 스트레칭 좀 하고, 명상도 해.

Hong Meditate? I **barely** have time to get out the door.

명상? 난 집 밖으로 나갈 시간도 빠듯한데.

Callie That's why I make time! Oh, and I always make the bed before showering.

그래서 일부러 시간을 내는 거지! 아, 그리고 난 항상 샤워하기 전에 침대부터 정리해.

Hong So that's why it looks perfect every morning.

그래서 아침마다 그렇게 완벽해 보였던 거구나.

Callie Yep! Then it's finally time for breakfast and coffee. The best part of the morning!

맞아. 그러고 나면 드디어 아침 먹고 커피 마실 시간이야. 아침 중 최고의 순간이지!

Hong Now you're speaking my language!

이제야 말이 통하네!

Vocabulary go straight for 바로 ~로 가다 | barely 거의 ~아니다

23

Early Morning Coffee Culture(미국의 모닝커피 문화)

미국 카페에서는 이른 아침 손님을 맞이하기 위해 보통 새벽 5시나 6시에 문을 엽니다. 이러한 이른 시간 개점은 아침 일찍 출근하는 직장인이나 대학생 등 '모닝 러시(Morning Rush)' 고객에게 커피를 제공하기 위해서예요. 카페 손님이 주로 오전에 집중되다 보니, 저녁 늦게까지 영업하는 한국과는 달리 미국의 카페는 보통 오후 4시에서 6시 사이에 문을 닫는 경우가 많습니다. 물론 뉴욕이나 LA 같은 대도시에는 늦게까지 여는 카페도 있습니다. 영업시간이 한국의 카페와는 많이 다를 수 있으니 미국 여행 시에 참고하세요!

 *Callie's AI Tip & Mission!*

발음·억양 마스터하기!

ChatGPT를 활용해 발음과 억양을 훈련해 보세요.

1. 먼저 ChatGPT의 음성모드를 켜세요.

2. ChatGPT에 아래와 같이 요청하세요.

   "저는 원어민처럼 영어를 말하고 싶어요. 영어 문장들을 소리 내어 읽을게요. 제 발음과 억양을 더 자연스럽게 만들 수 있는 구체적인 팁을 알려주세요."

3. 22쪽의 Key Phrases 예문을 한 문장씩 영어로 소리 내어 읽어주세요.

4. 잘 와닿지 않거나, 이해가 안 될 때는 이렇게 말하세요.

   "시범을 보여주세요." 그러면 ChatGPT가 원어민 억양으로 직접 읽어줍니다.

5. 수정된 발음으로 다시 읽고, 다음 문장으로 넘어가 보세요.

Diary

Q What's your typical morning routine?

당신의 평소 아침 루틴은 어떤가요?

(Callie's Diary) *The very first thing I do every morning is drink some water because I always feel dehydrated when I wake up. After that, I brush my teeth and do some light stretching. Then I make my bed and take a hot shower.*

아침에 일어나 가장 먼저 하는 일은 물을 마시는 일인데, 자고 일어나면 항상 약간 수분이 부족한 느낌이 들기 때문이에요. 그다음엔 양치를 하고 가볍게 스트레칭을 해요. 그 후엔 침대를 정리하고 따뜻한 물로 샤워해요.

이제 여러분이 써볼 차례예요!

The very first thing I do every morning is ___________________

because ____.

After that, I ___________________________________.

and ____.

Then I ____.

and ____.

☾DAY 3

Learn it

Night Routine 저녁 루틴

Script

Every night, after **putting on my PJs**, I **wash my face** and **take all my makeup off.** I start by **removing** my eyeliner and mascara with some makeup remover. Then I cleanse my face with a foam cleanser.

After I **rinse off** all the cleanser, I **pat** my face dry with a towel. Next, I put on some moisturizer. For the final step of my skincare routine, I **apply** a bit of eye cream to help **prevent** wrinkles. Once my face is nice and clean, I light a candle. I love how **cozy** they make my house feel.

매일 밤, 잠옷을 입은 후에 세수하고 화장을 전부 지워요. 먼저 메이크업 리무버로 아이라이너랑 마스카라를 지우는 것부터 시작해요. 그 다음엔 폼클렌저로 얼굴을 씻어요.

클렌저를 다 헹군 다음엔, 수건으로 얼굴을 톡톡 두드리면서 닦아요. 그다음엔 수분크림을 좀 발라줘요. 스킨케어 루틴의 마지막 단계로, 주름 예방에 도움이 되도록 아이크림을 조금 발라줘요. 일단 얼굴을 깨끗하게 씻고 나면, 저는 향초를 켜요. 향초가 집을 아늑하게 만들어주는 그 느낌이 정말 좋거든요.

Vocabulary

remove 제거하다 | **rinse off** 헹구다 | **pat** 두드리다 | **apply** 바르다 | **prevent** 예방하다 | **cozy** 아늑한 | **electric kettle** 전기 주전자 | **boil** 끓이다 | **bookworm** 책벌레 | **sleepy** 졸음이 오는 | **wash (something) down** ~를 넘기다, ~를 삼키다

Then I head to the kitchen to make a hot cup of tea. I fill the **electric kettle** and **boil** some water. I put a peppermint tea bag in my mug and pour the boiling water over it. After the tea cools down a bit, I **take my first sip**.

While enjoying my tea, I journal and read a few pages of a book. I like this part of my night routine the most since I'm a huge **bookworm**. When I start feeling **sleepy**, I blow out the candle and **go to bed**. Before **settling in**, I **take my vitamins** and **wash them down** with some water.

그리고 나면 부엌으로 가서 따뜻한 차를 한 잔 만들어요. 전기 주전자에 물을 채우고 끓여요. 머그잔에 페퍼민트 티백을 넣고 끓는 물을 부어요. 차가 좀 식고 나면, 첫 모금을 마셔요.

차를 즐기는 동안, 일기를 쓰고 책도 몇 장 읽어요. 저녁 루틴 중 이 시간을 제일 좋아해요. 제가 굉장한 책벌레라서요. 졸리기 시작하면 초를 끄고 침실로 자러 가요. 눕기 전에, 비타민을 챙겨 먹고 물로 삼켜요.

✅ **Put on (one's) PJs** 파자마(잠옷)를 입다

I always **put on my PJs** after dinner.
나는 항상 저녁을 먹은 후에 파자마를 입는다.

✅ **Wash (one's) face** 세수를 하다

He **washes his face** every morning and night.
그는 매일 아침과 저녁에 세수를 한다.
NOTE 'Wash my face', 'Take my makeup off' 등으로 말하는 대신, 그냥 'Do my skincare'를 사용해서 전체 세안 과정을 통틀어서 말할 수도 있습니다.

✅ **Take (one's) makeup off** 화장을 지우다

Don't forget to **take your makeup off** before bed.
자기 전에 화장을 지우는 걸 잊지 마.

✅ **Take a sip** 한 모금 마시다

I **took a sip** of tea and tried to relax.
나는 차를 한 모금 마시며 쉬려고 노력했다.
NOTE Take a sip = 한 모금 마시다, Sip = 조금씩 여러 번 마시다.

✅ **Go to bed** 잠자리에 들다

I usually **go to bed** around 10 p.m.
나는 주로 10시쯤에 잠자리에 든다.
NOTE 'Go to bed'는 잠자리에 드는 행위(침대에 눕는 것)를, 'Go to sleep'은 실제로 잠들기 시작하는 상태(수면에 빠지는 것)를 의미합니다.

✅ **Settle in** 편안히 눕다, 편하게 앉다

She **settled in** on the couch to watch a movie.
그녀는 영화를 보려고 소파에 누웠다.

✅ **Take (one's) vitamins** 비타민을 섭취하다

I always **take my vitamins** after breakfast.
나는 항상 아침 식사 후에 비타민을 먹는다.

Night Routine 저녁 루틴

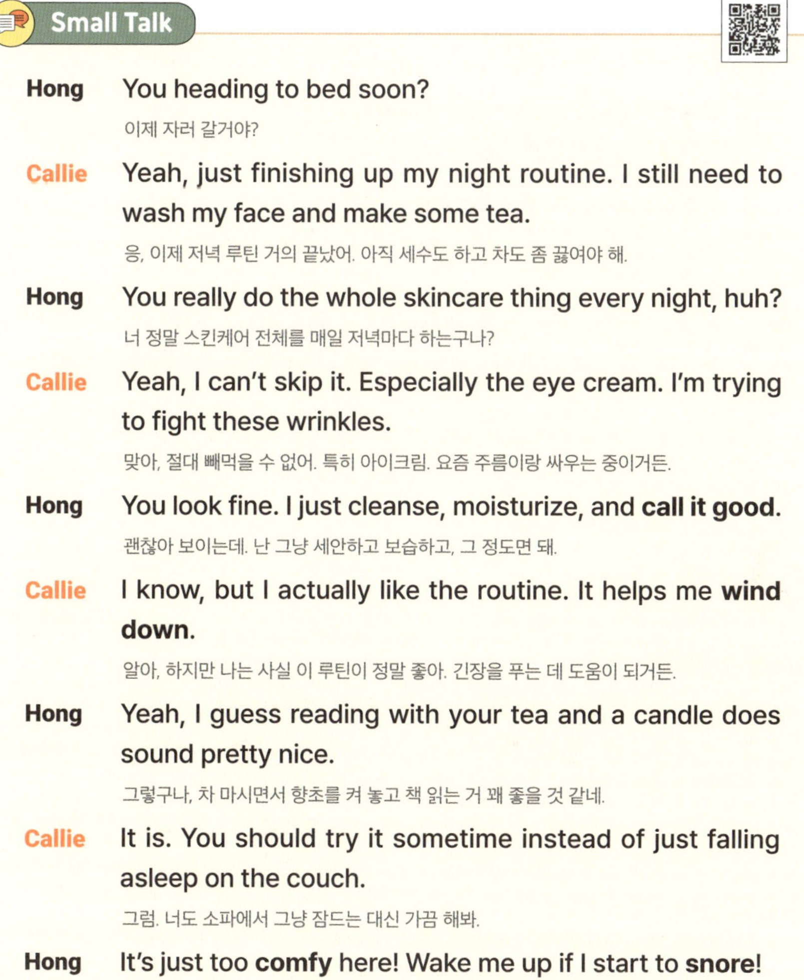

💬 **Small Talk**

Hong You heading to bed soon?

이제 자러 갈거야?

Callie Yeah, just finishing up my night routine. I still need to wash my face and make some tea.

응, 이제 저녁 루틴 거의 끝났어. 아직 세수도 하고 차도 좀 끓여야 해.

Hong You really do the whole skincare thing every night, huh?

너 정말 스킨케어 전체를 매일 저녁마다 하는구나?

Callie Yeah, I can't skip it. Especially the eye cream. I'm trying to fight these wrinkles.

맞아, 절대 빼먹을 수 없어. 특히 아이크림. 요즘 주름이랑 싸우는 중이거든.

Hong You look fine. I just cleanse, moisturize, and **call it good**.

괜찮아 보이는데. 난 그냥 세안하고 보습하고, 그 정도면 돼.

Callie I know, but I actually like the routine. It helps me **wind down**.

알아, 하지만 나는 사실 이 루틴이 정말 좋아. 긴장을 푸는 데 도움이 되거든.

Hong Yeah, I guess reading with your tea and a candle does sound pretty nice.

그렇구나, 차 마시면서 향초를 켜 놓고 책 읽는 거 꽤 좋을 것 같네.

Callie It is. You should try it sometime instead of just falling asleep on the couch.

그럼. 너도 소파에서 그냥 잠드는 대신 가끔 해봐.

Hong It's just too **comfy** here! Wake me up if I start to **snore**!

여기가 너무 편한 걸! 내가 코를 골기 시작하면 깨워줘!

Vocabulary **call it good** 이 정도면 됐다고 하다 | **wind down** 긴장을 풀다 | **comfy** 편한(comfortable의 줄임말) | **snore** 코를 골다

Crash(곯아 떨어지다)

미국 슬랭(slang)에서 'Crash'는 정말 피곤해서 빨리 잠이 드는 것을 의미합니다. '뻗다', '곯아 떨어지다' 정도로 해석하면 자연스럽습니다.

1 I'm so tired. I'm just gonna crash.

나 너무 피곤해. 그냥 뻗을 거야.

2 We crashed early after the long flight.

우리는 긴 비행 후에 일찍 곯아 떨어졌다.

3 He crashed on the couch.

그는 소파에 드러눕자마자 곯아 떨어졌다.

NOTE 'Crash'는 또 다른 뜻으로 '다른 사람의 집에서 자다, 신세지다'라는 의미로 쓰이기도 합니다. **Ex** "Can I crash at your place tonight(오늘 밤 너희 집에서 자도 될까)?"

 *Callie's AI Tip & Mission!*

일기 쓰기 레벨업!

ChatGPT를 활용해서 내가 쓴 일기에 대해 맞춤형 피드백을 받아보세요.

1. 31쪽 Diary를 작성한 후, 타이핑하거나 사진을 찍어서 ChatGPT에 아래 메시지와 함께 요청하세요.

    "제가 쓴 영어 일기예요. 영어를 원어민이 쓴 것처럼 자연스럽게 다듬어주세요. 어색한 문법이나 단어 선택이 있다면 고쳐주고, 왜 그렇게 수정했는지 한국어로 구체적으로 설명해 주세요."

2. 아래 예시 질문을 활용하면, ChatGPT로부터 더 풍부하게 피드백받을 수 있습니다.

    "이 표현을 다른 문장으로도 바꿔볼 수 있을까요?"

    "제가 쓴 문장과 원어민 문장의 뉘앙스 차이를 더 자세히 설명해 주세요."

3. 피드백을 활용해서 일기를 더 풍성하게 써보세요.

Diary

이번 파트에서 배운 주요 표현과 단어들을 활용해, 아래 질문에 답해보세요.

(Callie's Diary) *Every night, after putting on my PJs, I do my skincare and have a cup of tea. Then I journal and read my book. The last thing I do before going to sleep is take my vitamins because they help me sleep better.*

매일 밤, 잠옷을 입은 뒤, 세안을 하고 차를 한 잔 마셔요. 그다음 일기를 쓰고 책을 읽어요. 자기 전에 마지막으로 하는 건 비타민을 챙겨 먹는 거예요. 왜냐하면 잠을 더 잘 자는 데 도움이 되거든요.

✦ 이제 여러분이 써볼 차례예요!

Every night, after ____,

I ____ and

_____________________________. Then I _____________________ and

_____________________________. The last thing I do before going to sleep is

____

because ____.

Learn it

Weekend Routine 주말 루틴

 **Script**

On weekends, I'm a bit of a **homebody**. I like to **sleep in** and **take things slow**. I usually start my day off with a cup of coffee. It's a little treat that helps wake me up. While drinking my coffee, I like to **get organized** for the week ahead. I check my emails, respond to messages, and go over my schedule. I use my laptop and a few different apps to help me **keep track of** everything.

Once I get my to-do list **sorted out,** I move on to meal prep. Meal prep helps me eat healthier and **saves me time** during the week. I usually keep it simple by making a few easy dishes that I can quickly grab from the fridge. While cooking, I try to **clean as I go**. After meal prepping, I take a short break before **doing some chores**.

저는 주말에는 좀 집순이에요. 늦잠 자고 천천히 하루를 시작하는 걸 좋아하거든요. 보통은 커피 한 잔으로 하루를 시작해요. 이건 잠을 깨우는 데 도움이 되는 나만의 작은 보상이에요. 커피를 마시면서 다가오는 한 주를 정리하는 걸 좋아해요. 이메일을 확인하고, 메시지에 답장도 하고, 일정도 확인해요. 노트북과 몇 가지 앱을 사용해서 모든 것을 관리하고 있어요.

할 일 리스트를 정리하고 나면, 식단 준비로 넘어가요. 식단을 준비해 두면 더 건강하게 먹을 수 있고, 주중에 시간도 절약되거든요. 보통 냉장고에서 바로 꺼낼 수 있는 간단한 요리 몇 가지를 만들어서 심플하게 끝내요. 요리하면서 바로바로 치우려고 해요. 식단 준비를 마친 후, 집안일을 하기 전에 잠깐 쉬어요.

My weekend chores usually include **wiping down surfaces, vacuuming the floors, sorting the recycling**, and **taking out the trash**. After cleaning and **working up an appetite**, it's finally time to relax. I'm not usually in the mood to cook after meal prepping all afternoon, so I like to **order delivery** for dinner.

My **go-to** delivery foods are noodles and dumplings. I'm **addicted to** dumplings! While eating, I like to watch Netflix and **unwind** a bit. It's the perfect way to **wrap up** the weekend and get ready for the week ahead.

제가 주말에 하는 집안일은 보통 바닥 닦기, 바닥 청소기 돌리기, 재활용품 분리수거 그리고 쓰레기 버리기 같은 일이에요. 청소를 하고 나서 배도 좀 고파지면, 드디어 쉴 시간이죠. 보통 오후 내내 식단 준비를 하면 요리할 기분이 아니어서, 저녁 식사는 배달시키는 걸 좋아해요.

제가 자주 시켜 먹는 음식은 면 요리와 만두예요. 진짜 만두에 푹 빠졌거든요! 먹는 동안 넷플릭스를 보면서 좀 쉬어요. 주말을 마무리하고 다가오는 한 주를 준비하는 완벽한 방법이에요.

🔊 Key Phrases

☑ **Sleep in** 늦잠을 자다

> I love to **sleep in** on weekends after a long work week.
> 나는 긴 한 주를 보낸 후 주말에는 늦잠 자는 걸 좋아한다.

☑ **Get organized** 정리 정돈하다, 체계를 잡다

> I spend Sunday nights **getting organized** for the week ahead.
> 나는 일요일 저녁에 다가오는 한 주를 준비하며 보낸다.

☑ **Do chores** 집안일을 하다

> I **do chores** every Saturday morning.
> 나는 매주 토요일마다 집안일을 한다.
> **다르게 말해보기** Do housework / Clean the house

☑ **Vacuum the floors** 바닥에 청소기를 돌리다

> I try to **vacuum the floors** at least twice a week.
> 나는 적어도 일주일에 두 번은 바닥에 청소기를 돌리려고 한다.
> **NOTE** 일상 대화에서는 동사 'Vacuum' 하나만으로도 '청소기 돌리다'라는 뜻이 충분히 전달됩니다. 청소할 대상이 카펫, 거실 등 명확할 때만 뒤에 명사를 덧붙여 말하세요.

☑ **Sort the recycling** 재활용품을 분리수거하다

> Let's **sort the recycling** before taking it outside.
> 재활용품을 밖에 내놓기 전에 분리수거를 하자.

☑ **Take out the trash** 쓰레기를 버리다

> I **took out the trash** on my way to work.
> 나는 출근길에 쓰레기를 버렸다.

☑ **Order delivery** 배달 음식을 시키다

> I didn't feel like cooking, so I **ordered delivery** for dinner.
> 나는 요리할 기분이 안 나서 저녁으로 배달 음식을 시켜 먹었다.
> **다르게 말해보기** Order in / Order (food, sushi, pizza, etc...)

Weekend Routine 주말 루틴

 **Small Talk** 

Hong   Mmm... weekends are the best. No alarm, no **rush**.

음... 주말이 최고야. 알람도 없고, 서두를 일도 없고.

Callie   I know, right? I love sleeping in and just taking things slow.

그러게 말이야! 나도 늦잠 자고 느긋하게 보내는 게 너무 좋아.

Hong   What are you up to?

지금 뭐 하고 있어?

Callie   Just getting organized for the week. Checking emails, planning meals... all that stuff.

그냥 다음 주 준비를 좀 하고 있어. 이메일 확인하고, 식단 짜고... 그런 거.

Hong   That's why you're always so **on top of things**. I should probably do that too.

그래서 네가 항상 그렇게 모든 걸 잘 관리하는구나. 나도 그렇게 해야 할 것 같아.

Callie   You should! I love meal prepping. It makes life so much easier. What are you up to today?

꼭 해봐! 나는 식단 준비하는 걸 좋아해. 훨씬 편해지거든. 너는 오늘 뭐 할 거야?

Hong   I'm gonna do some chores while you meal prep. I have to take out the trash, sort the recycling, and vacuum.

너 식단 준비하는 동안 나는 집안일 좀 하려고. 쓰레기 버리고, 분리수거하고, 청소기 돌려야 해.

Callie   That's what I like to hear! And then we can order delivery for dinner, right?

그거 반가운 소리네! 그러고 나서 배달시켜 먹자, 괜찮지?

Hong   You already know! Weekends aren't complete without ordering in and watching our favorite show.

그거야 당연하지! 주말엔 배달 음식 시켜 먹으면서 좋아하는 프로그램 보는 게 빠질 수 없지.

Vocabulary   **rush** 급함, 서두름 | **on top of things** 잘 관리하고 있는

🔆 American Culture Tip

Sunday Reset(일요일 정리 루틴)

'Sunday Reset'은 새로운 한 주를 준비하기 위해 일요일에 하는 루틴을 뜻하는 표현입니다. 청소, 정리, 식단 준비 같은 활동을 통해 월요일을 상쾌하고 생산적으로 시작하려는 루틴입니다. 미국에서는 많은 사람들이 집 정돈이나 식단 준비 과정을 예쁘게 담아 소셜미디어에 공유하며, 큰 인기를 끌고 있어요. 생산성을 높이고 새롭게 한 주를 시작하도록 해주는 요즘 인기 있는 트렌드입니다.

1 I feel super stressed out if I skip my Sunday Reset.

나는 일요일 정리 루틴을 하지 않으면 스트레스를 정말 많이 받는다.

2 For my Sunday Reset, I usually cook, clean, and work out.

나는 일요일 리셋 루틴으로 보통 요리도 하고, 청소도 하고, 운동도 한다.

 *Callie's AI Tip & Mission!*

프리토킹 마스터하기!

ChatGPT를 활용해 스크립트의 상황을 기반으로 영어회화 연습해 보세요.

1. 음성모드를 켜세요.

2. ChatGPT에게 아래와 같이 대화를 요청하세요.

    "주말 일상을 주제로 프리토킹을 해보고 싶어요. 영어 (초보/중급/고급) 수준으로 말해주세요. 먼저 영어로 질문을 해주세요. 제가 대답하면, 자연스럽게 대화를 이어가주세요."

3. 대화 중 다음과 같이 질문해 보세요.

    "이 표현 말고 다른 자연스러운 표현이 있을까요?"

    "방금 제가 말한 문장을 더 자연스럽게 고쳐주세요."

4. 대화가 끊겼을 때는 "계속 질문해 주세요"라고 말하면, ChatGPT가 다시 질문을 이어갑니다.

36

Diary

이번 파트에서 배운 주요 표현과 단어들을 활용해, 아래 질문에 답해보세요.

주말마다 항상 하는 일은 무엇인가요?

(Callie's Diary) *One thing I always do on weekends is sleep in. It's an important part of my weekend routine because it helps me feel refreshed and ready for the week ahead. On Sunday nights, I usually order delivery and watch Netflix to wrap up the weekend.*

주말마다 제가 항상 하는 일은 늦잠 자기예요. 이건 제 주말 루틴에서 중요한 부분이에요, 왜냐하면 기분이 상쾌해지고, 다가오는 한 주를 준비할 수 있게 해주거든요. 일요일 밤에는 보통 배달 음식을 시켜 먹고 넷플릭스를 보면서 주말을 마무리해요.

⭐ 이제 여러분이 써볼 차례예요!

One thing I always do on weekends is ________________________________.

It's an important part of my weekend routine because ______________

____.

On Sunday nights, I usually ____________________________ and

____________________________________ to wrap up the weekend.

Lazy Day 느긋한 하루

Script

I love being a **couch potato** every once in a while. No alarms, no plans. Just a day to fully relax and **recharge**. It's so nice to **skip** the chores, forget the to-do list, and just **take it easy** sometimes.

On my lazy days, I let myself sleep in, and I don't even **bother** getting dressed. I just stay in my **sweats** all day. I start the day by **treating myself to** an iced latte while **scrolling on my phone** or reading in bed.

저는 가끔은 그냥 집에서 푹 늘어져 있는 게 너무 좋아요. 알람도 없고, 아무 계획도 없이요. 그냥 푹 쉬고, 재충전하는 날이죠. 집안일도 건너뛰고, 할 일 목록도 잊고, 가끔은 그냥 느긋하게 보내는 게 정말 좋아요.

이런 게으른 날엔 늦잠도 자고, 옷 갈아입는 것조차 신경 쓰지 않아요. 하루 종일 그냥 트레이닝복 차림으로 지내요. 침대에 누워 핸드폰을 보거나 책을 읽으면서, 아이스 라테를 즐기며 하루를 시작해요.

couch potato 하루 종일 소파에 누워 지내는 게으른 사람 | **recharge** 재충전하다 | **skip** 건너뛰다 | **bother** 신경쓰다, 방해하다 | **sweats** 트레이닝복 | **effort** 노력, 수고 | **crave** 간절히 원하다, 갈망하다 | **be into (something)** ~에 푹 빠져 있다, ~을 매우 좋아하다 | **reality show** 리얼리티 프로그램 | **hooked on** ~에 푹 빠진, 중독된 | **snack on** (간단히) 간식으로 먹다 | **cozy** 아늑한, 포근한 | **rare** 드문, 흔치 않은 | **good for the soul** 힐링이 되는, 정신적으로 큰 도움이 되는

If I get hungry in the afternoon, I order something because cooking takes too much **effort**. I usually just order whatever I'm **craving** at the moment. Once the food arrives, it's time to **curl up on the couch** and **binge-watch a show**. I've **been really into reality shows** lately. They're so easy to get **hooked on**.

While watching, I **snack on** my favorite junk food like popcorn, chips, candy, or ice cream. Since the whole day is about being comfortable, I might light a candle to make my apartment feel extra **cozy**. To end the day, I do a bit of self-care. I like taking a hot shower or putting on a face mask before **crawling into bed**. Lazy days like this are **rare**, but they're so **good for the soul**.

오후에 배가 고파지면 배달 음식을 시켜요. 왜냐하면 요리는 힘이 너무 많이 들거든요. 보통 그때그때 먹고 싶은 걸 시켜요. 음식이 도착하면 소파에 푹 파묻혀서 TV 쇼를 정주행할 시간이에요. 최근에는 리얼리티 예능에 완전 빠졌어요. 보면 진짜 쉽게 빠져들게 돼요.

TV를 보는 동안에는 팝콘이나 칩, 사탕, 아이스크림같이 좋아하는 간식으로 군것질해요. 하루 종일 편하게 쉬는 날이니까, 아파트를 더 아늑하게 만들려고 향초를 켤 수도 있어요. 하루를 마무리할 땐, 셀프케어도 좀 해요. 침대로 기어들어 가기 전에 뜨거운 물로 샤워하거나 얼굴 팩을 하는 걸 좋아해요. 이런 느긋한 하루는 드물지만, 힐링이 돼요.

Key Phrases

☑ **Take it easy** 무리하지 않다, 편하게 쉬다

The doctor told me to **take it easy** for a few days after surgery.

의사는 수술 후 며칠 동안은 무리하지 말고 편히 쉬라고 나에게 말했다.

다르게 말해보기 Kick back and relax / Chill

☑ **Treat (oneself) to (something)** ~를 ~에게 선물하다, ~로 기분 전환하다

I always **treat myself to** something sweet on Fridays.

나는 금요일마다 항상 달콤한 걸 먹으면서 기분 전환을 한다.

☑ **Scroll on (one's) phone** 핸드폰을 스크롤하다, 핸드폰을 보며 화면을 넘기다

I was supposed to be cleaning, but I ended up **scrolling on my phone** for an hour.

나는 원래 청소를 하려고 했는데, 결국 한 시간 동안 핸드폰만 보고 말았다.

☑ **Curl up on the couch** 소파에 폭 파묻혀 쉬다, 소파에 웅크리고 편하게 있다

We ordered pizza and **curled up on the couch** for a movie night.

우리는 피자를 시키고 소파에 폭 파묻혀서 영화를 보며 밤을 보냈다.

다르게 말해보기 Cozy up / Snuggle up

☑ **Binge-watch a show** 드라마나 TV 프로그램을 몰아서 보다, 정주행하다

We stayed in all weekend and **binge-watched a new cooking show**.

우리는 주말 내내 집에만 있으면서 새로운 요리 프로그램을 정주행했다.

☑ **Crawl into bed** 침대로 기어들어 가다, 침대에 들어가다

I put on my pjs and **crawled into bed** with a good book.

나는 내 잠옷을 입고 좋은 책 한 권을 들고 침대에 기어들어 갔다.

40

Lazy Day 느긋한 하루

Small Talk

Callie I'm officially doing nothing today. Sweats are on, to-do list is canceled.

오늘은 진짜 아무것도 안 할 거야. 트레이닝복도 입었고, 할 일은 다 취소했어.

Hong Having a lazy day today?

오늘 게으름 피우는 날이야?

Callie Yep. I treated myself to an iced latte and now I'm deciding what to binge-watch.

응. 아이스 라테로 기분 전환도 했고, 이제 어떤 걸 정주행할지 고르는 중이야.

Hong Nice! Let me guess... some crazy reality show?

좋아! 맞혀볼게... 막장 리얼리티 쇼지?

Callie Of course. The **messier**, the better. Wanna join? I just ordered food.

당연하지. 더 막장일수록 좋다니까. 같이 볼래? 방금 음식도 시켰어.

Hong You know I can't say no to that. What'd you get?

그런 거라면 못 참지. 뭘 시켰는데?

Callie Pizza. Felt like a **comfort food** kind of day.

피자 시켰어. 오늘은 뭔가 편안한 음식이 먹고 싶더라.

Hong Perfect. Let's curl up on the couch. I'll grab the blanket, you grab the remote.

완벽하네. 소파에 누워서 보자. 내가 담요 챙길게, 너는 리모컨 챙겨.

Callie Deal. This is exactly what I needed.

좋아. 딱 이런 게 필요했어.

Hong Honestly, same. Let's be couch potatoes together.

솔직히 나도 마찬가지야. 같이 소파에서 빈둥거리자.

Vocabulary **messy** 난장판인 | **comfort food** 위안이 되는 음식, 마음을 편하게 해주는 음식

American Culture Tip

Rot Day(아무것도 안 하고 쉬는 날)

'Rot day'는 매우 게으른 하루를 재미있게 표현한 말로, 특히 미국 젊은 세대들 사이에서 자주 사용합니다. 하루 종일 침대에 있거나 파자마를 입고, 드라마나 예능 프로그램 등을 정주행하며, 어떤 생산적인 일도 하지 않는 날을 뜻합니다. 말 그대로 소파나 침대에서 '썩고 있는' 상태지만, 꼭 부정적인 의미는 아니며 오히려 휴식과 재충전의 한 방법으로 여겨지기도 합니다. 사람들은 보통 번아웃을 느끼거나 피곤할 때, 혹은 생산적인 일에서 잠시 벗어나고 싶을 때 rot day를 보냅니다.

1 We're having a rot day on Sunday. Sweatpants, snacks, and reality TV.

우리는 일요일에 아무것도 안 하고 쉬는 날을 보낸다. 트레이닝복을 입고, 간식을 먹으면서 리얼리티 TV 프로그램을 본다.

2 I've been super busy all week. Time for a rot day to recharge.

나는 일주일 내내 너무 바빴다. 아무것도 안 하면서 재충전할 시간이다.

 *Callie's AI Tip & Mission!*

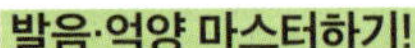

발음·억양 마스터하기!

ChatGPT를 활용해 발음과 억양을 훈련해 보세요.

1. 먼저 ChatGPT의 음성모드를 켜세요.

2. ChatGPT에 아래와 같이 요청하세요.

    "저는 원어민처럼 영어를 말하고 싶어요. 영어 문장들을 소리 내어 읽을게요. 제 발음과 억양을 더 자연스럽게 만들 수 있는 구체적인 팁을 알려주세요."

3. 40쪽의 Key Phrases 예문을 한 문장씩 영어로 소리 내어 읽어주세요.

4. 잘 와닿지 않거나, 이해가 안 될 때는 이렇게 말하세요.

    "시범을 보여주세요." 그러면 ChatGPT가 원어민 억양으로 직접 읽어줍니다.

5. 수정된 발음으로 다시 읽고, 다음 문장으로 넘어가 보세요.

Diary

이번 파트에서 배운 주요 표현과 단어들을 활용해, 아래 질문에 답해보세요.

요즘 어떤 프로그램을 보고 있나요? 그걸 정주행하면서 가장 즐겨 먹는 간식은 무엇인가요?

(Callie's Diary) *Lately, I've been watching a reality game show called The Devil's Plan. It's about a group of people competing in brain games and challenges to win a cash prize. My go-to snack while I watch it is popcorn.*

요즘 〈데블스 플랜〉이라는 리얼리티 게임 쇼를 보고 있어요. 여러 명이 상금을 타기 위해 두뇌 게임과 챌린지에 도전해서 경쟁하는 내용이에요. 이 쇼를 보는 동안 제가 꼭 먹는 간식은 팝콘이에요.

✫ 이제 여러분이 써볼 차례예요!

Lately, I've been watching a ___________________ called

_____________. It's about _____________________________

____.

My go-to snack while I watch it is ___________________.

 **DAY 9**

Learn it

Deep Cleaning 대청소

Script

Once a week, I like to **deep clean** my house. I start by **decluttering**. If I don't use it, it's got to go! I **go through closets**, drawers, and random **junk** that somehow **piles up**. Once I've cleared the **clutter**, I wipe down all surfaces, **dust the shelves**, and vacuum every corner of my house. I make sure to get the hard-to-reach spots I usually ignore, like behind the couch.

I also **do the dishes**, wipe down **appliances**, and **clean out** the fridge. Then I grab my **broom** and **dustpan** to **sweep the floor** and pick up any dust or **crumbs** before I **mop**.

일주일에 한 번, 저는 집을 대청소하는 걸 좋아해요. 먼저 정리부터 시작해요. 안 쓰면 버려야죠! 옷장, 서랍, 그리고 어쩌다 보니 쌓여 있는 잡동사니까지 살펴봐요. 일단 잡동사니를 다 정리하고 나면, 모든 표면을 닦고, 선반에 먼지도 털고, 집 안 구석구석 청소기를 돌려요. 소파 뒤쪽처럼 평소에 무심했던 잘 닿지 않는 곳도 꼭 청소해요.

또한 설거지도 하고, 가전제품들도 깨끗이 닦고, 냉장고도 청소해요. 그리고 나서, 빗자루와 쓰레받기를 들고 바닥을 쓸어요. 그리고 물걸레질하기 전에 먼지나 부스러기를 치워요.

Next, I **do a load of laundry**. I sort my clothes and throw them in the washer with **laundry detergent**. I make sure to change out the **bedding** too. After switching the laundry to the dryer, I move on to the bathroom, which is my least favorite part of cleaning. I grab my scrub brush and **go to town scrubbing** the sink, tub, and toilet, making sure to **get rid of** any **soap scum** or **water stains**.

Then I mop the floors, take out the trash, and sort the recycling. To finish up, I **fold clothes** and put everything away. Deep cleaning takes a while, but it's worth it. There's nothing better than relaxing in a **spotless** home after all that work!

그다음엔 빨래를 돌려요. 옷을 분류해서 세탁 세제와 함께 세탁기에 넣죠. 침구류도 반드시 교체하고요. 빨래를 건조기로 옮긴 후엔 욕실 청소로 넘어가는데, 이게 청소할 때 제일 싫은 부분이에요. 솔을 집어 들고 세면대, 욕조, 그리고 변기를 열심히 문질러서 비누 얼룩이나 물때가 남지 않도록 깨끗이 닦아요.

그런 다음 바닥을 대걸레로 닦고, 쓰레기를 버리고, 분리수거를 해요. 마무리로 옷을 개서 모두 제자리에 넣어요. 대청소는 시간이 꽤 걸리지만, 충분히 가치가 있어요. 이렇게 청소를 다하고 나서 티끌 하나 없이 깨끗한 집에서 쉬는 것만큼 좋은 건 없거든요!

☑ **Go through (something)** ~를 뒤지다, 꼼꼼히 살펴보다

I need to **go through** my closets and donate clothes I don't wear anymore.

나는 내 옷장을 살펴보고 더 이상 입지 않는 옷은 기부해야 한다.

다르게 말해보기 Sort through / Clean out

☑ **Dust the shelves** 선반의 먼지를 털다, 선반의 먼지를 닦다

Before decorating for the holidays, I always **dust the shelves**.

나는 연휴 장식을 하기 전에 항상 선반의 먼지를 턴다.

☑ **Do the dishes** 설거지를 하다

I'll **do the dishes** after dinner.

나는 저녁 먹고 나서 설거지를 할 것이다.

☑ **Sweep the floor** 바닥을 빗자루로 쓸다, 바닥 청소를 하다

I need to **sweep the floor**. There are crumbs everywhere.

나는 바닥을 쓸어야 한다. 여기저기 부스러기가 있다.

다르게 말해보기 Sweep / Give the floor a quick sweep

☑ **Do a load of laundry** 빨래를 하다, 세탁기를 돌리다

I have no clean socks left. I really need to **do a load of laundry**.

깨끗한 양말이 하나도 안 남았다. 정말 빨래를 해야겠다.

다르게 말해보기 Do laundry / Throw in a load of laundry

☑ **Fold clothes** 옷을 개다

I usually watch TV while I **fold clothes**.

나는 보통 빨래를 개는 동안 TV를 본다.

Deep Cleaning 대청소

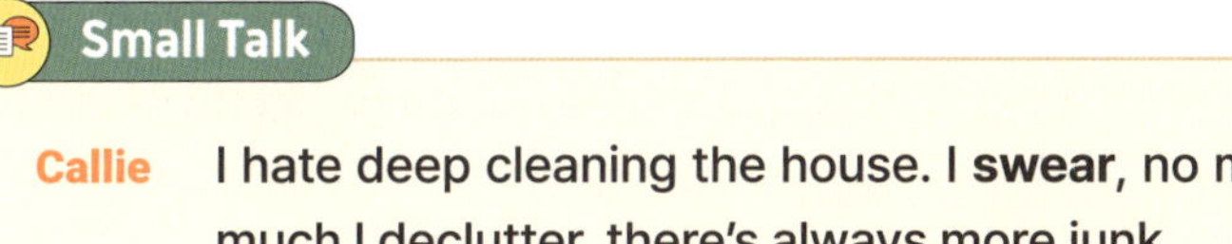

💬 Small Talk

Callie   I hate deep cleaning the house. I **swear**, no matter how much I declutter, there's always more junk.

집 대청소하는 거 진짜 싫어. 진짜 아무리 정리해도 항상 잡동사니가 또 나와.

Hong   Tell me about it. Where does all this stuff even come from?

내 말이 그 말이야. 대체 이 물건들은 다 어디서 나오는 거야?

Callie   **No clue**, but if I don't use it, it's gotta go! Can you take out the trash while I mop?

모르겠어. 하지만 안 쓰는 건 버려야지! 나 바닥 닦는 동안 쓰레기 좀 버려줄래?

Hong   Sure, but only if I get to skip cleaning the bathroom.

좋아, 근데 화장실 청소는 안 해도 되는 거면.

Callie   Lucky for you, I already did it.

운 좋네, 내가 이미 다 했어.

Hong   Thanks! Want me to throw in a load of laundry?

고마워! 빨래도 내가 돌릴까?

Callie   Yes, please! Oh, and don't forget to fold them after they dry!

응 부탁해! 아, 다 마르면 옷 개는 거 잊지 말고!

Hong   Of course! That's the best part because I can watch our show while I do it.

그럼! 그게 제일 좋아. TV쇼를 보면서 할 수 있잖아.

Callie   You better not watch without me!

나 없을 때 몰래 보면 안 돼!

Vocabulary   **swear** 진짜로, 맹세컨대 | **no clue** 전혀 모르겠다

Spring Cleaning(봄맞이 대청소)

'Spring cleaning'은 미국의 대청소 문화입니다. 보통 겨울이 지나고 봄이 시작될 무렵에 집 안을 산뜻하게 정돈하기 위해 진행됩니다. 많은 사람들이 이 시기에 불필요한 물건을 정리하고, 쌓인 먼지를 털고, 구석구석을 깨끗하게 닦으며 정돈합니다.

1 I always do a big spring cleaning in March to get rid of clutter.

나는 잡동사니들을 치우려고 항상 3월에 대청소를 한다.

2 It's time for spring cleaning. Let's donate some old clothes and deep clean the house!

이제 봄맞이 대청소할 시간이야. 오래된 옷은 기부하고 집 안을 대청소하자!

Callie's AI Tip & Mission!

일기 쓰기 레벨업!

ChatGPT를 활용해서 내가 쓴 일기에 대해 맞춤형 피드백을 받아보세요.

1. 49쪽 Diary를 작성한 후, 타이핑하거나 사진을 찍어서 ChatGPT에 아래 메시지와 함께 요청하세요.

   "제가 쓴 영어 일기예요. 영어를 원어민이 쓴 것처럼 자연스럽게 다듬어주세요. 어색한 문법이나 단어 선택이 있다면 고쳐주고, 왜 그렇게 수정했는지 한국어로 구체적으로 설명해 주세요."

2. 아래 예시 질문을 활용하면, ChatGPT로부터 더 풍부하게 피드백받을 수 있습니다.

   "이 표현을 다른 문장으로도 바꿔볼 수 있을까요?"

   "제가 쓴 문장과 원어민 문장의 뉘앙스 차이를 더 자세히 설명해 주세요."

3. 피드백을 활용해서 일기를 더 풍성하게 써보세요.

Diary

Q How often do you deep clean your house? What's your least favorite chore and what's a chore you don't mind doing? Why?

집 안 대청소는 얼마나 자주 하나요? 가장 하기 싫은 집안일은 무엇이고, 별로 꺼리지 않는 집안일은 무엇인가요? 이유는요?

(Callie's Diary) *I try to deep clean my house every Sunday. My least favorite chore is cleaning the bathroom because scrubbing the toilet, tub, and sink is gross and tiring. One chore I don't really mind is doing laundry because it doesn't take much effort.*

저는 매주 일요일마다 집 안을 대청소하려고 해요. 제일 싫어하는 집안일은 욕실 청소인데, 변기랑 욕조, 세면대를 문질러 닦는 게 찝찝하고 힘들거든요. 별로 꺼리지 않는 집안일은 빨래예요. 그렇게 힘이 들지 않기 때문이죠.

⭐ 이제 여러분이 써볼 차례예요!

I try to deep clean my house ____.

My least favorite chore is ____

because ____.

One chore I don't really mind is ____

because ____.

Learn it

Cooking 요리하기

 **Script**

Lately, I've been trying to cook at home more instead of **eating out**. It's healthier, saves money, and honestly, I enjoy it! I usually keep things simple during the week and just **throw together** a quick stir-fry or pasta. But on the weekends, I like to try new recipes I find on Youtube or Instagram.

First, I check what **ingredients** I **have on hand** in the **fridge** and **pantry**. Then I prep everything. I **chop** the veggies, **season** the meat, and pull out whatever I need such as **pots, pans**, a **whisk** and **a spatula**.

저는 요즘에 외식하는 대신에 집에서 요리를 더 자주 해보려고 해요. 건강에도 더 좋고, 돈도 아끼고, 그리고 솔직히 요리하는 게 재밌거든요! 주중엔 보통 간단하게 먹는데, 그냥 볶음 요리나 파스타 같은 걸 후다닥 만들어 먹어요. 하지만 주말엔 유튜브나 인스타그램에서 찾은 새로운 레시피를 시도해 보는 걸 좋아해요.

먼저, 냉장고나 식료품장에 어떤 재료가 있는지 확인해요. 그다음에 모든 재료를 손질하죠. 채소를 썰고, 고기에 간을 하고, 냄비나 프라이팬, 거품기, 뒤집개처럼 필요한 도구들도 꺼내요.

eat out 외식하다 | **ingredients** 재료 | **fridge** 냉장고 | **pantry** 식료품 저장실 | **chop** (음식을) 잘게 썰다 | **season** 양념하다 | **pot** 냄비 | **pan** 프라이팬 | **whisk** 거품기(재료를 섞거나 휘젓는 도구) | **spatula** 주걱, 뒤집개 | **turn out** (결과가) ~하게 되다 | **sauté** (기름에 재빨리) 볶다 | **boil** 끓이다 | **plate** 접시에 담다, 플레이팅하다 | **garnish** 고명, 장식 음식 | **portion** 1인분, (음식의) 양 | **home-cooked** 집에서 만든, 가정식의

Last weekend, I **made creamy chicken pasta from scratch**, and it **turned out** so good. I baked the chicken in the oven then **sautéed** garlic and onion. I **boiled** the pasta on the stove and **mixed everything together** in a big pot with cream and cheese. The kitchen smelled amazing! I **served it with** a side salad and garlic bread.

Once everything was ready, I **set the table, plated** the food and even added a little **garnish** to make it look extra fancy. After enjoying my meal, I **packed up the leftovers** and put them in the fridge. I usually cook larger **portions** so I can eat the leftovers for lunch throughout the week. Nothing beats a **home-cooked** meal!

지난 주말엔 크림 치킨 파스타를 처음부터 만들어봤는데, 진짜 맛있게 됐어요. 오븐에 치킨을 굽고, 마늘이랑 양파는 볶았죠. 가스레인지에서 파스타를 삶고, 큰 냄비에 크림이랑 치즈를 넣고 전부 섞었어요. 주방에서 정말 환상적인 냄새가 났어요! 사이드로 샐러드와 마늘빵을 곁들였어요.

모든 게 준비되자 식탁을 차리고, 음식을 예쁘게 담고, 좀 더 근사해 보이게 가니쉬까지 올렸어요. 맛있게 먹고 나서 남은 음식은 싸서 냉장고에 넣었어요. 전 보통 넉넉한 양으로 요리해서 남은 음식을 주중 내내 점심으로 챙겨 먹어요. 집밥만 한 게 없죠!

☑ **Throw together** (음식 등을) 급하게 대충 만들다, 간단히 뚝딱 만들어내다

I didn't feel like cooking a big meal, so I just **threw together** a quick salad.
나는 거창하게 요리할 기분이 아니어서 간단하게 샐러드 하나만 뚝딱 만들었다.
다르게 말해보기 Whip up

☑ **Have (something) on hand** ~를 가지고 있다, 구비해 두다

I always make sure to **have rice and eggs on hand** for quick meals.
나는 간단한 식사를 위해 항상 쌀과 달걀은 집에 구비해 두려고 한다.

☑ **Make (something) from scratch** 처음부터 직접 만들다

She **made the cake from scratch**.
그녀는 케이크를 처음부터 직접 만들었다.

☑ **Mix (something) together** ~을 함께 섞다

She **mixed the ingredients together** to make the batter.
그녀는 반죽을 만들기 위해 재료들을 함께 섞었다.
다르게 말해보기 Combine

☑ **Serve with (something)** ~을 곁들이다

This soup tastes great if you **serve it with** some crusty bread.
이 수프는 바삭한 빵과 같이 곁들이면 정말 맛있다.

☑ **Set the table** 식탁을 차리다

Can you help **set the table**?
식탁 차리는 거 도와줄 수 있어?

☑ **Pack up the leftovers** 남은 음식을 포장하다

Don't forget to **pack up the leftovers** and put them in the fridge.
남은 음식을 싸서 냉장고에 넣는 거 잊지 마.

DATE   /   /

DAY 12

Cooking 요리하기

Small Talk

Callie I'm thinking of trying another new recipe for dinner tonight. That creamy chicken pasta I made last time was a **hit**.

오늘 저녁에 또 새로운 레시피 하나 시도해 보려고 생각 중이야. 저번에 내가 만든 크림 치킨 파스타 대박이었잖아.

Hong It really was. I kept **sneaking** bites while you were plating it.

진짜 그랬지. 네가 음식 담고 있을 때 나는 계속 몰래 집어먹었어.

Callie Ha, I noticed! I actually found a new one on YouTube. Looks tasty and super easy to throw together.

하하, 알고 있었어! 사실 유튜브에서 새로운 레시피를 찾았어. 맛있어 보이고 엄청 쉽게 금방 만들 수 있을 것 같더라.

Hong What's on the menu this time?

이번엔 뭐 해 먹을 건데?

Callie Some kind of garlic butter salmon. I already have most of the ingredients on hand.

갈릭 버터 연어 같은 거야. 재료는 이미 거의 다 집에 있어.

Hong Do I need to **fire up** the oven or do any chopping?

오븐 켜야 해? 아니면 뭐 썰어야 돼?

Callie Nope, I got it! But you can set the table if you're feeling helpful.

아냐, 내가 할게! 근데 도와주고 싶으면 식탁 좀 차려줘.

Hong Deal. Just don't **expect** me to make it look as fancy as you do.

좋아. 근데 네가 하는 것처럼 그럴싸하게 차릴 거라고 기대하지는 말아줘.

Vocabulary **hit** 대박이다, 성공이다 | **sneak** 몰래 ~하다 | **fire up** 켜다 | **expect** 기대하다

Foodie(음식 애호가)

'Foodie'는 음식에 열정적인 사람을 뜻합니다. 단순히 먹는 것뿐만 아니라 요리하고, 새로운 레시피를 시도하고, 다양한 맛을 탐험하며, 때로는 재료의 출처까지 알아보는 데 흥미를 가지는 사람 말이죠. 이들은 집에서 만든 요리나 좋아하는 맛집, 요리 팁 등을 종종 SNS에 공유하곤 합니다.

1 I'm such a foodie lately. I love trying new recipes.

요즘 완전 음식에 빠졌다. 나는 새로운 레시피를 만들어보는 게 너무 즐겁다.

2 If you're a foodie, you have to try that new Korean BBQ spot downtown.

당신이 음식 애호가라면, 시내에 새로 생긴 그 코리안 바비큐 가게는 꼭 가봐야 한다.

Callie's AI Tip & Mission!

프리토킹 마스터하기!

ChatGPT를 활용해 스크립트의 상황을 기반으로 영어회화 연습해 보세요.

1. 음성모드를 켜세요.

2. ChatGPT에게 아래와 같이 대화를 요청하세요.

"요리하기를 주제로 프리토킹을 해보고 싶어요. 영어 (초보/중급/고급) 수준으로 말해주세요. 먼저 영어로 질문을 해주세요. 제가 대답하면, 자연스럽게 대화를 이어가주세요."

3. 대화 중 다음과 같이 질문해 보세요.

"이 표현 말고 다른 자연스러운 표현이 있을까요?"

"방금 제가 말한 문장을 더 자연스럽게 고쳐주세요."

4. 대화가 끊겼을 때는 "계속 질문해 주세요"라고 말하면, ChatGPT가 다시 질문을 이어갑니다.

Diary

이번 파트에서 배운 주요 표현과 단어들을 활용해, 아래 질문에 답해보세요.

Q What's your favorite home-cooked meal? Explain how to make it in a short and simple way.

집에서 직접 만든 요리 중에 가장 좋아하는 건 뭐예요? 어떻게 만드는지 짧고 간단하게 설명해 주세요.

(Callie's Diary) *My favorite home-cooked meal is tacos because they're delicious and easy to throw together. First, I season and sauté the meat in a pan. Then I add the meat to a tortilla with cheese, lettuce, tomato, salsa, and any other toppings I have on hand. I usually serve them with beans and rice on the side.*

집에서 해 먹는 음식 중에 타코가 제일 좋아요. 왜냐하면 맛있고 간단하게 뚝딱 만들 수 있거든요. 먼저 프라이팬에서 고기에 양념을 하고 볶아요. 그다음엔 고기를 토르티야에 올리고 치즈, 양상추, 토마토, 살사, 그리고 집에 있는 다른 토핑들을 같이 얹어요. 보통은 콩이랑 밥을 함께 곁들여요.

⭐ 이제 여러분이 써볼 차례예요!

My favorite home-cooked meal is _______________________________________

because ____.

First, I ____.

Then I ____

_________________________________. I usually serve (it / them) with

____ on the side.

DAY 13

Learn it

Pets 반려동물

Script

Taking care of my dog Brandy definitely keeps me busy. I **let her out** first thing in the morning so she can **go potty**. When she comes back in, I **fill her food and water bowls** so she can eat breakfast. If the weather is nice, I grab her **collar** and **leash** and **take her for a walk** around the neighborhood. She loves going for walks and **sniffing** around. She'll **bark** at just about anything that moves, especially **squirrels**.

At night, we usually play for a little bit. She's obsessed with **squeaky** toys. She's really smart and can do tricks too, so I **give her treats** and practice them with her. On weekends, I try to get her into the tub for a bath. She hates baths, but she always **gets the zoomies** after, which cracks me up.

강아지 브랜디를 돌보느라 정말 바쁘게 지내요. 아침에는 브랜디를 가장 먼저 밖에 내보내서 볼일을 보게 해요. 다시 집에 들어오면, 밥그릇과 물그릇을 채워줘서 아침을 먹게 하죠. 날씨가 좋으면, 목걸이와 목줄을 챙겨서 동네 한 바퀴 산책을 나가요. 브랜디는 산책하면서 여기저기 킁킁거리는 걸 엄청 좋아하거든요. 뭐든 움직이는 것을 보면 짖어요. 특히 다람쥐한테요.

저녁에는 우리는 보통 같이 잠깐 놀아요. 브랜디는 삑삑거리는 장난감에 환장해요. 정말 똑똑하고 재주도 부릴 수 있거든요, 그래서 저는 간식을 주면서 같이 연습해요. 주말엔 브랜디를 욕조에 넣어서 목욕시키려고 해요. 브랜디는 목욕을 싫어하지만, 끝나고 나면 갑자기 항상 흥분해서 뛰어다니는데 그게 정말 웃겨요.

take care of ~을 돌보다 | **collar** (강아지 목에 차는) 목걸이 | **leash** (산책용) 목줄 | **sniff** 킁킁거리며 냄새 맡다 | **bark** 짖다 | **squirrel** 다람쥐 | **squeaky** (장난감 등이) 삑삑 소리가 나는 | **indoor cat** 실내 고양이 | **lounge** 느긋하게 쉬다, 편하게 늘어지다 | **independent** 독립적인, 혼자 잘 지내는 | **cuddle with** ~와 꼭 껴안다 | **meow** (고양이가) 야옹거리다 | **low-maintenance** 손이 많이 가지 않는, 관리가 쉬운 | **vet** 수의사 | **groomers** (반려동물) 미용사, 미용실 | **regularly** 정기적으로 | **rewarding** 보람 있는

My cat Tiki has a totally different vibe. She's an **indoor cat**, so she spends most of her day **lounging** in the sun or watching birds out the window. She's much more **independent**, but she always **cuddles with** me at night. Sometimes she **meows** at me when she wants attention or food.

I make sure to **clean her litter box**, feed her, and brush her, but other than that, she's very **low-maintenance**. I take them both to the **vet** and **groomers regularly** to make sure they stay clean and healthy. Having pets is a lot of work, but it's so **rewarding**.

제 고양이 티키는 완전히 다른 분위기를 가지고 있어요. 집에서만 지내는 고양이라 하루 종일 햇빛 아래 누워 있거나 창밖에 새를 구경해요. 티키는 훨씬 독립적이지만, 저녁에는 꼭 저랑 껴안고 있어요. 가끔 관심이나 음식을 원하면 저한테 야옹 하고 울어요.

저는 화장실도 꼭 치워주고, 밥도 주고, 털도 빗겨주지만, 그 외엔 별로 손이 많이 가지 않아요. 둘 다 동물병원과 미용실에 정기적으로 데려가서 항상 깨끗하고 건강하게 지낼 수 있게 해요. 반려동물을 키우는 건 손이 많이 가지만, 정말 보람도 커요.

🔊 Key Phrases

✅ **Let (the dog) out** (개를) 바깥에 나가게 하다

> Don't forget to **let the dog out** before bed.
> 자기 전에 강아지 밖에 내보내는 거 잊지 마.

✅ **Go potty** (반려동물이) 볼일을 보다, 배변하다

> He sits by the back door when he needs to **go potty**.
> 그 개는 볼일이 보고 싶을 때 뒷문 옆에 앉는다.
> **NOTE** 'Go to the bathroom'은 사람에게, 'Go potty'는 반려동물 또는 아기에게 쓰는 표현입니다.

✅ **Fill the food and water bowls** (반려동물의) 밥그릇과 물그릇을 채우다

> I **filled her food and water bowls** because they were empty.
> 그녀의(개/고양이의) 밥그릇과 물그릇이 비어 있어서 채웠다.

✅ **Take (the dog) for a walk** (개를) 산책시키다, (개와) 산책을 나가다

> She gets so excited when I grab the leash to **take her for a walk**.
> 산책을 나가려고 목줄을 잡으면 개가 정말 신나해요.
> **다르게 말해보기** Walk (the dog) / Take (the dog) out for a stroll

✅ **Give (the dog/cat) treats** (반려동물에게) 간식을 주다

> I always **give my dog a treat** before I leave for work.
> 나는 항상 출근하기 전에 강아지에게 간식을 준다.

✅ **Get the zoomies** 갑자기 흥분해서 날뛰다

> My dog always **gets the zoomies** right before bed.
> 우리 개는 항상 자기 전에 흥분해서 뛰어다닌다.

✅ **Clean the litter box** (고양이의) 모래 화장실을 치우다, 청소하다

> I try to **clean the litter box** every day to keep it fresh.
> 나는 깨끗하게 하려고 매일 고양이 화장실을 치우려고 한다.
> **다르게 말해보기** Change the litter

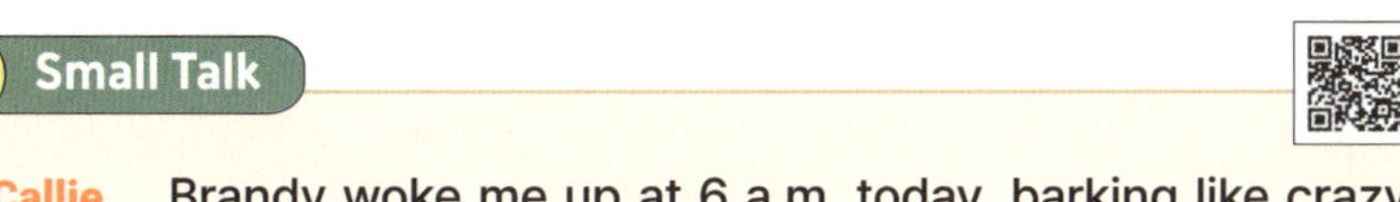

🐱 DAY 14

Pets 반려동물

💬 Small Talk

Callie Brandy woke me up at 6 a.m. today, barking like crazy at a squirrel.

브랜디가 오늘 아침 6시에 날 깨웠어. 다람쥐를 보고 미친 듯이 짖더라고.

Hong Again? She did that yesterday too!

또? 어제도 그랬잖아!

Callie I know. I couldn't fall back asleep, so I let her out, fed her, and took her for a walk.

그러니까. 다시 잠이 안 와서 브랜디를 밖에 내보내고, 밥도 주고 산책도 다녀왔어.

Hong Did you give her a treat after?

끝나고 간식도 줬어?

Callie Yeah, even though I was **salty** she woke me up so early.

응, 그렇게 일찍 깨워서 짜증 났지만 말이야.

Hong You're a good dog mom. **Meanwhile**, Tiki hasn't moved from the couch all day.

완전 좋은 강아지 엄마네. 그동안 티키는 하루 종일 소파에서 꼼짝도 안 했어.

Callie She's **living her best life**. She meowed at me earlier just to remind me it was dinner time.

걔는 완전 자기 인생을 즐기고 있지. 아까는 나한테 야옹거리면서 저녁 시간 됐다고 나한테 알려주더라.

Hong Honestly, they're a lot of work, but I wouldn't trade them for anything.

솔직히 손은 많이 가지만, 그래도 절대 무엇하고도 바꾸고 싶진 않아.

Callie Same here. Our little zoo definitely makes life more fun.

나도 마찬가지야. 우리 집 작은 동물원 덕분에 확실히 더 재미있게 살고 있어.

Vocabulary **salty** 열받은, 삐친 | **meanwhile** 그동안, 한편으로는 | **live (one's) best life** 최고의 삶을 누리다

Fur Baby(반려동물의 애칭)

'Fur baby'는 미국에서 반려동물을 장난스럽고 애정 어린 방식으로 부를 때 쓰는 속어입니다. 보통 강아지나 고양이 같은 반려동물을 마치 자식처럼 아끼고 돌보는 경우에 사용합니다. 많은 미국인들이 반려동물을 가족의 일원으로 여기는데, 'Fur baby'라는 표현은 그만큼 반려동물에게 애정을 많이 쏟는다는 걸 잘 보여줍니다. 반려동물을 키우는 사람들 사이에서 일상 대화나 SNS 캡션, 반려동물 용품에도 자주 쓰이는 표현입니다. 우리 애기, 우리 강아지 등으로 해석하면 자연스럽습니다.

1 I take so many pictures of my fur baby.

나는 우리 애기(강아지/고양이) 사진을 정말 많이 찍는다.

2 We don't have kids yet, but our two fur babies keep us busy!

우리는 아직 아이는 없지만, 애기(강아지/고양이) 둘 덕분에 바쁘게 지낸다!

Callie's AI Tip & Mission!

스몰토크 마스터하기!

ChatGPT를 활용해 스몰토크를 연습해 보세요.

1. ChatGPT에 59쪽의 Small Talk 사진을 찍어 전송하세요.
2. 음성모드를 켜세요.

3. ChatGPT에게 아래와 같이 대화를 요청하세요.
   "사진 속 스몰토크를 같이 읽어볼게요. 제가 Callie 역할을 할게요, Hong 역할을 해 주세요."
4. 첫 문장을 말해보세요. ChatGPT가 Hong처럼 대답하며 자연스럽게 대화를 이어 갑니다. 한 문장씩 주고받으며 스피킹을 연습해 보세요.
5. 끝까지 읽고나면 역할을 바꿔보세요.
   "이제 역할을 바꿔볼게요. Callie 역할로 먼저 시작해 주세요. 저는 Hong 역할을 할 게요."

Diary

이번 파트에서 배운 주요 표현과 단어들을 활용해, 아래 질문에 답해보세요.

(Callie's Diary) *I think dogs are the best pets because they're playful, cute, and smart. I love taking them for walks, teaching them tricks, and cuddling with them before bed. On the other hand, I think birds are the worst pets because they're high-maintenance, loud, and messy.*

제가 생각하기에 강아지가 가장 좋은 반려동물이에요. 장난도 잘 치고, 귀엽고, 똑똑하거든요. 저는 강아지를 산책 시키거나, 재주를 가르치거나, 자기 전에 꼭 껴안는 것도 정말 좋아해요. 반면에, 가장 안 좋은 반려동물은 새라고 생각해요. 왜냐하면 손도 많이 가고, 시끄럽고, 지저분하거든요.

⭐ 이제 여러분이 써볼 차례예요!

I think _________________ are the best pets because _________

____.

I love ____

____.

On the other hand, I think _____________ are the worst pets because

____.

Babies 아기 돌보기

 **Script**

Being an **aunt** is so much fun, and I love **babysitting** my **nephew**. He's 9 months old now, so he's **crawling** everywhere and is super **curious** about everything. I lay out a blanket and some toys to **keep him entertained**. We **do tummy time**, stack blocks, and play peekaboo.

When he starts **getting fussy**, I know it's time to **put him down for a nap**. If he has trouble falling asleep, I **rock** him in my arms and **sing a lullaby** until he **dozes off**. It takes a little patience, but once he's out, I get a little bit of quiet time to **tidy up** or just relax for a few minutes.

이모가 되는 건 정말 즐거워요. 저는 조카를 봐주는 걸 정말 좋아하거든요. 조카는 지금 9개월인데, 온 집안을 기어다니면서 모든 것에 엄청난 호기심을 보여요. 저는 담요를 깔고 아기를 즐겁게 해주려고 장난감도 몇 개 꺼내 놔요. 엎드린 채로 놀기도 하고, 블록을 쌓기도 하고, 그리고 까꿍 놀이도 해요.

아기가 칭얼대기 시작하면 낮잠 재울 시간이라는 걸 알아요. 잠들기 힘들어하면 품에 안고 살살 흔들어주면서 잘 때까지 자장가를 불러요. 인내심이 좀 필요하긴 하지만 일단 아기가 잠들면, 잠깐 정리하거나 쉴 수 있는 조용한 시간을 가지게 돼요.

After his nap, I **change his diaper** and make his lunch. I put on his **bib**, strap him into the **high chair**, and give him his **sippy cup**. He's starting to eat **solids**, so I **spoon-feed** him a little at a time. Once he's full, we head outside for a short walk in the **stroller**. He loves looking around and pointing at everything. He **babbles** nonstop and makes all kinds of silly sounds, so I feel like he'll be talking in no time!

Later in the afternoon, I read to him while he **sucks on his pacifier**. Then it's already time for my sister to come pick him up. I help buckle him into his **car seat** and say goodbye. He's growing up so fast, so I try to enjoy every little moment with him.

낮잠 후에는, 기저귀를 갈아주고 점심을 만들어요. 턱받이를 채워주고 유아용 식사 의자에 앉힌 다음, 빨대 컵도 건네줘요. 이제 이유식을 시작하는 중이라 한 숟가락씩 조금씩 떠먹여 줘요. 아기가 배가 부르면 유모차에 태우고 짧게 산책을 나가요. 조카는 주위를 둘러보면서 모든 것에 손가락질하는 걸 좋아해요. 옹알이를 멈추지 않고 하면서 온갖 재미있는 소리를 내는데, 금방 말을 할 것 같다는 생각이 들어요!

늦은 오후에는 조카가 고무젖꼭지를 빠는 동안 책을 읽어줘요. 그러면 어느새 언니가 조카를 데리러 올 시간이에요. 카시트에 태우고 벨트 매주는 것도 도와주고 인사를 해요. 조카가 정말 빨리 자라고 있어서 조카와 함께하는 작은 순간 하나하나를 즐기려고 해요.

✅ **Keep (him/her) entertained** ~를 즐겁게 해주다, 잘 놀게 해주다

> That toy **kept him entertained** for hours.
> 그 장난감이 몇 시간 동안 그를 즐겁게 해줬다.
> **다르게 말해보기** Keep (him/her) busy / Keep (him/her) occupied

✅ **Do tummy time** 엎드려 놀다

> We usually **do tummy time** right after his nap.
> 우리는 보통 아기가 낮잠을 자고 나면 바로 엎드려 놀 수 있게 해준다.

✅ **Get fussy** 보채다, 짜증을 내다

> He **gets fussy** when he's hungry.
> 그는 배가 고프면 보채기 시작한다.
> **다르게 말해보기** Get restless / Get cranky

✅ **Put (him/her) down for a nap** (아기를) 낮잠 재우다, 낮잠 자게 눕히다

> It's time to **put him down for a nap**.
> 이제 아기를 낮잠 재울 시간이다.

✅ **Sing a lullaby** 자장가를 부르다

> I usually **sing a lullaby** while rocking him.
> 나는 보통 아기를 흔들면서 자장가를 불러준다.

✅ **Change (his/her) diaper** (아기의) 기저귀를 갈다

> I packed extra wipes in case I need to **change her diaper**
> while we're out.
> 나는 우리가 밖에 있는 동안 기저귀를 갈아줘야 할 경우를 대비해 물티슈를 여분으로 챙겼다.
> **다르게 말해보기** Do a diaper change

✅ **Suck on (his/her) pacifier** 고무젖꼭지를 빨다

> She always **sucks on her pacifier** when she's falling asleep.
> 그녀는 잠들 때 항상 고무젖꼭지를 빤다.

Babies 아기 돌보기

Small Talk

Callie   Man, I forgot how much work it is babysitting a 9-month-old.

와, 9개월 된 아기 돌보는 게 얼마나 일이 많은 건지 잊고 있었어.

Hong   Seriously. I'm **exhausted**. But I think wc did a pretty good job keeping him busy.

진짜로. 완전 지쳤어. 하지만 아기가 심심하지 않게 잘 놀아준 것 같아.

Callie   Yeah, his toys and that walk in the stroller helped a ton.

맞아, 장난감이랑 유모차 산책이 엄청 도움이 됐지.

Hong   He barely even got fussy.

거의 보채지도 않았잖아.

Callie   And when he did, a quick nap fixed everything.

가끔 보챘을 때도, 낮잠 한 번 자고 나면 다 괜찮아졌고.

Hong   You sang him that lullaby and he was **out** in like two minutes.

네가 자장가를 불러주니까 2분 만에 잠들었잖아.

Callie   That part was sweet. Changing his diaper though... not so much. Thanks for handling that.

그건 좀 귀여웠지. 근데 기저귀 가는 건... 별로였어. 처리해 줘서 고마워.

Hong   Don't mention it. But next time, it's your turn.

뭘, 괜찮아. 근데 다음엔 네 차례야.

Callie   Fair. So... think we're ready for one of our own?

그래야 공평하지. 그래서... 우리도 아기 키울 준비가 된 것 같아?

Hong   Ask me again after I've **recovered**.

피로가 풀리고 나면 다시 물어봐.

Vocabulary   **exhausted** 너무 지친 | **out** 푹 잠든, 완전히 곯아떨어진 | **recovered** 회복한, 피로가 풀린

Diaper Duty(기저귀 당번)

'Diaper duty'는 아기 기저귀를 갈아주는 일을 장난스럽고 가볍게 표현한 말입니다. 더러운 기저귀를 치울 차례가 되었다는 뜻입니다. 보통 돌아가면서 기저귀를 갈아줄 때 상대가 맡을 차례면 "이번엔 네가 기저귀 당번이야!"라고 장난처럼 말합니다. 기저귀 가는 일이 그렇게 즐거운 일은 아니다 보니, 보통 이 표현은 농담처럼 하는 말입니다.

1 You're on diaper duty tonight!

오늘 밤 기저귀 당번은 너야!

2 We took turns being on diaper duty all weekend while babysitting my nephew.

우리는 조카를 돌보는 주말 내내 돌아가면서 기저귀 당번을 했다.

Callie's AI Tip & Mission!

발음·억양 마스터하기!

ChatGPT를 활용해 발음과 억양을 훈련해 보세요.

1. 먼저 ChatGPT의 음성모드를 켜세요.

2. ChatGPT에 아래와 같이 요청하세요.

   "저는 원어민처럼 영어를 말하고 싶어요. 영어 문장들을 소리 내어 읽을게요. 제 발음과 억양을 더 자연스럽게 만들 수 있는 구체적인 팁을 알려주세요."

3. 64쪽의 Key Phrases 예문을 한 문장씩 영어로 소리 내어 읽어주세요.

4. 잘 와닿지 않거나, 이해가 안 될 때는 이렇게 말하세요.

   "시범을 보여주세요." 그러면 ChatGPT가 원어민 억양으로 직접 읽어줍니다.

5. 수정된 발음으로 다시 읽고, 다음 문장으로 넘어가 보세요.

Diary

이번 파트에서 배운 주요 표현과 단어들을 활용해, 아래 질문에 답해보세요.

아기를 돌보는 일 중에 가장 어려운 부분은 무엇이라고 생각하나요? 그 일을 더 쉽게 만드는 데 도움이 될 수 있는 것은 무엇인가요?

(Callie's Diary) *I think the most challenging part is when the baby wakes up during the night because it's exhausting. I think having a solid bedtime routine and getting help from family make things a bit easier.*

가장 힘든 부분은 아기가 밤에 깰 때라고 생각해요. 정말 지치거든요. 확실한 수면 루틴을 갖고 가족들한데 도움을 받으면 좀 수월해져요.

⭐ **이제 여러분이 써볼 차례예요!**

I think the most challenging part is ________________________

________________ because ________________________.

I think ____ and

________________________________ make things a bit easier.

DAY 17

Learn it

Family Small Talk 가족 일상 대화

Script 엄마와 딸의 일상 대화

Mom — Morning! **Did you sleep okay**? I heard you moving around pretty late last night.

좋은 아침! 잘 잤어? 어젯밤에 꽤 늦게까지 움직이는 소리가 들리던데.

Daughter — Yeah, I stayed up late watching that new cooking show. It's actually pretty good.

네, 그 새로 나온 요리 프로그램 보느라 늦게 잤어요. 꽤 괜찮더라고요.

Mom — Oh, I think I saw a clip of that online! So, **what's the plan today**?

아, 그거 온라인에서 짧은 영상으로 본 것 같아! 그래서 오늘 계획은 뭐야?

Daughter — I wanted to ask... can I go over to Jane's house for a movie night tonight?

여쭤보고 싶은 게 있었는데... 오늘 밤에 제인이네 집에서 영화 보고 와도 될까요?

Mom — I don't mind, as long as you're **caught up on** your homework.

상관 없어, 네가 숙제를 다 했다면 말이지.

Daughter — I am, don't worry. I finished most of it yesterday.

다 했어요, 걱정 마세요. 어제 거의 다 끝냈거든요.

Mom — **Good to hear. How's everything going at school** anyway?

잘됐네. 그나저나 학교 생활은 어때?

Daughter — **Not too bad**, but I've got a big **presentation** next week, which I'm kind of nervous about.

나쁘진 않아요. 근데 다음 주에 큰 발표가 하나 있어서 좀 걱정돼요.

68

Vocabulary

caught up on ~을 다 끝낸, 밀린 걸 다 한 | **not too bad** 그렇게 나쁘진 않아, 괜찮은 편이야 | **presentation** 발표, 프레젠테이션 | **the last minute** 마지막 순간, 마감 직전 | **by the way** 그런데, 그건 그렇고 | **instead** 대신에 | **crave** ~를 몹시 원하다

Mom	You'll do great! Just don't leave it all until **the last minute.** 잘할 거야! 마지막에 몰아서 하지는 말고.
Daughter	I won't, Mom. By the way, what's for breakfast? 안 그럴게요, 엄마. 그건 그렇고, 오늘 아침은 뭐예요?
Mom	I was thinking eggs and bacon. How's that sound? 계란이랑 베이컨 생각 중이었는데, 어때?
Daughter	Can we do pancakes **instead**? I've been **craving** them lately. 대신 팬케이크 먹으면 안 돼요? 요즘 팬케이크가 계속 먹고 싶더라고요.
Mom	Sure! Sounds good on a rainy day like today. 물론이야! 오늘 같이 비 오는 날엔 딱 좋지.
Daughter	Right? Nothing beats pancakes on a rainy day. 그렇죠? 비오는 날에는 팬케이크가 최고죠.

🔊 Key Phrases

✅ **Did you sleep okay?** 잘 잤어?

> **Did you sleep okay**, or did the thunder keep you up?
> 잘 잤어? 아니면 천둥 때문에 못 잔 거야?
> **NOTE** "Did you sleep okay?"은 상대가 피곤해 보이거나 걱정될 때 쓰는 '배려'의 표현이고, "How'd you sleep?"은 아침에 만났을 때 툭 던지는 자연스러운 '인사'입니다.

✅ **What's the plan today?** 오늘 계획은 뭐야?

> **What's the plan today**? Are we still going to the grocery store?
> 오늘 계획은 뭐야? 우리 아직 장 보러 가는 거지?

✅ **How's everything going at (school/work)?** (학교/회사) 생활은 어때?

> **How's everything going at school**? Are your classes still super busy?
> 학교 생활은 어때? 수업은 여전히 엄청 바빠?

✅ **What's for (breakfast/lunch/dinner)?** (아침/점심/저녁)은 뭐야?

> **What's for dinner**? I'm starving.
> 저녁은 뭐야? 배고파 죽겠어.

✅ **I was thinking (something). How's that sound?** ~를 생각 중이었어. 어때?

> **I was thinking** we could all go see a movie tonight. **How's that sound?**
> 오늘 밤에 우리 다 같이 영화 보러 가면 어떨까 생각 중이었어. 어때?

✅ **Good to hear** 잘 됐네

> **Good to hear**! I'm happy it all worked out.
> 잘 됐네! 잘 해결돼서 기뻐.

✅ **Right?** 그렇지?

> **Right?** That movie was so funny!
> 그렇지? 그 영화 진짜 웃겼어!

Family Small Talk 가족 일상 대화

 **Small Talk**

Callie	Morning! How'd you sleep?
	좋은 아침! 잘 잤어?
Hong	Not bad! That new pillow actually helped.
	나쁘지 않았어! 새 베개가 실제로 도움이 되더라고.
Callie	Good to hear. What's your plan today?
	잘 됐네. 오늘 계획은 뭐야?
Hong	I've got a meeting that might run late, but after that I was thinking we could **grab dinner**. How's that sound?
	회의가 좀 늦게 끝날 수도 있기는 한데, 그다음에 같이 저녁 먹으면 어떨까 생각하고 있었어. 어때?
Callie	Sounds good to me! How's everything going at work anyway?
	좋지! 그런데 요즘 회사 일은 어때?
Hong	Busy, but good! Can't **complain**. Where should we go for dinner tonight?
	바쁘긴 한데 좋아! 불만은 없어. 오늘 저녁은 어디서 먹을까?
Callie	How about that new Italian restaurant **down the street** that just opened up? I heard it's really good!
	근처 새로 연 이탈리안 식당 어때? 진짜 괜찮다고 들었어!
Hong	Right? Everyone's been **raving** about it lately. Let's do it!
	그치? 요즘 다들 거기 엄청 좋다고 난리더라. 거기로 하자!
Callie	Perfect! It's a date!
	좋아! 데이트하는 거다!

Vocabulary   **grab dinner** 저녁 먹다 | **complain** 불평하다 | **down the street** 길 아래쪽에, 바로 근처에 | **rave** 극찬하다

Talking to a Brick Wall(벽 보고 말하는 기분)

'Talking to a brick wall'은 미국에서 흔히 쓰이는 관용 표현으로, 상대가 전혀 듣지도, 반응하지도, 대화에 참여하지도 않을 때 느끼는 답답함을 나타냅니다. 내가 열심히 말을 걸고 노력해도, 상대는 전혀 관심이 없어 보일 때 쓰는 표현입니다.

1 I tried making small talk with him, but it was like talking to a brick wall.

나는 그와 가볍게 대화를 나눠보려 했지만, 벽을 보고 말하는 기분이었다.

2 Every time I ask her how she's doing, she just shrugs. It's like talking to a brick wall.

내가 그녀에게 어떻게 지내는지 물어볼 때마다, 그녀는 그냥 어깨만 으쓱한다. 벽 보고 말하는 기분이다.

Callie's AI Tip & Mission!

프리토킹 마스터하기!

ChatGPT를 활용해 스크립트의 상황을 기반으로 영어회화 연습해 보세요.

1. 음성모드를 켜세요.

2. ChatGPT에게 아래와 같이 대화를 요청하세요.

    "가족 간에 대화화는 상황으로 프리토킹을 해보고 싶어요. 제가 (엄마/딸) 역할을 할게요. 당신은 (엄마/딸) 역할을 해주세요. 영어 (초보/중급/고급) 수준으로 말해주세요. 먼저 영어로 질문을 해주세요. 제가 대답하면, 자연스럽게 대화를 이어가 주세요."

3. 대화 중 다음과 같이 질문해 보세요.

    "이 표현 말고 다른 자연스러운 표현이 있을까요?"

    "방금 제가 말한 문장을 더 자연스럽게 고쳐주세요."

4. 대화가 끊겼을 때는 "계속 질문해 주세요"라고 말하면, ChatGPT가 다시 질문을 이어갑니다.

72

Diary

이번 파트에서 배운 주요 표현과 단어들을 활용해, 아래 질문에 답해보세요.

(Callie's Diary) *I makc small talk with my husband the most. We usually talk about work and what happened that day when we're getting ready for bed.*

저는 남편과 가장 자주 일상 대화를 나눠요. 저희는 보통 잘 준비를 하면서 회사나 그날 있었던 일에 대해 이야기해요.

이제 여러분이 써볼 차례예요!

I make small talk with _______________ the most. We usually talk

about ____

and ____

when ____.

Beauty 외모 관리

Script

Getting ready in the morning is a big part of my daily routine because **self-care** is important to me. I start my day by taking a shower. I shampoo and condition my hair, then wash my body with a **loofah** and body wash. After drying off, I move on to skincare, which includes washing my face, **applying** moisturizer, and of course, **sunscreen**.

I usually keep my makeup light and natural for an everyday look. Instead of foundation, I use BB cream as my **base**. If I have dark circles, I **dab** a little concealer under my eyes and **add a touch of blush** to my cheeks for some color. I **fill in my brows** and apply a bit of eyeliner to my upper **lash line**.

아침에 준비하는 시간은 제 하루 일과의 큰 부분이에요. 왜냐하면 저에게 자기 관리는 중요하거든요. 저는 샤워를 하면서 하루를 시작해요. 샴푸로 머리를 감고 컨디셔너를 바른 다음, 목욕용 수세미와 바디워시로 몸을 씻어요. 물기를 닦은 후에는 스킨케어를 해요. 세안하고, 보습제를 바르고, 물론 선크림도 꼭 바르죠.

평소에 하는 메이크업은 보통 가볍고 자연스럽게 해요. 파운데이션 대신 BB크림을 베이스로 써요. 다크서클이 있을 땐 눈 밑에 살짝 컨실러를 톡톡 바르고, 볼에 블러셔를 살짝 더해서 생기를 줘요. 눈썹을 채우고 윗눈꺼풀 라인에 아이라인을 살짝 그려요.

self-care 자기 관리 | **loofah** 목욕용 수세미 | **apply** 바르다 | **sunscreen** 선크림 | **base** (메이크업의) 베이스 | **dab** 톡톡 두드리다 | **lash line** 속눈썹 라인 | **must-have** 필수 아이템 | **lashes** 속눈썹 | **sparkly** 반짝이는, 빛나는 | **curling iron** 고데기, 머리 말아주는 기구 | **straightener** (머리) 매직기 | **hair tie** 머리끈 | **comb** 빗 | **deodorant** 데오드란트, 체취 제거제 | **spritz** 가벼운 분사, 칙칙 뿌리다 | **perfume** 향수

My **must-have** makeup item is mascara. I love long **lashes**, so I wear it every day. If I'm going out at night and want a more dramatic look, I **do winged liner** and wear **sparkly** eyeshadow.

Once my makeup is done, I do my hair. If I have time after blow-drying it, I like to style it with a **curling iron** or **straightener**. But most days, I just brush it to **get the tangles out**, grab a **hair tie**, and **throw it up in a ponytail**. I use a **comb** and hairspray to **tame any flyaways**. Finally, I put on some **deodorant** and a **spritz** of my favorite **perfume.**

저의 메이크업 필수템은 마스카라예요. 속눈썹이 긴 게 좋아서 매일 발라요. 밤에 외출할 일이 있고 좀 더 화려해 보이고 싶으면, 아이라인을 날개 모양으로 그리고, 반짝이는 아이섀도도 발라요.

메이크업이 끝나면 머리를 손질해요. 머리를 말린 후 시간이 있으면 컬링기나 스트레이트기로 스타일링을 해요. 하지만 대부분은 그냥 머리를 빗어서 엉킨 것만 풀고, 머리끈을 집어서 포니테일로 휙 묶어요. 빗이랑 헤어스프레이를 사용해서 삐죽삐죽 뜨는 잔머리를 정리해요. 마지막으로 데오드란트를 바르고 제가 제일 좋아하는 향수도 한 번 뿌려요.

✅ **Get ready** 준비하다, 몸단장을 하다

It takes me about 30 minutes to **get ready** in the morning.
아침에 준비하는 데 30분 정도 걸린다.

✅ **Add a touch of (something)** ~를 살짝 얹다, 더하다

I like to **add a touch of** blush to give my face a healthy glow.
나는 얼굴에 건강한 생기를 주기 위해 블러셔를 살짝 얹는 걸 좋아한다.

✅ **Fill in (one's) brows** 눈썹을 채우다, 그리다

She showed me how to **fill in my brows** with a brow pencil.
그녀는 나에게 아이브로우 펜슬로 눈썹을 채우는 방법을 보여줬다.

✅ **Do winged liner** 아이라인을 날개 모양으로 그리다

Doing winged liner takes practice, but I finally got the hang of it.
아이라인을 날개 모양으로 그리는 건 연습이 필요하지만, 드디어 요령을 알게 됐다.

✅ **Get the tangles out** 엉킨 머리를 풀다

I use a comb to **get the tangles out** of my hair.
나는 빗을 사용해 엉킨 머리를 푼다.

✅ **Throw (one's) hair up in a ponytail** 머리를 포니테일로 휙 올려 묶다

It was so hot outside, I had to **throw my hair up in a ponytail**.
밖이 너무 더워서 나는 머리를 포니테일로 휙 올려 묶어야 했다.
다르게 말해보기 Put (one's) hair up / Put (one's) hair in a ponytail

✅ **Tame flyaways** 삐죽삐죽 뜨는 잔머리를 정리하다

She brushed back her bangs and **tamed the flyaways**.
그녀는 앞머리를 뒤로 빗어 넘기고 삐죽삐죽 뜨는 잔머리를 정리했다.

Beauty 외모 관리

Small Talk

Callie   Ugh, I'm having a bad hair day. I think I'm just gonna throw it up in a ponytail.

아, 오늘 머리가 엉망이야. 그냥 대충 포니테일로 올려 묶으려고 생각 중이야.

Hong   I saw the curling iron out. **Figured** you were gonna curl your hair today.

컬링기 꺼내 놓은 걸 봤는데. 오늘은 머리를 말 거라고 생각했어.

Callie   I was gonna, but I **ran out of time**, so I'm keeping it simple today.

그러려고 했는데 시간이 없어서, 오늘은 그냥 간단하게 하려고.

Hong   You look cute! Are you going all natural?

예쁜데! 오늘은 생얼로 갈거야?

Callie   Almost. I just put on some BB cream, filled in my brows, applied some mascara... the usual.

거의. 그냥 BB크림 바르고, 눈썹 채우고, 마스카라만 살짝... 늘 하던 대로.

Hong   I should probably get ready too. I've been lazy all morning.

나도 이제 준비해야겠다. 아침 내내 너무 늘어졌어.

Callie   Yeah, get moving! We've got stuff to do today.

맞아, 움직여! 오늘 해야 할 일이 많잖아.

Hong   Alright, boss! I'm hopping in the shower!

알겠어요, 보스! 샤워하러 가겠습니다!

Vocabulary   **figured** (그럴 줄) 알았지, 예상했어 | **run out of time** 시간이 부족하다

GRWM(같이 준비해요)

'GRWM'은 "Get Ready With Me(저랑 같이 준비해요)"의 줄임말로, 유튜브, 틱톡, 인스타그램 같은 SNS에서 자주 쓰이는 표현입니다. 사람들이 출근 또는 저녁 약속 등 외출 준비를 하면서 자신의 메이크업, 헤어, 의상 스타일링 과정을 촬영하거나 게시할 때 이 표현을 사용합니다. 쓸 때는 GRWM으로 줄여쓰기도 하지만 말할 때는 "Get Ready with Me"라고 풀어서 말합니다.

1 I filmed a GRWM this morning while doing my hair and makeup.

나는 오늘 아침에 머리와 메이크업을 하면서 GRWM 영상을 촬영했다.

2 I love watching GRWM videos.

나는 GRWM 영상을 보는 것을 좋아한다.

 *Callie's AI Tip & Mission!*

발음·억양 마스터하기!

ChatGPT를 활용해 발음과 억양을 훈련해 보세요.

1. 먼저 ChatGPT의 음성모드를 켜세요.

2. ChatGPT에 아래와 같이 요청하세요.

   "저는 원어민처럼 영어를 말하고 싶어요. 영어 문장들을 소리 내어 읽을게요. 제 발음과 억양을 더 자연스럽게 만들 수 있는 구체적인 팁을 알려주세요."

3. 76쪽의 Key Phrases 예문을 한 문장씩 영어로 소리 내어 읽어주세요.

4. 잘 와닿지 않거나, 이해가 안 될 때는 이렇게 말하세요.

   "시범을 보여주세요." 그러면 ChatGPT가 원어민 억양으로 직접 읽어줍니다.

5. 수정된 발음으로 다시 읽고, 다음 문장으로 넘어가 보세요.

Diary

이번 파트에서 배운 주요 표현과 단어들을 활용해, 아래 질문에 답해보세요.

자기 관리를 할 때 꼭 있어야 한다고 생각하는 필수 아이템은 무엇인가요? 하나 추천해 주세요!

(Callie's Diary) *Tree Hut Sugar Scrubs are a must-have for me. I love them because they smell so good and leave my body feeling silky smooth. I buy them from Olive Young, and I use them once a week. I recommend them for people who have rough or dry skin.*

트리헛 슈가 스크럽은 제 필수템이에요. 향이 너무 좋고 피부가 매끈해져서 좋아해요. 저는 이걸 올리브영에서 사고, 일주일에 한 번 사용해요. 피부가 거칠거나 건조한 분들께 추천해요.

⭐ 이제 여러분이 써볼 차례예요!

__________________ (is / are) a must-have for me. I love (it /

them) because _________________ and _________

_____________________________.

I buy (it / them) from ______________________,

and I use (it / them) ______________________.

I recommend (it / them) for people who _______________

_____________________________.

Work From Home 재택근무

Script

One of the best things about working from home is the **flexibility**, but it also takes a lot of **self-discipline** to **stay on task**. To help with **productivity**, I recently upgraded my **workstation** with a standing desk and a walking pad. They help keep me active, even on days when I have a lot of **screen time**.

I always start my workday by going through emails and messages, **flagging** anything **urgent**. Then I open my calendar to check my schedule and **jot down** my **top priorities** on my to-do list. I usually start with the most **time-sensitive** tasks or anything that was **carried over** from the day before. If I have any quick updates or questions, I'll message my team on Slack.

재택근무의 가장 좋은 점 중 하나는 유연하다는 점이지만, 맡은 업무에 집중하기 위해서는 자기관리도 많이 필요해요. 생산성을 높이기 위해서, 최근에는 작업 공간을 스탠딩 데스크와 워킹패드로 업그레이드했어요. 화면 보는 시간이 많은 날에도 계속 활동적으로 지낼 수 있게 도와줘요.

저는 항상 업무를 시작할 때 이메일이랑 메시지를 확인하고 급한 건 따로 표시해 둬요. 그다음 캘린더를 열어서 스케줄을 확인하고, 오늘의 최우선 업무를 투두 리스트에 적어요. 보통은 마감이 임박한 일이나 전날 미뤄둔 일부터 시작하죠. 간단한 업데이트나 질문이 있으면 슬랙(메신저)으로 팀에 메시지를 보내요.

flexibility 유연성, 융통성 | **self-discipline** 자기 관리 | **stay on task** 할 일에 집중하다, 과업을 계속 수행하다 | **productivity** 생산성 | **workstation** 작업 공간 | **screen time** 화면을 보는 시간 | **flag** 표시하다, 체크하다 | **urgent** 긴급한 | **top priorities** 최우선 과제, 가장 중요한 일들 | **time-sensitive** (기한이) 민감한, 시간에 쫓기는 | **carry over** 이월되다, 넘어가다 | **coffee run** 커피를 사러 가는 짧은 외출 | **technical difficulties** 기술적인 문제 | **spotty** (신호, 연결 등이) 불안정한 | **resolve** 해결하다

I try my best to manage my time well and **catch up on** any unfinished work. I like to **knock out** at least a few important tasks before noon.

After lunch and a quick **coffee run**, I usually have some online meetings. I prep for them in advance and **follow up** afterward. I use Zoom, which is usually fine, but I always worry about **technical difficulties**. My Wi-Fi has been pretty **spotty** lately!

If anything **comes up at the last minute**, I **hop on a call** to **resolve** the issue. After a few more hours of working and **tying up any loose ends**, it's time to log off and relax for the night.

저는 최대한 시간을 잘 관리해서 밀린 일을 따라잡으려고 해요. 적어도 몇 가지 중요한 업무는 점심 전에 끝내고 싶거든요.

점심 먹고 잠깐 커피를 한잔 사 온 다음엔, 보통 온라인 회의가 있어요. 저는 준비를 미리 해두고, 이후에는 후속 조치도 해요. 저는 Zoom을 사용하는데, 보통은 괜찮지만 저는 항상 기술적인 문제들이 생길까 봐 걱정돼요. 최근에 와이파이가 자꾸 끊기거든요!

급한 일이 막판에 생기면 전화해서 문제를 처리해요. 몇 시간 더 일하고 남은 일들을 마무리하고 나면, 이제 업무를 마치고 저녁에 쉴 시간이에요.

✓ **Jot down (something)** ~를 간단히 적다, 메모하다

> I **jotted down** a few notes during the meeting.
> 나는 회의 중에 몇 가지 메모를 간단히 적었다.

✓ **Catch up on (something)** 밀린 일을 처리하다

> I spent the morning **catching up on** emails and paperwork.
> 나는 아침을 밀린 이메일과 서류 작업을 처리하면서 보냈다.

✓ **Knock out (something)** ~를 후딱 끝내다, 빠르게 처리하다

> I **knocked out** three reports before lunch.
> 나는 점심 먹기 전에 보고서 세 개를 빠르게 처리했다.
> **다르게 말해보기** Get through

✓ **Follow up** 후속 조치를 취하다, 이어서 처리하다

> I'll **follow up** with her tomorrow to confirm the details.
> 나는 내일 그녀에게 다시 연락해서 세부 사항을 확인할 것이다.

✓ **Come up at the last minute** 막판에 일이 생기다, 갑자기 무슨 일이 생기다

> Sorry I had to cancel. Something **came up at the last minute**.
> 취소해서 미안해. 막판에 일이 좀 생겼어.

✓ **Hop on a call** 전화 회의에 참여하다, 전화를 걸다

> I have to **hop on a call** with my manager this afternoon.
> 나는 오늘 오후에 매니저와 전화를 해야 한다.
> **다르게 말해보기** Jump on a call / Get on a call

✓ **Tie up loose ends** 남은 일을 마무리하다

> She stayed late to **tie up some loose ends** before her vacation.
> 그녀는 휴가를 가기 전에 남은 일을 마무리하려고 늦게까지 남아 있었다.

Work From Home 재택근무

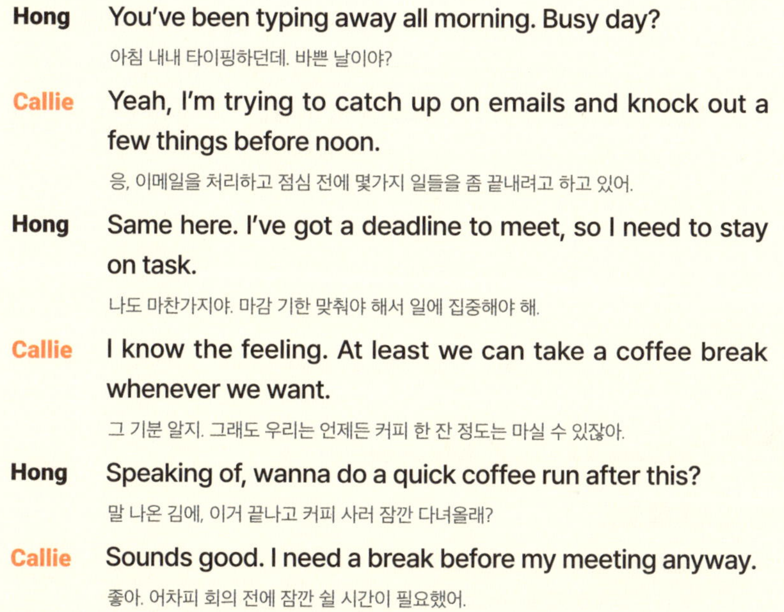

Small Talk

Hong You've been typing away all morning. Busy day?

아침 내내 타이핑하던데. 바쁜 날이야?

Callie Yeah, I'm trying to catch up on emails and knock out a few things before noon.

응, 이메일을 처리하고 점심 전에 몇가지 일들을 좀 끝내려고 하고 있어.

Hong Same here. I've got a deadline to meet, so I need to stay on task.

나도 마찬가지야. 마감 기한 맞춰야 해서 일에 집중해야 해.

Callie I know the feeling. At least we can take a coffee break whenever we want.

그 기분 알지. 그래도 우리는 언제든 커피 한 잔 정도는 마실 수 있잖아.

Hong Speaking of, wanna do a quick coffee run after this?

말 나온 김에, 이거 끝나고 커피 사러 잠깐 다녀올래?

Callie Sounds good. I need a break before my meeting anyway.

좋아. 어차피 회의 전에 잠깐 쉴 시간이 필요했어.

Hong Let's just hope we don't **run into** any Wi-Fi issues again today.

오늘은 와이파이 문제가 또 안 생기길 바라자.

Callie Right? It's been so spotty lately!

그치? 요즘 자꾸 끊기더라니까!

Hong I know. Let me hop on a quick call, and then we can **head out.**

맞아. 나 빨리 전화 하나만 하고, 그다음에 나가자.

Vocabulary **run into** 우연히 마주치다, 문제에 부딪히다 | **head out** 나가다

Touch Base(잠깐 연락하다, 가볍게 이야기 나누다)

'Touch base'는 누군가와 짧게 연락을 주고받는 것을 뜻하는 표현으로, 이메일, 채팅, 전화 등 다양한 방식으로 정보를 공유하거나, 서로 같은 내용을 이해하고 있는지 확인할 때 자주 사용됩니다. 특히 재택근무 중에는 공식적인 회의 없이도 가볍게 안부를 묻고 일의 진행 상황을 확인할 수 있는 유용한 방식이에요.

1 **Hey, can we touch base this afternoon about the new project?**

저기, 오늘 오후에 새 프로젝트에 대해 잠깐 이야기 나눌 수 있을까?

2 **I just wanted to touch base and make sure you saw my email.**

그냥 잠깐 연락해서 내가 보낸 이메일을 봤는지 확인하고 싶었어.

 *Callie's AI Tip & Mission!*

스몰토크 마스터하기!

ChatGPT를 활용해 스몰토크를 연습해보세요.

1. ChatGPT에 83쪽의 Small Talk 사진을 찍어 전송하세요.
2. 음성모드를 켜세요.

3. ChatGPT에 아래와 같이 대화를 요청하세요.

   "사진 속 스몰토크를 같이 읽어볼게요. 제가 Hong 역할을 할게요, Callie 역할을 해 주세요."

4. 첫 문장을 말해보세요. ChatGPT가 Callie처럼 대답하며 자연스럽게 대화를 이어 갑니다. 한 문장씩 주고받으며 스피킹을 연습해 보세요.

5. 끝까지 읽고나면 역할을 바꿔보세요.

   "이제 역할을 바꿔볼게요. Hong 역할로 먼저 시작해 주세요. 저는 Callie 역할을 할게요."

Diary

이번 파트에서 배운 주요 표현과 단어들을 활용해, 아래 질문에 답해보세요.

Q What do you think is the biggest pro of working from home? What's the biggest con?

재택근무의 가장 큰 장점은 뭐라고 생각하나요? 가장 큰 단점은요?

(Callie's Diary) *I think the biggest pro of working from home is not having to dress up because it gives you more time to do other things in the morning. The biggest con of working from home is not having coworkers around because it can feel lonely.*

재택근무의 가장 큰 장점은 아침에 차려입을 필요가 없는 거라고 생각해요. 왜냐하면 아침 시간에 다른 일을 할 수 있는 시간이 생기거든요. 재택근무의 가장 큰 단점은 함께 일하는 동료들이 곁에 없다는 점이에요. 왜냐하면 외롭다고 느껴질 수 있거든요.

⭐ 이제 여러분이 써볼 차례예요!

I think the biggest pro of working from home is ______________

______________ because ________________________________

________________________________. The biggest con of

working from home is ________________________________

because ________________________________.

DAY 23

DATE   /   /

Studying 공부하기

 **Script**

I like studying in the morning when the house is nice and quiet so I don't get **distracted**. I make a cup of coffee and sit at my desk. Once I'm **settled in**, I start by **going over** vocabulary and grammar. I use a mix of apps, flashcards, and online videos to do this. I **take notes** on my iPad, which makes it easy to **organize** everything and review later.

I try to memorize new words and expressions by **saying them out loud** and creating sentences that **relate to** my own life. One of my favorite study **techniques** is shadowing. It not only helps me remember what I'm learning, but also **improves** my **pronunciation**, **intonation**, and **fluency**.

저는 아침에 공부하는 걸 좋아해요. 집이 조용해서 방해받지 않거든요. 커피 한 잔을 내리고 책상에 앉아요. 일단 자리를 잡으면, 단어와 문법을 복습하면서 시작해요. 앱, 플래시카드, 온라인 영상 등 다양한 방법을 섞어서 활용하고 있어요. 저는 아이패드로 필기를 하는데, 이렇게 하면 모든 걸 정리하기도 쉽고 나중에 복습하기도 편해요.

새로운 단어나 표현을 외우려고 소리 내서 말해 보고, 제 삶과 관련된 문장을 만들어 보기도 해요. 제가 가장 좋아하는 공부법 중 하나는 쉐도잉이에요. 이 방법은 배우는 내용을 잘 기억할 수 있게 도와줄 뿐만 아니라, 발음, 억양, 유창성을 향상시키는 데도 도움이 돼요.

distracted 집중이 안 되는, 산만한 | settled in 자리를 잡은, 안정된 상태가 된 | organize 정리하다, 체계화하다 | relate to ~와 관련되다 | technique 기법, 방법 | improve 향상시키다, 나아지게 하다 | pronunciation 발음 | intonation 억양 | fluency 유창성 | incorporate 포함하다 | mix up 다양하게 하다, 섞다 | I'm a huge (something) 나는 ~를 정말 좋아하는 사람이다 | journal entry 일기 한 편

Since I don't always have time for long study sessions, I like to **incorporate** Korean into my everyday activities. While I'm doing my hair and makeup, I listen to a Korean podcast. If I'm eating dinner alone, I watch a Korean drama instead of just scrolling on my phone. To keep things fun, I **mix up** my study methods.

I'm a huge reader, so some days I read Korean books. Other days, I might write a **journal entry** in Korean or practice speaking with a friend. I try not to be too hard on myself and take breaks when I need to so I don't **burn out**. As long as I'm **making progress**, **staying consistent**, and enjoying the process, that's what matters most!

길게 공부할 시간이 항상 있는 건 아니라서, 제 일상 속에 한국어를 끼워 넣는 걸 좋아해요. 머리를 하고 화장을 하는 동안 한국어 팟캐스트를 들어요. 혼자 저녁을 먹으면 그냥 핸드폰만 보는 대신에 한국 드라마를 봐요. 재미있게 하려고 공부 방법도 바꿔가면서 해요.

저는 책 읽는 걸 정말 좋아해서, 어떤 날은 한국어 책을 읽어요. 또 어떤 날은 일기 한 편을 한국어로 쓰거나 친구랑 말하기 연습을 하기도 해요. 저는 스스로에게 너무 엄격하지 않으려고 하고 필요할 땐 번아웃되지 않도록 쉬어주기도 해요. 조금씩이라도 발전하고 있고, 꾸준히 하고 있고, 과정을 즐기고 있다면 그게 제일 중요한 거잖아요!

✓ **Go over (something)** ~를 복습하다, 다시 살펴보다

> I always **go over** my notes before moving on to a new topic.
> 나는 새로운 주제로 넘어가기 전에 항상 노트를 복습한다.
> **다르게 말해보기** Look over / Go through

✓ **Take notes** 필기하다

> During class, I **take notes** to help me remember important details.
> 나는 수업 중에 중요한 세부 사항을 기억하기 위해 필기를 한다.

✓ **Say (something) out loud** ~를 소리 내어 말하다

> I **say new words out loud** to help memorize them faster.
> 나는 새로운 단어를 더 빨리 외우기 위해 소리 내어 말한다.

✓ **Burn out** 지치다, 번아웃되다

> I take short breaks while studying so I don't **burn out**.
> 나는 번아웃이 되지 않도록 공부하는 중간에 짧게 쉰다.

✓ **Make progress** 발전하다, 향상되다

> I feel like I'm finally **making progress** with my Korean listening skills.
> 나는 드디어 한국어 듣기 실력이 늘고 있는 것 같다.
> **다르게 말해보기** Improve / Get better

✓ **Stay consistent** 꾸준히 하다

> I try to **stay consistent** by studying a little bit every day.
> 나는 매일 조금씩 공부하면서 꾸준히 하려고 노력한다.
> **다르게 말해보기** Stick to it / Keep at it

Studying 공부하기

💬 Small Talk

Hong You've been at your desk for a while. Studying Korean?

한참 책상에 앉아 있던데, 한국어 공부 중이야?

Callie Yeah, just going over some vocabulary. I'm trying to stay consistent.

응, 단어 좀 복습하고 있었어. 꾸준히 하려고 노력 중이야.

Hong Nice! Using your iPad to take notes?

좋네! 아이패드로 필기하는 거야?

Callie Yep, I also say the words out loud when I write them down so they **stick**.

응, 단어를 쓸 때 소리 내서도 말해. 그래야 더 기억에 남거든.

Hong I heard you earlier. Thought you were talking to yourself.

아까 들었어. 혼잣말하는 줄 알았거든.

Callie Ha! No, just shadowing. It really helps with pronunciation.

하하! 아니야, 그냥 쉐도잉하고 있었어. 발음 연습에 정말 도움이 돼.

Hong Well, I'm proud of you. I even heard you studying while doing your makeup the other day.

와, 대단하다. 얼마 전엔 네가 화장하면서도 공부하는 소리를 들었어.

Callie Yeah, I listen to podcasts. Gotta **make the most of my time!**

응, 팟캐스트를 들어. 시간을 최대한 잘 활용해야 하니까!

Hong Respect! Just make sure to pace yourself, so you don't burn out.

존경스럽다! 그래도 네 속도에 맞춰서 지치지 않도록 해.

Vocabulary   **stick** 붙다, 기억에 남다 l **make the most of (one's) time** 시간을 최대한 잘 활용하다

Hit the Books(열심히 공부하다)

'Hit the books'는 '본격적으로 공부를 시작하다, 열심히 공부하다'라는 뜻입니다. 이 표현은 주로 큰 시험이 다가오거나 과제에 집중해야 할 때 사용되며, 미국에서는 특히 고등학생이나 대학생들이 자주 쓰는 말입니다. 직역하면 '책을 때리다'라는 뜻이지만, 실제로 책을 때리는 것이 아니라, "이제 정말 공부 열심히 해야 해"라는 의미를 재미있게 표현한 것입니다. 누군가가 "I'm gonna hit the books"라고 말하면, 이제 딴짓은 그만하고 본격적으로 공부에 집중하겠다는 의미로 이해하면 됩니다.

1   I have a huge exam tomorrow, so I need to hit the books tonight!

나는 내일 중요한 시험이 있어서 오늘 밤엔 열심히 공부해야 한다.

2   I have to hit the books if I want to pass this class.

나는 이 수업을 통과하려면 정말 열심히 공부해야 한다.

Callie's AI Tip & Mission!

일기 쓰기 레벨업!

ChatGPT를 활용해서 내가 쓴 일기에 대해 맞춤형 피드백을 받아보세요.

1. 91쪽 Diary를 작성한 후, 타이핑하거나 사진을 찍어서 ChatGPT에 아래 메시지와 함께 요청하세요.

   "제가 쓴 영어 일기예요. 영어를 원어민이 쓴 것처럼 자연스럽게 다듬어주세요. 어색한 문법이나 단어 선택이 있다면 고쳐주고, 왜 그렇게 수정했는지 한국어로 구체적으로 설명해 주세요."

2. 아래 예시 질문을 활용하면, ChatGPT로부터 더 풍부하게 피드백받을 수 있습니다.

   "이 표현을 다른 문장으로도 바꿔볼 수 있을까요?"

   "제가 쓴 문장과 원어민 문장의 뉘앙스 차이를 더 자세히 설명해 주세요."

3. 피드백을 활용해서 일기를 더 풍성하게 써보세요.

Diary

이번 파트에서 배운 주요 표현과 단어들을 활용해, 아래 질문에 답해보세요.

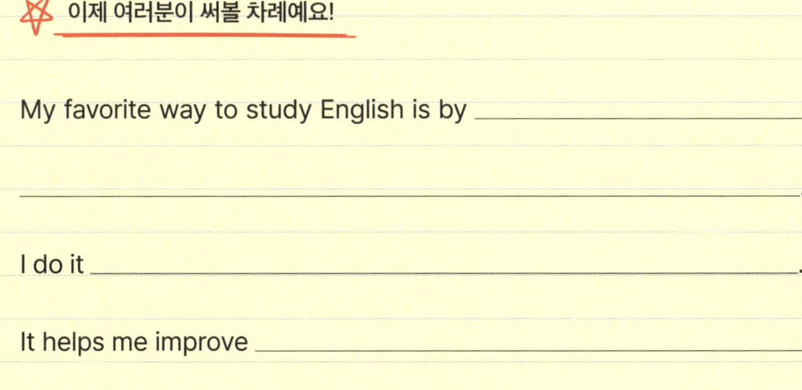

가장 좋아하는 영어 공부 방법은 유튜브 영상을 보면서 쉐도잉하는 거예요. 저는 매일 밤, 저녁을 먹은 후에 공부해요. 이건 제 말하기와 듣기 실력을 높이는 데 도움이 돼요.

이제 여러분이 써볼 차례예요!

My favorite way to study English is by ___________________________

____.

I do it ____.

It helps me improve __________________________________

____.

DAY 25

Social Media 소셜 미디어

Script

Whenever I have a little **downtime** during the day, I almost always end up grabbing my phone and **scrolling through my Instagram or TikTok feed**. I usually start by **checking my notifications** and **replying to comments and DMs**. But then, I get **sucked into** watching cute animal videos or whatever **pops up** on my **FYP**. I try to **limit my screen time**, but I'll **admit**, some days I'm totally **glued to** my phone.

I also enjoy creating my own content. Sometimes I'll post a quick story or upload a **photo dump** from the weekend. It's fun, but I always **overthink** the caption or which filter to use.

저는 하루 중에 쉬는 시간이 있을 때마다, 거의 항상 핸드폰을 집어 들고 인스타그램이나 틱톡 피드를 스크롤하게 돼요. 보통은 알림을 확인하고 댓글이나 DM에 답장하면서 시작해요. 그런데 귀여운 동물 영상이나 뭐든 추천 피드에 뜨면 빠져들게 돼요. 화면 보는 시간을 줄이려고 노력은 하는데, 솔직히 어떤 날은 완전 핸드폰만 붙들고 있을 때도 있어요.

저는 콘텐츠를 직접 만드는 것도 즐겨요. 가끔은 짧은 스토리를 올리거나 주말에 찍은 사진을 몰아서 업로드하기도 해요. 재미있긴 하지만, 캡션을 뭐라고 쓸지, 어떤 필터를 쓸지 항상 지나치게 고민해요.

Lately, I've been trying to post more on YouTube because I'm working on **growing my channel**. I've been editing a lot of short-form videos on my phone, filming, cutting clips, and adding **subtitles**. It's always exciting when a video gets more views than usual or starts to **go viral**. But what I love the most about social media is being able to **connect with** others.

I try to **go live** every once in a while because it's a great way to **engage with my community**. I'll play games, do Q&As, or cook while livestreaming. It's a lot of fun. For me, social media isn't just entertainment. It's also a way to **keep in touch** with old friends and make new ones!

요즘은 유튜브에 더 많이 업로드하려고 노력 중이에요. 제 채널을 성장시키는 데 힘쓰고 있거든요. 저는 요즘 숏폼 영상을 핸드폰으로 많이 편집하고 있어요. 촬영하고, 영상 클립을 자르고, 자막도 넣고요. 영상이 평소보다 조회 수가 많이 나오거나 바이럴되기 시작하면 항상 신나요. 하지만 제가 SNS를 가장 좋아하는 이유는, 다른 사람들과 소통할 수 있다는 점이에요.

종종 라이브 방송을 하려고 노력해요. 커뮤니티와 소통할 수 있는 좋은 방법이니까요. 라이브를 하는 동안 게임을 하거나, Q&A를 하거나, 요리를 하기도 해요. 정말 재미있어요. 저한테 소셜 미디어는 그냥 재미만 주는 건 아니에요. 예전 친구들과 계속 연락을 유지하고, 새로운 친구들을 사귈 수 있는 방법이기도 해요!

🔊 Key Phrases

✅ **Scroll through (one's) feed** 피드를 스크롤하다

I saw a funny video while **scrolling through my feed**.

나는 피드를 스크롤하다가 웃긴 영상을 봤다.

NOTE 일상 대화에서는 그냥 'Scroll'만 말해도 핸드폰을 스크롤하다라는 뜻으로 사용됩니다.

✅ **Check (one's) notifications** 알림을 확인하다

I always **check my notifications** when I wake up.

나는 아침에 일어나면 항상 알림을 확인한다.

✅ **Reply to (something)** ~에 답장하다, ~에 응답하다

She **replied to** my comment on her post!

그녀가 게시물에 있는 내 댓글에 답장을 달았다!

✅ **Limit (one's) screen time** 화면 보는 시간을 줄이다, 핸드폰 보는 시간을 줄이다

I use an app to help **limit my screen time**.

나는 핸드폰 보는 시간을 줄이기 위해 앱을 사용한다.

다르게 말해보기 Cut back on screen time / Spend less time on (one's) phone

✅ **Grow (one's) channel** 채널을 키우다

It takes time to **grow your channel**, but it's worth it.

채널을 키우는 데는 시간이 걸리지만, 그만한 가치가 있다.

✅ **Go viral** 입소문을 타다, 바이럴되다

The video **went viral** and got a million views.

영상은 바이럴이 되면서 백만 조회수를 기록했다.

다르게 말해보기 Blow up

✅ **Engage with (one's) community** 커뮤니티와 소통하다

I try to **engage with my community** by replying to comments.

나는 댓글에 답글을 달면서 커뮤니티와 소통하려고 노력한다.

다르게 말해보기 Interact with (one's) followers / Connect with (one's) audience

✅ **Keep in touch** 계속 연락하고 지내다, 연락을 유지하다

We **keep in touch** on KakaoTalk.

우리는 카카오톡으로 연락하고 지낸다.

Social Media 소셜 미디어

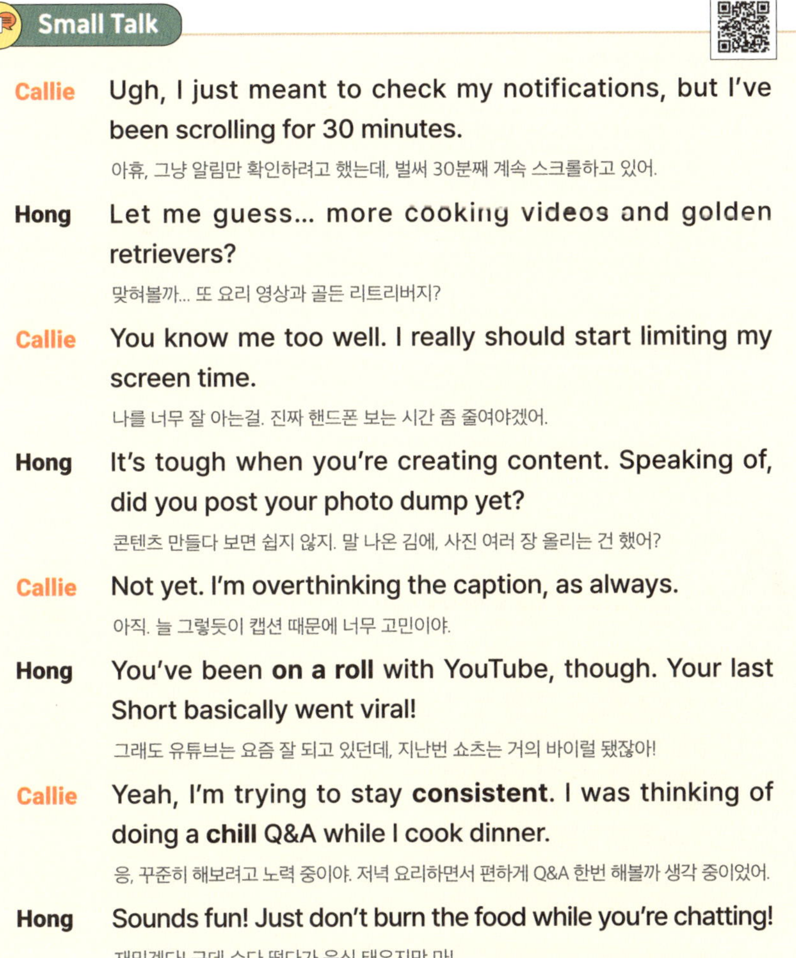

Small Talk

Callie Ugh, I just meant to check my notifications, but I've been scrolling for 30 minutes.

아휴, 그냥 알림만 확인하려고 했는데, 벌써 30분째 계속 스크롤하고 있어.

Hong Let me guess... more cooking videos and golden retrievers?

맞혀볼까... 또 요리 영상과 골든 리트리버지?

Callie You know me too well. I really should start limiting my screen time.

나를 너무 잘 아는걸. 진짜 핸드폰 보는 시간 좀 줄여야겠어.

Hong It's tough when you're creating content. Speaking of, did you post your photo dump yet?

콘텐츠 만들다 보면 쉽지 않지. 말 나온 김에, 사진 여러 장 올리는 건 했어?

Callie Not yet. I'm overthinking the caption, as always.

아직. 늘 그렇듯이 캡션 때문에 너무 고민이야.

Hong You've been **on a roll** with YouTube, though. Your last Short basically went viral!

그래도 유튜브는 요즘 잘 되고 있던데, 지난번 쇼츠는 거의 바이럴 됐잖아!

Callie Yeah, I'm trying to stay **consistent**. I was thinking of doing a **chill** Q&A while I cook dinner.

응, 꾸준히 해보려고 노력 중이야. 저녁 요리하면서 편하게 Q&A 한번 해볼까 생각 중이었어.

Hong Sounds fun! Just don't burn the food while you're chatting!

재밌겠다! 근데 수다 떨다가 음식 태우지만 마!

Vocabulary **on a roll** 잘 풀리는 중인, 탄력받은 | **consistent** 꾸준한 | **chill** 편안한, 가벼운

Doomscroll(우울한 뉴스만 계속 읽다, 멈추지 못하고 부정적인 소식을 계속 보다)

'Doomscroll'은 핸드폰이나 소셜 미디어에서 안 좋은 뉴스나 스트레스를 주는 정보를 계속해서 스크롤하며 보는 것을 뜻하는 표현입니다. 이 단어는 미국에서 팬데믹 시기에 특히 유행했는데, 그 당시 많은 사람들이 하루 종일 뉴스를 확인하면서 불안해하곤 했기 때문입니다. 요즘은 꼭 우울하거나 나쁜 뉴스가 아니어도, 그냥 핸드폰·SNS를 끝없이 스크롤하는 행위 전체를 가리키는 데도 자주 쓰입니다.

1 I stayed up way too late doomscrolling last night.

나는 어제 뉴스랑 SNS를 계속 보다가 너무 늦게까지 깨어 있었다.

2 I try not to doomscroll first thing in the morning.

나는 아침에 일어나자마자 뉴스와 SNS를 보는 건 안 하려고 한다.

 *Callie's AI Tip & Mission!*

발음·억양 마스터하기!

ChatGPT를 활용해 발음과 억양을 훈련해 보세요.

1. 먼저 ChatGPT의 음성모드를 켜세요.

2. ChatGPT에 아래와 같이 요청하세요.

   "저는 원어민처럼 영어를 말하고 싶어요. 영어 문장들을 소리 내어 읽을게요. 제 발음과 억양을 더 자연스럽게 만들 수 있는 구체적인 팁을 알려주세요."

3. 94쪽의 Key Phrases 예문을 한 문장씩 영어로 소리 내어 읽어주세요.

4. 잘 와닿지 않거나, 이해가 안 될 때는 이렇게 말하세요.

   "시범을 보여주세요." 그러면 ChatGPT가 원어민 억양으로 직접 읽어줍니다.

5. 수정된 발음으로 다시 읽고, 다음 문장으로 넘어가 보세요.

Diary

이번 파트에서 배운 주요 표현과 단어들을 활용해, 아래 질문에 답해보세요.

Q Which social media app do you spend the most time on? How much time do you usually spend on it? Why do you use that app more than others?

하루 중에 가장 오래 사용하는 SNS 앱은 무엇인가요? 보통 얼마나 오래 사용하나요? 그리고 그 앱을 다른 앱보다 더 자주 사용하는 이유는 무엇인가요?

(Callie's Diary) *I spend the most time on YouTube. I usually spend about 2–3 hours a day on it. I like YouTube because I have my own channel and I prefer watching long-form videos.*

저는 유튜브에서 시간을 가장 많이 보내요. 보통 하루에 2~3시간 정도 사용하는 편이에요. 저는 유튜브를 좋아하는데 왜냐하면 제 유튜브 채널도 있고, 긴 영상을 보는 걸 더 좋아하기 때문이에요.

✦ 이제 여러분이 써볼 차례예요!

I spend the most time on __________. I usually spend ______________

____________ on it. I like ______________ because ________________

and ____.

DAY 27

Learn it

Interior Design 집 꾸미기

Script

Lately, I've been really into **decorating** my home. I've been trying to **make it feel more like me**. I started with the living room since it's the space I spend the most time in. I've been slowly **collecting pieces** I love and **mixing and matching** different styles. Somehow it just works and makes the room **feel really inviting**.

I also wanted to **add a pop of color**, so I picked up some yellow **throw pillows** and a **bold, patterned** rug. It **instantly brightened up the space** and made it feel more fun. I'm not trying to make everything look perfect. I just want to **give it a homey feel**. I **hung** some **framed prints** on the wall and put candles on the **shelves** to **bring some personality** to the room.

저는 최근에 집 꾸미는 데 푹 빠져 있어요. 집을 좀 더 저만의 개성이 느껴지도록 만들려고 노력하고 있어요. 제일 먼저 거실부터 시작했는데, 제가 가장 많은 시간을 보내는 공간이거든요. 제가 좋아하는 소품들을 천천히 모아가면서 다양한 스타일을 믹스 매치해 보고 있어요. 어쩐지 잘 어울려서 공간이 더 아늑하게 느껴졌어요.

또한 색상으로 포인트를 주고 싶어서, 노란색 쿠션과 과감한 패턴이 있는 러그도 골라봤어요. 그걸 두자마자 공간이 바로 환해지고, 분위기가 훨씬 더 즐거워졌어요. 모든 걸 완벽하게 보이게 하려는 건 아니에요. 그냥 편안한 집 같은 느낌을 주고 싶어요. 액자에 넣은 그림들을 벽에 걸고, 선반에는 캔들을 올려서 방에 좀 더 개성을 더했어요.

decorate 장식하다 | collect 수집하다 | pieces (가구·소품 등의) 개별 아이템들 | throw pillow (장식용) 작은 쿠션 | bold 선명하고 강한 | patterned 무늬가 있는 | instantly 즉시, ~하자마자 | hang 걸다 | framed prints 액자에 넣은 그림이나 사진 | shelves 선반들 | obsessed with ~에 푹 빠진, ~에 집착하는 | expensive 비싼 | rearrange furniture 가구 배치를 바꾸다 | switch out (물건을) 교체하다 | vibe 분위기 | little by little 조금씩

One thing I'm especially **obsessed with** lately is plants. I started with a few easy ones, but now I've got plants in almost every room. I don't exactly **have a green thumb**, but I try my best to keep up with watering and giving them enough sunlight.

Decorating doesn't have to be **expensive**. Sometimes just **rearranging furniture** or **switching out** a few items can totally change the **vibe. Little by little**, my house is really starting to feel like home.

제가 요즘 특히 빠져 있는 건 식물이에요. 처음엔 키우기 쉬운 종류 몇 개로 시작했는데, 지금은 거의 모든 방에 식물이 있어요. 제가 식물을 잘 키우는 편은 아니지만, 물을 주고 햇빛이 충분히 들게 해주려고 최선을 다해 노력하고 있어요.

장식이라고 해서 꼭 비쌀 필요는 없잖아요. 가끔은 그냥 가구 배치를 바꾸거나 몇 가지 소품만 교체해도 분위기를 바꿀 수 있어요. 조금씩 조금씩, 우리 집이 정말 내 집처럼 느껴지기 시작했어요.

✓ **Make (something) feel more like me** ~가 나다운 느낌이 들게 하다

I added some framed photos to **make the apartment feel more like me**.

나는 아파트가 좀 더 나다운 느낌이 들도록 액자 사진들을 몇 개 걸었다.

✓ **Mix and match** 섞어 조합하다

Don't be afraid to **mix and match** colors.

색깔들을 자유롭게 섞어 쓰는 걸 두려워하지 마.

✓ **Feel inviting** 아늑하게 느껴지다

Soft lighting can make any room **feel inviting**.

은은한 조명은 어떤 공간이든 아늑하게 느껴지도록 만들 수 있다.

✓ **Add a pop of color** 색상 포인트를 주다, 색깔로 생기를 더하다

That painting really **adds a pop of color** to the wall.

그 그림은 정말 벽에 생기를 확 더해준다.

다르게 말해보기 Add some color / Add a splash of color

✓ **Brighten up (something)** ~를 환하게 만들다, 밝게 하다

Fresh flowers can **brighten up** any room.

생화는 어떤 방이라도 화사하게 만들어줄 수 있다.

✓ **Give (something) a homey feel** 아늑한 집 같은 느낌을 주다

This paint really **gives the space a homey feel**.

이 페인트가 공간을 정말 아늑하고 편안한 느낌으로 만들어준다.

✓ **Bring some personality** 개성을 더하다

This vase really **brought some personality** to the room.

이 꽃병이 방에 개성을 더해줬다.

✓ **Have a green thumb** 식물을 잘 키우다

My mom **has a green thumb**.

우리 엄마는 식물을 잘 키운다.

100

Interior Design 집 꾸미기

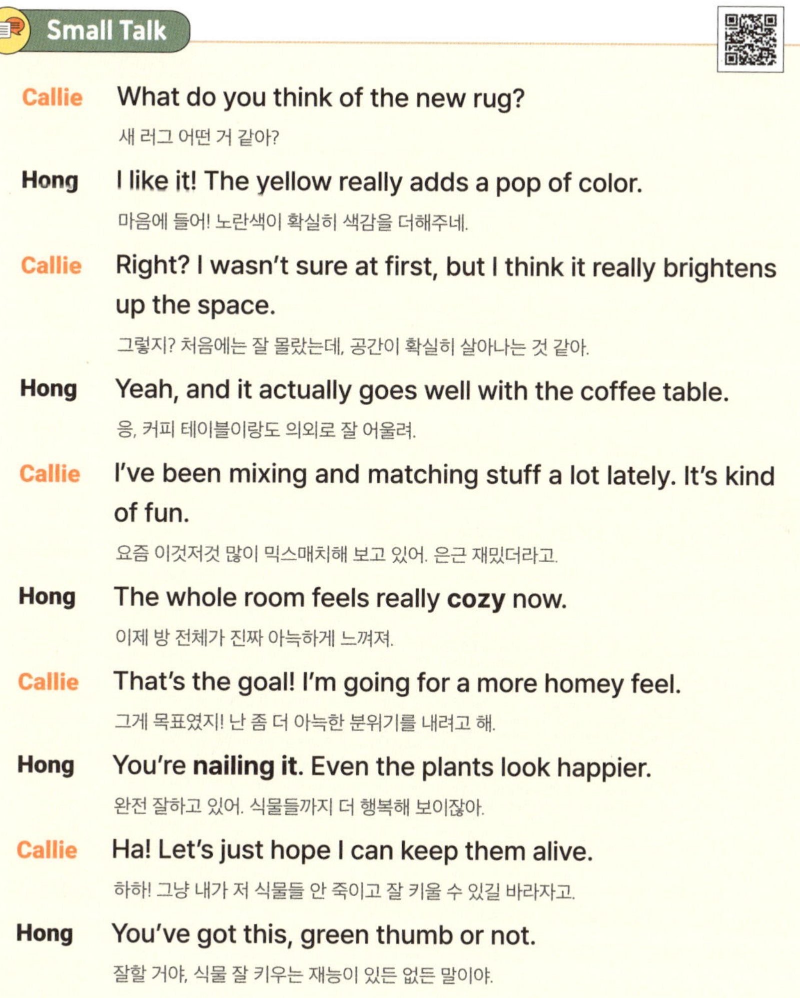

Small Talk

Callie   What do you think of the new rug?
새 러그 어떤 거 같아?

Hong   I like it! The yellow really adds a pop of color.
마음에 들어! 노란색이 확실히 색감을 더해주네.

Callie   Right? I wasn't sure at first, but I think it really brightens up the space.
그렇지? 처음에는 잘 몰랐는데, 공간이 확실히 살아나는 것 같아.

Hong   Yeah, and it actually goes well with the coffee table.
응, 커피 테이블이랑도 의외로 잘 어울려.

Callie   I've been mixing and matching stuff a lot lately. It's kind of fun.
요즘 이것저것 많이 믹스매치해 보고 있어. 은근 재밌더라고.

Hong   The whole room feels really **cozy** now.
이제 방 전체가 진짜 아늑하게 느껴져.

Callie   That's the goal! I'm going for a more homey feel.
그게 목표였지! 난 좀 더 아늑한 분위기를 내려고 해.

Hong   You're **nailing it**. Even the plants look happier.
완전 잘하고 있어. 식물들까지 더 행복해 보이잖아.

Callie   Ha! Let's just hope I can keep them alive.
하하! 그냥 내가 저 식물들 안 죽이고 잘 키울 수 있길 바라자고.

Hong   You've got this, green thumb or not.
잘할 거야, 식물 잘 키우는 재능이 있든 없든 말이야.

Vocabulary   **cozy** 아늑한, 편안한 | **nail it** 제대로 해내다

House와 Home은 어떤 차이가 있을까요?

미국에서 'house'는 사람이 거주하는 물리적인 건물을 뜻합니다. 반면에 'home'은 보다 감정적인 의미를 가지고 있으며, 안전하고 편안하며 소속감을 느낄 수 있는 공간을 의미합니다. 'home'은 정서적으로 연결되어 있는 곳으로, 누군가 새로운 장소로 이사를 가더라도 그곳에 자리를 잡으면 "It feels like home(집처럼 느껴진다)"라고 말하곤 합니다. 미국인들은 'home'이라는 표현을 일상 대화에서 더 자주 사용하는데, 그 이유는 'home'이 더 따뜻하고 개인적인 느낌을 주기 때문입니다.

1 **We just bought a new house.**

우리는 막 새 집을 샀다.

2 **I'm finally back home after a long day at work.**

나는 긴 하루 일과를 마치고 드디어 집에 돌아왔다.

 *Callie's AI Tip & Mission!*

스몰토크 마스터하기!

ChatGPT를 활용해 스몰토크를 연습해보세요.

1. ChatGPT에 101쪽의 Small Talk 사진을 찍어 전송하세요.
2. 음성모드를 켜세요.

3. ChatGPT에 아래와 같이 대화를 요청하세요.
   "사진 속 스몰토크를 같이 읽어볼게요. 제가 Callie 역할을 할게요, Hong 역할을 해 주세요."
4. 첫 문장을 말해보세요. ChatGPT가 Hong처럼 대답하며 자연스럽게 대화를 이어 갑니다. 한 문장씩 주고받으며 스피킹을 연습해 보세요.
5. 끝까지 읽고나면 역할을 바꿔보세요.
   "이제 역할을 바꿔볼게요. Callie 역할로 먼저 시작해 주세요. 저는 Hong 역할을 할 게요."

Diary

이번 파트에서 배운 주요 표현과 단어들을 활용해, 아래 질문에 답해보세요.

Q If you could redecorate one room in your home, which one would it be and how would you improve it?

집 안의 한 공간을 다시 꾸밀 수 있다면, 어느 공간을 선택하실 건가요? 그리고 어떻게 개선하고 싶나요?

(Callie's Diary) *I would redecorate my* kitchen. *Right now, it's* mostly gray *and* very cluttered, *which* stresses me out. *I would improve it by* adding some pops of color *and* using shelves to organize it better.

저는 부엌을 다시 꾸미고 싶어요. 지금 부엌은 대부분 회색이고 너무 어수선해서 스트레스받아요. 색감을 조금 더하고 선반을 활용해서 더 잘 정리할 수 있도록 개선하고 싶어요.

☆ 이제 여러분이 써볼 차례예요!

I would redecorate my ______________. Right now, it's ______________

______________________ and ____________________________

________________, which ________________________________.

I would improve it by ____

and ____.

DAY 29

Learn it

Reading 책 읽기

I'm a huge **bookworm**, so I read every single day. I love crawling into bed early and getting cozy with whatever book I'm into at the moment. I almost always read **fiction**, but sometimes I'll grab a **nonfiction** book just to **switch it up**.

I just started a new fantasy novel, and I **couldn't put it down** last night. It's a total **page-turner**. I keep telling myself I'll read just one more chapter, but I always end up staying up way too late because I have to know what happens next.

저는 완전 책벌레여서 매일 책을 읽어요. 저는 일찍 침대에 들어가서, 요즘 빠져 있는 책과 함께 아늑하게 쉬는 걸 정말 좋아해요. 저는 거의 항상 소설을 읽지만, 가끔은 변화를 주려고 논픽션 책도 집어 들어요.

이제 막 새로운 판타지 소설을 읽기 시작했는데, 어젯밤에는 손에서 놓을 수가 없었어요. 완전 술술 읽히는 책이에요. 저는 계속 딱 한 챕터만 더 읽자고 다짐하지만, 결국 다음 내용이 궁금해서 항상 너무 늦게까지 깨어 있게 돼요.

Vocabulary

bookworm 책벌레, 독서광 | **fiction** 허구 이야기(주로 소설) | **nonfiction** 논픽션, 실제 이야기를 다룬 글 (에세이, 전기, 자기계발서 등) | **switch it up** 변화를 주다, 다양하게 해보다 | **page-turner** 페이지를 계속 넘기게 되는 책, 몰입도 높은 책 | **grab (one's) attention** ~의 관심을 끌다, 눈길을 사로잡다 | **get a feel for** 감을 잡다, 분위기를 파악하다 | **get through** (책이나 일 등을) 끝까지 읽다/해내다 | **hooked** 푹 빠진, 완전히 몰입한

I like physical books more than ebooks. I know it's bad, but I still **dog-ear the pages** to **mark my spot**. I also love **browsing used bookstores,** and I buy a lot of my books there. When I'm choosing what to read next, I usually **flip through the first few pages** to see if anything **grabs my attention**. Sometimes I **skim the first chapter** to **get a feel for** it.

The last book I picked up was a bit **hard to get into**. It had a slow start and way too many characters. But once I **got through** the beginning, I was **hooked.**

저는 전자책보다 종이책을 더 좋아해요. 안 좋은 건 아는데, 저는 아직도 읽은 부분을 표시하려고 페이지 모서리를 접어두곤 해요. 저는 중고 서점 둘러보는 것도 좋아하고, 책도 거기서 많이 사요. 다음에 읽을 책을 고를 때는 보통 관심이 생기는지 살펴보려고 처음 몇 장을 넘겨봐요. 가끔은 첫 챕터를 훑어보면서 분위기가 어떤지 감을 잡아봐요.

제가 최근에 고른 책은 몰입하기가 조금 힘들었어요. 초반 전개 속도가 느리고 등장인물도 너무 많았거든요. 그런데 초반만 넘기고 나니까 완전히 빠져들었어요.

✅ **Can't put it down** 너무 재미있어서 손에서 놓을 수 없다

> This book is so good. I **can't put it down**!
> 이 책은 정말 너무 재밌다. 손에서 못 놓겠다!

✅ **Dog-ear the page** 페이지 모서리를 접어 두다

> I don't use a bookmark. I just **dog-ear the page**.
> 나는 책갈피를 안 쓴다. 그냥 페이지 모서리를 접는다.

✅ **Mark (one's) spot** 읽던 부분을 표시하다

> I **marked my spot** so I can keep reading after dinner.
> 나는 저녁을 먹고 계속 읽으려고 읽던 부분에 표시를 해두었다.
> **다르게 말해보기** Save (one's) place

✅ **Browse a bookstore** 서점을 둘러보다

> I could spend hours just **browsing bookstores**.
> 나는 서점을 그냥 둘러보는 데만 몇 시간을 보낼 수 있다.
> **다르게 말해보기** Look around a bookstore

✅ **Flip through (something)** ~를 휙휙 넘겨보다

> I always **flip through** books before buying them.
> 나는 책을 사기 전에 항상 휙휙 넘겨본다.

✅ **Skim (something)** ~를 대충 훑어보다

> I **skimmed** the first chapter.
> 나는 첫 챕터를 대충 훑어봤다.

✅ **Hard to get into** 빠져들기 어려운

> The writing style made it **hard to get into**.
> 글 스타일 때문에 쉽게 빠져들기 어려웠다.

Reading 책 읽기

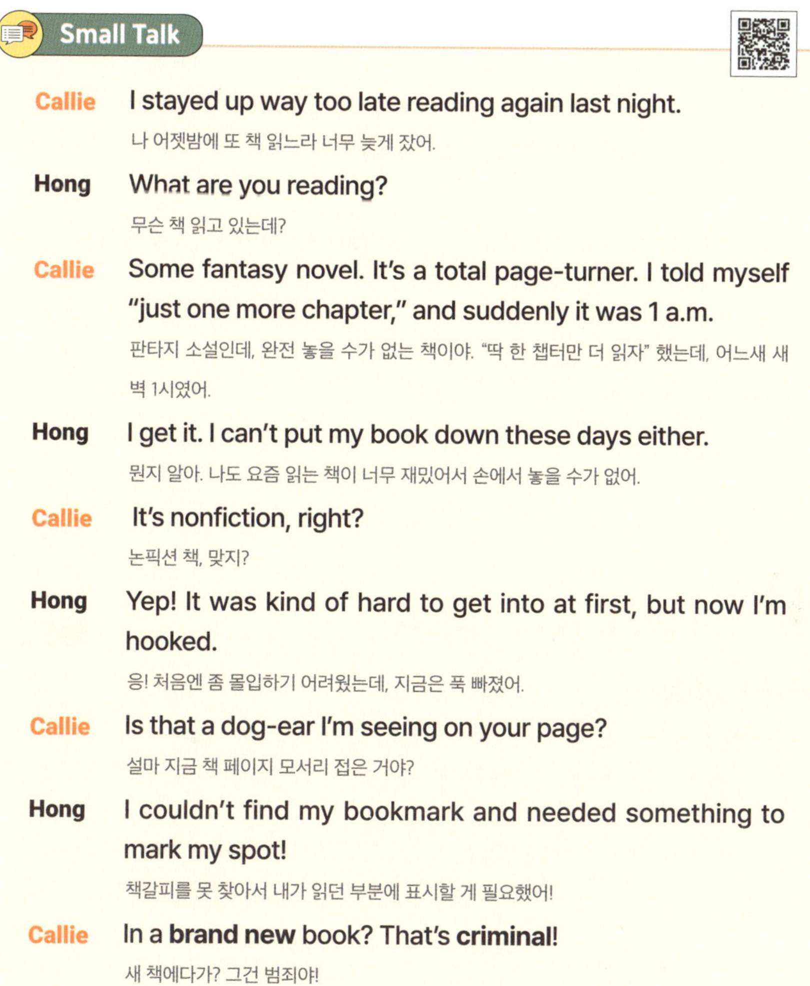

💬 Small Talk

Callie I stayed up way too late reading again last night.

나 어젯밤에 또 책 읽느라 너무 늦게 잤어.

Hong What are you reading?

무슨 책 읽고 있는데?

Callie Some fantasy novel. It's a total page-turner. I told myself "just one more chapter," and suddenly it was 1 a.m.

판타지 소설인데, 완전 놓을 수가 없는 책이야. "딱 한 챕터만 더 읽자" 했는데, 어느새 새벽 1시였어.

Hong I get it. I can't put my book down these days either.

뭔지 알아. 나도 요즘 읽는 책이 너무 재밌어서 손에서 놓을 수가 없어.

Callie It's nonfiction, right?

논픽션 책, 맞지?

Hong Yep! It was kind of hard to get into at first, but now I'm hooked.

응! 처음엔 좀 몰입하기 어려웠는데, 지금은 푹 빠졌어.

Callie Is that a dog-ear I'm seeing on your page?

설마 지금 책 페이지 모서리 접은 거야?

Hong I couldn't find my bookmark and needed something to mark my spot!

책갈피를 못 찾아서 내가 읽던 부분에 표시할 게 필요했어!

Callie In a **brand new** book? That's **criminal**!

새 책에다가? 그건 범죄야!

Vocabulary **brand new** 아주 새 제품 | **criminal** 범죄자, 범죄의

Don't Judge a Book by Its Cover(겉모습만 보고 판단하지 마세요)

"Don't judge a book by its cover"는 '겉모습만 보고 판단하지 말라'는 의미의 영어 관용구입니다. 원래는 독서에서 나온 표현으로, 표지가 평범해도 내용이 훌륭하거나, 반대로 표지는 멋져도 내용이 실망스러운 책이 많다는 데서 유래했어요. 미국에서는 책뿐 아니라 사람이나 상황을 평가할 때도 자주 쓰이며, 겉모습만 보고 성급하게 판단하지 말자라는 뜻으로 사용됩니다.

1 **This book doesn't look interesting at first, but trust me, it's amazing. Don't judge a book by its cover.**

이 책은 처음엔 재미없어 보여도, 날 믿어봐. 엄청 재밌어. 표지만 보고 판단하지마.

2 **He looks quiet, but once you talk to him, he's actually really funny. Don't judge a book by its cover.**

그 사람은 조용해 보이지만, 막상 대화해 보면 사실 진짜 웃겨. 겉모습만 보고 판단하지 마.

 *Callie's AI Tip & Mission!*

ChatGPT를 활용해서 내가 쓴 일기에 대해 맞춤형 피드백을 받아보세요.

1. 109쪽 Diary를 작성한 후, 타이핑하거나 사진을 찍어서 ChatGPT에 아래 메시지와 함께 요청하세요.

   "제가 쓴 영어 일기예요. 영어를 원어민이 쓴 것처럼 자연스럽게 다듬어주세요. 어색한 문법이나 단어 선택이 있다면 고쳐주고, 왜 그렇게 수정했는지 한국어로 구체적으로 설명해 주세요."

2. 아래 예시 질문을 활용하면, ChatGPT로부터 더 풍부하게 피드백받을 수 있습니다.

   "이 표현을 다른 문장으로도 바꿔볼 수 있을까요?"

   "제가 쓴 문장과 원어민 문장의 뉘앙스 차이를 더 자세히 설명해 주세요."

3. 피드백을 활용해서 일기를 더 풍성하게 써보세요.

Diary

이번 파트에서 배운 주요 표현과 단어들을 활용해, 아래 질문에 답해보세요.

Q What's the last book you read? Introduce the author, setting, and plot. What was your favorite part of the book?

마지막으로 읽은 책은 무엇인가요? 작가와 배경, 줄거리를 소개해 주세요. 그 책에서 가장 마음에 들었던 부분은 무엇이었나요?

(Callie's Diary) *I recently read Braiding Sweetgrass by Robin Wall Kimmerer. The book takes place in different parts of the United States. It's about our relationship with nature. My favorite part was when the author took her students on a field trip.*

저는 최근에 로빈 월 키머러(Robin Wall Kimmerer)의 『브레이딩 스위트그래스(Braiding Sweetgrass)』를 읽었어요. 이 책은 미국 곳곳을 배경으로 이야기가 펼쳐져요. 이 책은 자연과 인간의 관계에 대한 이야기예요. 제가 가장 좋았던 부분은 작가가 학생들을 데리고 현장학습을 갔던 장면이었어요.

⭐ **이제 여러분이 써볼 차례예요!**

I recently read ________________ by ________________.

The book takes place ________________________________.

It's about ________________________________.

My favorite part was ________________________________

________________________________.

30일 동안 정말 열심히 공부해 온 여러분, 스스로에게 큰 박수를 보내주세요! 꾸준히 좋은 습관을 만들어가며 여기까지 왔어요. 지난 30일간 함께 배운 내용을 차근차근 돌아보며, 간단하게 점검해 볼까요?

※ 알맞은 영어 단어를 골라 빈칸을 완성해 보세요.

01 I always ＿＿＿＿ my bed in the morning.
　　A) clean　　　B) organize　　　C) make　　　D) do

02 Every night, I ＿＿＿＿ my vitamins after eating dinner.
　　A) take　　　B) eat　　　C) swallow　　　D) chew

03 On weekends, I like to ＿＿＿＿＿ because I don't have to wake up early.
　　A) sleep in　　　B) oversleep　　　C) sleeping　　　D) sleepy

04 Let's just take it ＿＿＿＿＿ tonight and watch a movie.
　　A) relaxing　　　B) easy　　　C) rest　　　D) light

05 I need to go ＿＿＿＿＿ my closet and get rid of some clothes.
　　A) in　　　B) under　　　C) to　　　D) through

※ 한국어 표현에 맞게, 알맞은 영어 단어를 빈칸에 채워보세요.

06 처음부터 직접 만들다 make from ＿＿＿＿＿＿＿＿＿

07 갑자기 이리저리 뛰어다니다 get the ＿＿＿＿＿＿＿＿＿

08 보채다 get ＿＿＿＿＿＿＿＿＿

09 학교 생활은 어때? How's ＿＿＿＿＿＿＿＿＿＿＿ at school?

10 엉킨 머리를 풀다 get the ＿＿＿＿＿＿＿＿ out

※ 다음은 비슷한 의미를 가진 영어 표현들로, 빈칸에 알맞은 단어를 채워보세요.

11 Jump on a call, Get on a call, _________ on a call

12 Improve, Get better, Make _________

13 Blow up, Go _________

14 Add some color, Add a splash of color, Add a _________ of color

15 Save my place, _________ my spot

이제 집 밖으로 나가볼 차례예요! 이번 챕터에서는 여러분이 일상에서 자주 마주치는 거의 모든 순간을 준비해 두었어요. 출근길 지하철, 회사에서의 미팅, 동료들과의 수다, 점심시간의 식당과 카페, 퇴근 후 들르는 헬스장까지. 우리는 하루 중 정말 많은 시간을 집 밖에서 보내고 있죠.

그런 만큼, 이런 상황에서 바로 꺼내 쓸 수 있는 루틴 영어 표현들을 알고 있으면 훨씬 마음이 편해질 거예요. 영어로 말해야 하는 순간이 더 이상 두렵지 않을 거예요. 오히려 "아! 이 상황 내가 공부했던 거잖아!" 하고 자신감 있게 대화하게 될 거예요.

각 챕터를 공부하면서, 나의 일상을 떠올려보세요. 그리고 배운 표현들을 살짝 바꿔 나만의 문장으로 만들어보세요. 그렇게 한 문장, 한 문장 쌓이는 순간 여러분은 영어로 '하루를 살아가는 사람'으로 점점 변하고 있을 거예요.

여러분의 하루가 영어로부터 더 자유로워지는 그 순간까지, 계속 응원할게요!

Chapter 2

DAILY ROUTINES OUTSIDE THE HOME

집 밖에서 보내는 일상 루틴 영어

 **DAY 31**

Commute 출퇴근하기

Script 

On **weekday** mornings, I usually leave my house around 7:30 a.m. to **commute** to work. I check the **real-time schedule** on my phone before I head out so I don't **miss the bus**. Luckily, the bus stop is just a short walk from my apartment.

Once the bus arrives, I **hop on** and pay by tapping my T-money card. I always try to **snag a seat** at the back of the bus, but sometimes it's pretty **packed**, so I have to stand. Even though it's a **direct bus**, the ride can **take up to an hour** if traffic is bad. When it's almost my stop, I push the stop button so the bus driver knows to **let me off.**

저는 평일 아침에 보통 오전 7시 30분쯤 집을 나서서 출근해요. 나가기 전에 항상 핸드폰으로 실시간 버스 스케줄을 확인해요. 버스를 놓치지 않으려고요. 다행히 저희 아파트에서 버스 정류장까지는 금방 걸어갈 수 있는 거리예요.

버스가 도착하면, 올라타서 티머니 카드를 탭해서 요금을 결제해요. 버스 뒷자리에 재빨리 앉으려고 항상 노력하는데 때때로 꽤 붐벼서 서서 가야 할 때도 있어요. 직행 버스지만, 교통 상황이 안 좋으면 한 시간까지 걸릴 수 있어요. 내릴 정류장이 다가오면 기사님이 알 수 있게 하차 벨을 눌러요.

If I'm **running late** or want a faster commute, I take the subway instead. The subway stop near my house is super convenient, and the train comes every few minutes. The **downside** is that I have to transfer to another line, and it gets really **crowded** since a lot of people commute at the same time. Still, no matter how packed it is, I never sit in the **designated** seats for **pregnant** women or the **elderly**.

Also, if I'm sitting and **notice** someone older than me standing, I give up my seat. I always try to **pay close attention** to where I am so I don't miss my stop. After getting off, I walk the rest of the way to my office. I like using **public transportation**. It's cheaper than driving, and I don't have to worry about parking.

늦었거나 좀 더 빨리 가고 싶을 때는 버스 대신 지하철을 타요. 집 근처에 있는 지하철역이 아주 편한 데다가 열차도 몇 분 간격으로 계속 와요. 단점은 다른 호선으로 한 번 환승해야 하고, 같은 시간에 출근하는 사람들이 엄청 많아서 붐빈다는 거예요. 하지만 아무리 붐비더라도 저는 임산부석이나 노약 좌석에는 절대 앉지 않아요.

또한 앉아 있다가 저보다 나이 많아 보이는 분이 서 있는 걸 보면 제 자리를 양보해요. 저는 항상 어디인지 주의 깊게 보면서 내릴 역을 놓치지 않으려고 해요. 하차한 다음엔 회사까지 걸어가요. 저는 대중교통을 이용하는 게 좋아요. 운전하는 것보다 저렴하고, 주차 걱정도 안 해도 되니까요.

✅ **Miss (something)** ~을 놓치다

I wasn't paying attention, and I **missed** my stop.
나는 한눈을 팔다가 정류장을 놓쳤다.

✅ **Hop on** 올라타다

It's too hot to walk. Let's just **hop on** the subway!
걸어가기엔 너무 더워. 그냥 지하철 타자!

✅ **Snag a seat** 자리를 재빨리 잡다, 간신히 앉다

I'll try to **snag us a seat** at the coffee shop.
내가 카페에서 우리 자리를 한번 잡아볼게.

✅ **Take up to (amount of time)** ~까지 걸릴 수 있다

The bus can **take up to three hours** depending on traffic.
교통 상황에 따라 버스는 세 시간까지 걸릴 수 있다.

✅ **Let (someone) off** ~를 내리게 해주다

Can you **let me off** at the next stop?
다음 정류장에서 내려주실 수 있나요?

✅ **Transfer to another line** 다른 노선으로 환승하다

You'll need to **transfer to another line** to get there.
거기에 가려면 너는 다른 노선으로 환승해야 한다.
다르게 말해보기 Switch lines / Change lines / Transfer

✅ **Give up (one's) seat** 자리를 양보하다

It's polite to **give up your seat** to the elderly.
어르신께 자리를 양보하는 건 예의이다.

✅ **Get off** 내리다

I'll let you know when I **get off** the bus.
버스에서 내리면 알려줄게.

Commute 출퇴근하기

💬 Small Talk

Hong You taking the bus again this morning?

오늘 아침에도 버스 타?

Callie Yep, it should be here in ten.

응, 10분 안에 올 거야.

Hong Hope you can snag a seat this time!

이번엔 자리 잡을 수 있으면 좋겠다!

Callie Ugh, me too. Last time I had to stand the whole ride.

나도 그랬으면 좋겠어. 지난번에 타는 내내 서 있어야 했잖아.

Hong Why not just hop on the subway?

그냥 지하철 타는 건 어때?

Callie I thought about it, but I'd have to transfer. Too much **hassle**.

생각은 해봤는데, 환승해야 하잖아. 너무 귀찮아.

Hong **Fair**. At least the bus stop's close.

맞아. 그래도 최소한 버스 정류장이 가까우니까.

Callie Exactly. Alright, I better **head out**. I don't wanna miss it!

그렇지. 자, 이제 나 슬슬 나가봐야겠다. 버스 놓치기 싫거든!

Hong Go, go! I know how much you hate being late.

가! 네가 늦는 걸 얼마나 싫어하는지는 내가 잘 알지.

Callie You know me too well. Love you, bye!

역시 나를 잘 아는군. 사랑해, 안녕!

Vocabulary **hassle** 귀찮은 일, 번거로운 일 | **fair** 그래, 인정 | **head out** 나서다, 출발하다

Rush Hour(출퇴근 시간대)

'Rush hour(러시아워)'는 하루 중 가장 붐비는 시간, 즉 사람들이 출퇴근을 위해 이동하는 시간을 뜻하는 표현입니다. 보통 오전 7시에서 9시, 오후 4시에서 6시 사이를 가리킵니다. 어떤 사람들은 러시아워를 피하기 위해 아예 출근 시간을 조정하거나 재택근무를 하기도 합니다.

1 I try to leave work early to avoid rush hour traffic.

나는 러시아워 교통 체증을 피하기 위해 일찍 퇴근하려고 노력한다.

2 The subway is always packed during rush hour.

러시아워 시간대에는 지하철이 항상 붐빈다.

 *Callie's AI Tip & Mission!*

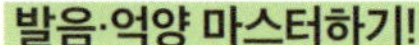

발음·억양 마스터하기!

ChatGPT를 활용해 발음과 억양을 훈련해 보세요.

1. 먼저 ChatGPT의 음성모드를 켜세요.

2. ChatGPT에 아래와 같이 요청하세요.
   "저는 원어민처럼 영어를 말하고 싶어요. 영어 문장들을 소리 내어 읽을게요. 제 발음과 억양을 더 자연스럽게 만들 수 있는 구체적인 팁을 알려주세요."

3. 116쪽의 Key Phrases 예문을 한 문장씩 영어로 소리 내어 읽어주세요.

4. 잘 와닿지 않거나, 이해가 안 될 때는 이렇게 말하세요.
   "시범을 보여주세요." 그러면 ChatGPT가 원어민 억양으로 직접 읽어줍니다.

5. 수정된 발음으로 다시 읽고, 다음 문장으로 넘어가 보세요.

Diary

이번 파트에서 배운 주요 표현과 단어들을 활용해, 아래 질문에 답해보세요.

직장, 학교 또는 다른 곳으로 어떻게 이동하나요?

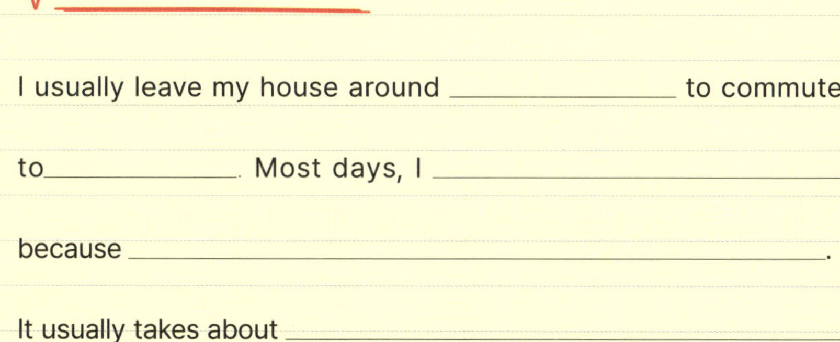

Callie's Diary *I usually leave my house around 7:30 a.m. to commute to work. Most days, I take the bus because the stop is close to my apartment and it's convenient. It usually takes about 30–40 minutes.*

저는 보통 아침 7시 30분쯤 출근하기 위해 집을 나서요. 대부분은 버스를 타는데, 왜냐하면 버스 정류장이 저희 아파트에서 가까워서 편하거든요. 보통 30~40분 정도 걸려요.

이제 여러분이 써볼 차례예요!

I usually leave my house around _______________ to commute

to______________. Most days, I ________________________________

because ____.

It usually takes about _____________________________________

____.

Team Meetings 팀 회의

 **Script** 

Alright, let's go ahead and get started. Thanks for joining me today. I know everyone's **got a lot on their plate** this week, but this should be a pretty quick meeting. First, I just want to check in and see how everyone's doing. If anything urgent came up this morning, feel free to **bring it up** before we **dive in**. If not, let's take a quick look at the **agenda**. We'll go over team updates, **review where we're at with** the new project timeline, and flag anything that needs **follow-up**. Nothing major today. I just want to make sure we're all **on the same page**.

Let's kick things off with a quick round of updates. Just give me the basics: what's working, what's not, and anything you need help with.

자, 그럼 이제 바로 시작해 볼게요. 오늘 시간 내주셔서 감사해요. 이번 주에 다들 할 게 많은 거 알고 있어요. 그래도 이번 회의는 꽤 금방 끝날 거예요. 먼저, 다들 어떻게 지내는지 간단히 확인하고 싶어요. 오늘 아침에 급하게 생긴 일이 있다면 본격적으로 시작하기 전에 편하게 말씀해 주세요. 특별히 없으면, 회의 안건부터 간단히 살펴보죠. 팀 상황을 공유하고, 신규 프로젝트 타임라인 현황을 리뷰한 후 후속 조치가 필요한 건 체크할게요. 오늘은 대단한 건 없고요. 그냥 다들 똑같이 이해하고 있는지만 확인하고 싶어요.

그럼 각자 짧게 돌아가면서 업데이트하는 걸로 시작해 볼게요. 그냥 간단하게만 알려주세요. 잘되고 있는 점, 안 되는 점, 그리고 뭐든 도움이 필요한 부분이요.

Also, **what's the status on** the client feedback from Monday?

(discussion)

Next, let's **walk through** the next steps for the launch plan. I know some **deadlines** got **pushed back**, so let's **clarify** what's **realistic** and who's **in charge of** what. While we're at it, feel free to **flag** anything that we should **circle back to** later this week.

(discussion)

If anything else comes up, just **swing by** my desk or **shoot me a quick message**. Before we **wrap**, I just want to **double-check** that everyone's **clear on** their **responsibilities**. Otherwise, thanks again for all the great work so far!

또, 월요일에 받았던 고객 피드백에 대해서는 지금 어떻게 진행되고 있는 상태죠?

(회의 진행)

다음으로는 출시 계획의 다음 단계들을 짚어볼게요. 몇몇 마감 기한이 미뤄진 걸로 아는데, 그래서 현실적으로 가능한 일정이 뭔지, 그리고 누가 어떤 업무를 맡는지 다시 정리해 보죠. 진행하는 김에, 이번 주 안에 다시 확인해야 할 것들은 편하게 말씀해 주세요.

(회의 진행)

혹시 생각나는 게 있으면 제 자리로 오시거나 메시지를 보내주세요. 마무리하기 전에, 모두가 자신의 담당 업무를 확실히 이해 했는지 다시 한번 확인하고 싶어요. 그밖에 더 없으면, 지금까지 정말 수고 많으셨어요!

✅ **Have a lot on (one's) plate** 할 일이 많다, 바쁘다

I've **got a lot on my plate** right now.

지금 당장 해야 할 일이 너무 많아.

NOTE 구어체에서는 'got'을 붙여서 'have/has got a lot on one's plate'라고도 자주 사용합니다.

✅ **Review where we're at with (something)** ~의 진행 상황을 검토하다

I want to **review where we're at with** the product launch.

제품 출시 관련 진행 상황을 한번 점검해 보고 싶어요.

✅ **On the same page** (모두가) 똑같이 이해를 하고 있다, 생각이 일치하다

After the meeting, we were all **on the same page**.

미팅 후에 우리는 모두 똑같이 이해를 하고 있었다.

✅ **Let's kick things off with (something)** ~부터 시작하다

Let's kick things off with a quick icebreaker.

간단한 아이스브레이킹부터 시작해 볼게요.

✅ **What's the status on (something)** ~의 진행 상황은 어떠한가요?

What's the status on the marketing campaign?

마케팅 캠페인의 진행 상황은 어떠한가요?

다르게 말해보기 Any update on (something)? / How's (something) coming along?

✅ **Circle back to (something)** (~로 나중에) 다시 돌아가서 이야기하다

Let's **circle back to** that during the meeting on Monday.

그건 월요일 회의 때 다시 얘기해 보죠.

다르게 말해보기 Revisit

✅ **Shoot (someone) a message** ~에게 메시지를 보내다

Shoot me a message if you have any questions.

질문이 있으면 저한테 메시지 주세요.

Team Meetings 팀 회의

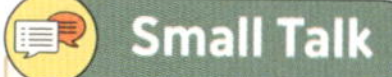 **Small Talk**

Callie Man, that meeting **dragged on** way longer than it needed to.

와, 그 회의 너무 쓸데없이 길어졌어.

Hong Really? I thought it was **supposed to** be quick.

진짜? 금방 끝날거라고 생각했는데.

Callie It was. But once we started going over the timeline, a bunch of things needed follow-up.

원래 그랬지. 근데 일단 타임라인을 검토하기 시작하니까 팔로업해야 할 게 잔뜩 있더라고.

Hong Yeah, that always happens. Deadlines get pushed back and suddenly it's chaos.

맞아, 항상 그렇지. 마감일은 밀리고, 갑자기 난장판이 되는 거지.

Callie Exactly. Our boss kept asking, "So what's the status on this?" and no one had clear answers.

정확해. 우리 보스가 계속 "그래서 이건 지금 진행 상황이 어떻게 되죠?"라고 물었는데, 아무도 명확하게 대답을 못 했거든.

Hong Sounds **frustrating**.

듣기만 해도 답답하네.

Callie It was, but **eventually** we all got on the same page. Hopefully it stays that way.

그랬지. 그래도 결국엔 우리 모두 의견을 맞췄어. 앞으로도 그 상태로 유지됐으면 좋겠다.

Hong **Fingers crossed**. I know you've got a lot on your plate these days.

제발 그렇게 됐으면 좋겠다. 요즘 네가 진짜 할 일이 많잖아.

Vocabulary drag on 질질 길어지다 | **supposed to** ~하기로 되어 있다 | **frustrating** 답답한, 짜증 나는 |
eventually 결국에 | **fingers crossed** 잘 되길 빈다

Let's Get Down to Business(본론으로 들어갑시다, 본격적으로 일을 시작합시다)

미국의 직장 문화에서는 회의를 시작할 때 가볍게 잡담을 나누는 경우가 흔합니다. 하지만 본격적으로 집중할 시간이 되면, 회의를 이끄는 사람이 "Let's get down to business"라는 말을 하기도 합니다. 이 표현은 이제 잡담은 그만하고 회의의 본 목적에 집중하자는 뜻입니다. 정중하지만 분명한 어조로, 일상적인 대화에서 업무 모드로 전환하자는 신호로 자주 쓰입니다.

1 **I think everyone's here, so let's get down to business.**

다들 온 것 같으니 이제 본론으로 들어가죠.

2 **We've got a lot to cover today, so let's get down to business right away.**

오늘 다뤄야 할 사항이 많으니까 바로 본론으로 들어가도록 하죠.

 *Callie's AI Tip & Mission!*

프리토킹 마스터하기!

ChatGPT를 활용해 스크립트의 상황을 기반으로 영어회화 연습해 보세요.

1. 음성모드를 켜세요.

2. ChatGPT에게 아래와 같이 대화를 요청하세요.

"회사에서 회의하는 상황으로 프리토킹을 해보고 싶어요. 제가 회의를 진행하는 팀리더 역할을 할게요. 팀원 역할을 해주세요. 영어 (초보/중급/고급) 수준으로 말해주세요. 먼저 영어로 질문을 해주세요. 제가 대답하면, 자연스럽게 대화를 이어가 주세요."

3. 대화 중 다음과 같이 질문해 보세요.

"이 표현 말고 다른 자연스러운 표현이 있을까요?"

"지금 제가 말한 문장을 더 자연스럽게 고쳐주세요."

4. 대화가 끊겼을 때는 "계속 질문해 주세요"라고 말하면, ChatGPT가 다시 질문을 이어갑니다.

Diary

이번 파트에서 배운 주요 표현과 단어들을 활용해, 아래 질문에 답해보세요.

회사에서 팀 회의를 얼마나 자주 하나요? 보통 누가 회의를 주도하고, 어떤 내용을 논의하나요?

(Callie's Diary) *At my job, we have team meetings once a week. Our manager is usually in charge of running them. During the meetings, we talk about ongoing projects and assign tasks to each team member.*

우리 회사에서는 팀 회의를 일주일에 한 번 해요. 우리 매니저가 보통 회의 진행을 담당하고 있어요. 회의 시간에는 진행 중인 프로젝트에 관해 이야기하고, 각 팀원에게 맡을 일을 나눠줘요.

⭐ 이제 여러분이 써볼 차례예요!

At my job, we have team meetings ___________________________.

___________________________ is usually in charge of running them.

During the meetings, we ___________________________

and ___________________________.

DAY 35

Coworker Small Talk
동료와의 스몰 토크

Script

Alex Can you believe this weather?

이 날씨 진짜 말도 안 되지 않아요?

Callie I know, right? It's finally starting to warm up! I didn't even need a jacket this morning.

그러니까요! 드디어 좀 따뜻해지기 시작했어요. 심지어 오늘 아침에는 재킷도 필요 없더라고요.

Alex Same here. It definitely puts me in a better mood. Busy day today?

저도 마찬가지예요. 확실히 기분이 한결 좋아지더라고요. 오늘 바쁘세요?

Callie Yeah, a bit. Just trying to finish up that marketing report. How's your project coming along?

네, 조금요. 그 마케팅 보고서 마무리하려고 하고 있어요. 프로젝트는 잘 돼가요?

Alex Not too bad! It's getting there.

나쁘지 않아요! 거의 다 되어가요.

Callie Nice. Got any plans for the weekend?

좋네요. 주말에 계획 있어요?

Alex I might go hiking if the weather stays like this. You?

날씨가 이대로라면 등산 갈까 생각 중이에요. 캘리는요?

Callie Maybe grilling in the backyard. We'll see!

뒷마당에서 바비큐나 해볼까 생각 중이에요. 한번 보고요!

Alex That sounds amazing! I love a good backyard barbecue. Anyway, I should get back to work.

좋네요! 저도 뒷마당에서 바비큐하는 거 좋아하거든요. 아무튼, 이제 다시 일하러 가야겠어요.

Callie Same here. I'm gonna grab a coffee and get back to it.

저도요. 커피 하나 사 오고 다시 일 시작해야겠어요.

warm up (날씨 등이) 따뜻해지다, (몸이나 분위기가) 풀리다 | **mood** 기분, 분위기 | **finish up** 마무리하다, 끝내다 | **getting there** (진행 상황이) 점점 되어가고 있다, 거의 다 되어간다 | **backyard** 뒷마당 | **grab a coffee** 커피를 한 잔 사다, 커피를 마시러 가다 | **get back to it** (하던 일로) 다시 돌아가다, 다시 시작하다

🔊 Key Phrases

NOTE 아래 주요 표현들을 활용해 날씨, 주말 계획, 혹은 누군가의 프로젝트 진행 상황 같은 간단한 주제에 대해 이야기해 보세요.

질문편

☑ **Can you believe this weather?** 이 날씨 말도 안 되지 않아요?

> **Can you believe this weather**? It was sunny five minutes ago!
> 이 날씨 말도 안 되지 않아요? 5분 전까지만 해도 해가 쨍쨍했잖아요!

☑ **Busy day today?** 오늘 바쁘세요?

> **Busy day today**? I saw your calendar was packed.
> 오늘 바쁘세요? 캘린더 보니까 꽉 차 있던데요.

☑ **How's (something) coming along?** ~는 잘 돼가요?

> **How's the presentation coming along**? I heard it got moved up.
> 발표 준비는 어떻게 돼가요? 일정이 앞당겨졌다고 들었어요.

☑ **Got any plans for the weekend?** 주말에 계획 있으세요?

> **Got any plans for the weekend**? The weather's supposed to be really nice.
> 주말에 계획 있으세요? 날씨가 진짜 좋을 거라고 하던데요.
> **다르게 말해보기** Doing anything fun this weekend? / What are you up to this weekend? / Any weekend plans?

- ☑ **I know, right?** 그러니까요!

  > **I know, right**? This week flew by!
  > 그러니까요! 이번 주가 진짜 훅 지나갔네요!

- ☑ **Same here** 저도 그래요, 저도 마찬가지예요

  > **Same here**. I've got a ton of emails to get through this morning.
  > 저도 그래요. 오늘 아침에 처리해야 할 이메일이 한가득이에요.

- ☑ **We'll see!** 두고 봐야죠!

  > **We'll see**! It depends on the weather.
  > 두고 봐야죠! 날씨에 달렸어요.

- ☑ **That sounds amazing!** 완전 좋은데요!

  > **That sounds amazing**! Quiet weekends at home are the best.
  > 완전 좋은데요! 집에서 조용히 보내는 주말이 최고예요.

 Use it

Coworker Small Talk
동료와의 스몰 토크

Small Talk

Jake Can you believe it's already Friday?
벌써 금요일이라는 게 믿어지세요?

Callie I know, right? This week flew by! Any weekend plans?
그러니까요! 이번 주가 진짜 순식간에 지나갔어요! 주말에 계획 있어요?

Jake I heard it's supposed to rain all weekend, so I'll probably just stay home. You?
주말 내내 비 온다길래 아마 그냥 집에 있을 것 같아요. 캘리는요?

Callie Same, but my family's coming over for dinner Saturday night.
저도요, 근데 토요일 저녁에는 가족들이 저녁을 먹으러 와요.

Jake That'll be nice! By the way, how's the new project coming along?
좋겠네요! 그나저나 새 프로젝트는 어떻게 돼가요?

Callie Eh, a little slower than I want, but it's getting there. How's everything on your end?
음, 제가 원하는 것보단 좀 느리게 진행되지만 그래도 진행은 되고 있어요. 제이크 쪽은 어때요?

Jake Same ol', same ol'.
그냥 늘 똑같죠, 뭐.

Callie I hear ya. But at least it's Friday!
무슨 말이지 알죠. 그래도 오늘 금요일이잖아요!

Jake 6:00 can't come soon enough!
6시가 빨리 왔으면 좋겠어요!

Vocabulary **same ol', same ol'** (same old의 줄임말) 늘 그렇죠, 평소랑 똑같아요

'Water Cooler Talk(직장 내 잡담, 쉬는 시간 수다)

'Water cooler talk'라는 표현은 직장에서 동료들끼리 나누는 가벼운 잡담을 뜻하는 표현이에요. 보통 휴게실, 탕비실, 정수기 근처처럼 사람들이 자주 모이는 공간에서 자연스럽게 이뤄지죠. 주말에 뭐 했는지, 요즘 핫한 TV 프로그램, 얼마나 바쁜지 같은 편한 주제들을 이야기하는 순간들이에요.

1 There was a lot of water cooler talk this morning about the game last night.

오늘 아침에는 어젯밤 경기 얘기로 직장 내 잡담이 많았다.

2 Water cooler talk is a great way to bond with coworkers.

직장 내 잡담은 동료들과 친해질 수 있는 좋은 방법이다.

Callie's AI Tip & Mission!

프리토킹 마스터하기!

ChatGPT를 활용해 스크립트의 상황을 기반으로 영어회화 연습해 보세요.

1. 음성모드를 켜세요.

2. ChatGPT에게 아래와 같이 대화를 요청하세요.

"회사 동료와 잡담을 하는 상황으로 프리토킹을 해보고 싶어요. 영어 (초보/중급/고급) 수준으로 말해주세요. 먼저 영어로 질문을 해주세요. 제가 대답하면, 자연스럽게 대화를 이어가 주세요."

3. 대화 중 다음과 같이 질문해 보세요.

"이 표현 말고 다른 자연스러운 표현이 있을까요?"

"지금 제가 말한 문장을 더 자연스럽게 고쳐주세요."

4. 대화가 끊겼을 때는 "계속 질문해 주세요"라고 말하면, ChatGPT가 다시 질문을 이어갑니다.

Diary

이번 파트에서 배운 주요 표현과 단어들을 활용해, 아래 질문에 답해보세요.

직장에서 보통 먼저 말을 거는 편인가요? 동료들과 주로 어떤 주제로 대화를 하나요?

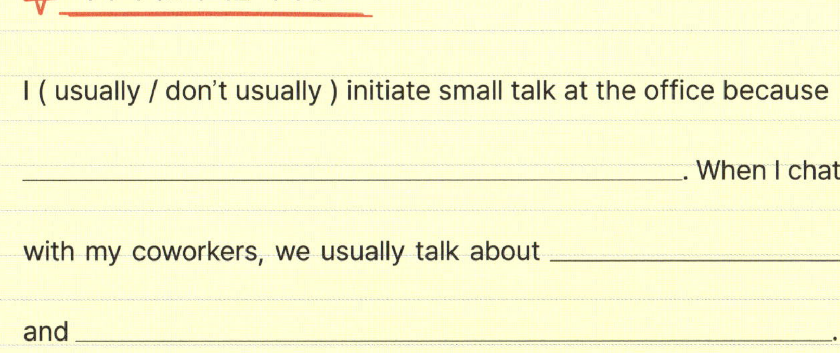

(Callie's Diary) *I don't usually initiate small talk at the office because I'm a little shy and prefer to focus on my work. When I chat with my coworkers, we usually talk about holidays and our families.*

저는 직장에서 보통 먼저 말을 거는 편은 아니에요. 왜냐하면 조금 수줍어하는 편이기도 하고 일에 집중하는 걸 더 좋아하거든요. 동료들과 이야기를 나눌 때는 보통 휴일이나 가족 이야기를 해요.

★ 이제 여러분이 써볼 차례예요!

I (usually / don't usually) initiate small talk at the office because

____. When I chat

with my coworkers, we usually talk about _____________________

and ____.

"

DAY 37

Restaurant 식당

Script

Almost every weekend, my husband and I **grab a bite to eat** at our favorite Korean restaurant. It's usually pretty busy, so when we get there, we **go straight to** the **hostess stand** to put our name on the list. They **take walk-ins**, so we never make a reservation. The **hostess** always asks if we're **dining in** or **taking our food to go**. Last time we went, they had a **table for two** available right away, so we decided to eat there.

We were seated by the window, and the **server** came over to **take our drink orders**. After getting our drinks, we spent a few minutes looking over the menu. I usually order the fried chicken with spicy sauce **on the side**, but this time I decided to get the spicy tofu stew.

거의 매주 주말마다, 남편과 저는 저희의 최애 한식당에 가서 식사를 해요. 그곳은 보통 손님이 많아서, 도착하면 바로 안내데스크로 가서 이름을 리스트에 올려요. 그 식당은 예약 없이도 손님을 받아서, 한 번도 예약한 적이 없어요. 종업원은 항상 매장에서 먹을 건지, 포장할 건지 물어봐요. 지난번에 갔을 땐 2인 테이블 하나가 바로 있어서, 거기서 먹고 가기로 했었어요.

우리는 창가 자리에 앉았고, 종업원이 와서 음료 주문을 받았어요. 음료를 받은 후에 메뉴를 몇 분 정도 살펴봤어요. 저는 보통 매운 소스를 곁들인 후라이드 치킨을 시키는데, 이번에는 매운 순두부찌개로 결정했어요.

go straight to 곧장 ~로 가다 | **hostess stand** 식당 입구 안내 데스크(예약/좌석 확인하는 곳) | **hostess**(여)/ **host**(남/여) (식당 등에서 손님을 안내하는) 안내원 | **server** 서빙 직원, 종업원 | **come by** ~에 들르다 | **from time to time** 때때로, 가끔 | **refill** 다시 채워주다, 리필하다 | **eat out** 외식하다 | **bill** 계산서, 영수증 | **top-notch** 최고의, 아주 훌륭한

While we were eating, the server **came by from time to time** to **refill** our waters and check if we needed anything. The food was so good, but I couldn't finish it all. The portion sizes there are huge, so I asked for a box to take the leftovers home.

Usually, when I **eat out** with friends, we **split the check**, but my husband said it was on him. He paid the **bill** and left a big tip because the service there is always **top-notch.**

식사하는 동안 서빙 직원이 때때로 와서 물을 리필해 주고, 필요한 게 있는지 확인하러 왔어요. 음식이 정말 맛있었는데 다 먹지는 못했어요. 여기 양이 엄청 많거든요, 그래서 저는 남은 음식은 집으로 가져갈 수 있도록 박스를 하나 달라고 했어요.

보통 제가 친구들이랑 외식할 땐 각자 계산을 하는데, 남편이 자기가 낸다고 하더라고요. 남편이 계산하고, 팁도 많이 두고 왔어요. 왜냐하면 여기 서비스는 항상 최고거든요.

✅ **Grab a bite to eat** 간단히 먹다, 식사하다

> Wanna **grab a bite to eat** before the movie?
> 영화 보기 전에 간단히 뭐라도 먹을래요?
> **NOTE** 'grab a bite to eat'을 줄여서 'grab a bite'라고도 합니다.

✅ **Take walk-ins** 예약 없이 오는 손님을 받다

> They don't **take walk-ins** on weekends.
> 그들은 주말에 예약 없이 오는 손님은 받지 않는다.

✅ **Dine in** 매장에서 식사하다

> Will you be **dining in** today?
> 오늘 매장에서 식사하시겠어요?
> **다르게 말해보기** Eat here

✅ **Take (something) to go** ~를 포장해 가다, 테이크아웃하다

> We **took our coffee to go** and walked on the beach.
> 우리는 커피를 테이크아웃해서 해변을 걸었다.

✅ **Table for (number)** ~명 자리

> Do you have a **table for four** available?
> 네 명 자리 있나요?

✅ **Take (one's) order** ~의 주문을 받다

> Has anyone **taken your order** yet?
> 주문하셨나요?

✅ **On the side** 곁들여서, 따로

> Can I get the dressing **on the side**?
> 드레싱은 따로 주실 수 있나요?

✅ **Split the check** 더치페이하다, 각자 계산하다

> We **split the check** four ways.
> 우리는 네 명이서 계산을 나눠서 냈다.

DATE   /   /

Restaurant 식당

 **Small Talk**

Server Hello, table for one?

안녕하세요, 한 분이세요?

Callie Yep!

네!

Server Great! Come right this way. I'll give you a minute to look over the menu, but can I start you off with something to drink?

좋아요! 이쪽으로 오세요. 메뉴는 잠깐 살펴보실 시간 드릴게요. 그런데 먼저 음료는 뭐로 드릴까요?

Callie Just water, please. And actually, I think I'm ready to order.

그냥 물 주세요. 아, 저 그냥 지금 바로 주문할게요.

Server What can I get for you today?

오늘은 어떤 걸로 주문하시겠어요?

Callie I'll do the fried chicken with the sauce on the side.

후라이드 치킨으로 하고 소스는 따로 주세요.

Server You got it. We'll get started on that right away for you!

알겠습니다. 바로 준비해 드릴게요!

After eating 식사 후

Server How was everything?

식사는 괜찮으셨나요?

Callie So good, but I'm **stuffed**. Could I get a box?

정말 맛있었어요. 근데 너무 배불러서요. 포장 용기 하나 주실 수 있을까요?

Server	Of course. I'll be right back with one.
	물론이죠. 금방 갖다 드릴게요.
Callie	Thanks! And could I also get the check when you get a chance?
	감사합니다! 그리고 괜찮으실 때 계산서도 좀 주실 수 있나요?
Server	**Absolutely**. I'll bring it right over.
	물론이죠. 바로 갖다드릴게요.

Vocabulary **stuffed** 배부른 | **absolutely** 절대적으로, 완전히

 ## American Culture Tip

Tipping(미국의 팁 문화)

미국에서는 테이블 서비스가 있는 레스토랑에서 15~20% 팁이 기본이며, 좋은 서비스를 받았다면 보통 20%를 줍니다. 커피숍이나 푸드트럭처럼 카운터에서 주문하는 곳은 팁이 선택사항이지만, 많은 사람들이 몇 달러 정도 남기곤 해요(안 줘도 괜찮습니다). 미용사, 우버 기사, 배달원, 호텔 직원에게도 팁을 주는 것이 일반적입니다.

 ## Callie's AI Tip & Mission!

프리토킹 마스터하기!

ChatGPT를 활용해 스크립트의 상황을 기반으로 영어회화 연습해 보세요.

1. 음성모드를 켜세요.

2. ChatGPT에게 아래와 같이 대화를 요청하세요.
   "레스토랑에서 주문하는 상황으로 프리토킹을 해보고 싶어요. 제가 손님 역할을 할게요. 식당 직원 역할을 해주세요. 영어 (초보/중급/고급) 수준으로 말해주세요. 먼저 영어로 질문을 해주세요. 제가 대답하면, 자연스럽게 대화를 이어가 주세요."

3. 대화 중 다음과 같이 질문해 보세요.
   "이 표현 말고 다른 자연스러운 표현이 있을까요?"
   "지금 제가 말한 문장을 더 자연스럽게 고쳐주세요."

4. 대화가 끊겼을 때는 "계속 질문해 주세요"라고 말하면, ChatGPT가 다시 질문을 이어갑니다.

Diary

이번 파트에서 배운 주요 표현과 단어들을 활용해, 아래 질문에 답해보세요.

자주 가는 식당을 소개해 주세요. 어떤 종류의 음식을 파나요? 주로 무엇을 주문하나요? 이 식당이 특별한 이유는 무엇인가요?

(Callie's Diary) My go-to restaurant is *The Original Pancake House*. They serve *American-style breakfast food like pancakes, eggs, and bacon*. I almost always get *the 'Ever Popular Joe'* because *it comes with both scrambled eggs and pancakes*. What sets this place apart is *their bottomless coffee*. I love *their cute mugs and getting free refills*.

제가 자주 가는 식당은 'The Original Pancake House'예요. 팬케이크, 달걀, 베이컨 같은 미국식 아침 식사를 제공해요. 저는 거의 항상 'Ever Popular Joe'를 주문하는데, 스크램블 에그와 팬케이크가 같이 나오거든요. 이 식당을 특별하게 만드는 건 무제한 리필되는 커피예요. 귀여운 머그잔도 마음에 들고, 리필도 공짜라서 정말 좋아해요.

⭐ 이제 여러분이 써볼 차례예요!

My go-to restaurant is ____.

They serve ____.

I almost always get ________________________________ because

____.

What sets this place apart is ________________________________.

I love ____.

DAY 39

Cafe 카페

 **Script**

I always **stop by** my favorite coffee shop before work. The baristas there are super friendly and know my order **by heart**. My go-to drink is a medium iced latte with oat milk, my favorite **nondairy** milk. I get it with **an extra shot of espresso**, one **pump of vanilla syrup**, and **whipped cream on top**.

Sometimes I order their **seasonal** drinks, but today I **had my usual**. My friend ordered a small **decaf** cappuccino since she's trying to **cut back on caffeine**. We also got a drip coffee for our coworker. She just likes plain black coffee without any cream or sugar. We told them we wanted it to go and asked for a **carrier**.

저는 출근 전에 항상 제가 제일 좋아하는 카페에 들러요. 거기 바리스타들이 아주 친절하고 제 주문을 외울 정도로 잘 알아요. 제가 늘 주문하는 음료는 오트 밀크로 만든 미디엄 사이즈 아이스 라테예요, 제가 제일 좋아하는 비유제품 우유죠. 거기에 에스프레소 샷 하나 추가하고, 바닐라 시럽 한 펌프 넣고, 위에 휘핑크림까지 올려서 주문해요.

가끔은 그 카페의 시즌 음료도 시키는데, 오늘은 평소에 늘 마시는 걸로 했어요. 친구는 스몰 사이즈 디카페인 카푸치노를 주문했어요. 카페인을 줄이려고 노력 중이거든요. 우리는 또 직장 동료를 위해 드립 커피도 같이 시켰어요. 그녀는 크림이나 설탕 없이 그냥 블랙커피를 좋아해요. 우리는 가져가겠다고 말하고, 캐리어도 하나 달라고 했어요.

stop by 들르다 | **by heart** 암기해서, 완전히 기억해서 | **nondairy** 우유 성분이 들어 있지 않은 | **seasonal** 계절 한정의 | **decaf(decaffeinated)** 카페인을 제거한, 디카페인 | **carrier** (음료 컵을 담는) 캐리어 | **display case** 진열장 | **resist** (유혹 등을) 참다 | **cave** (비격식) 결국 굴복하다, 참지 못하다 | **rotate** 회전하다, 교대하다 | **gooey** 끈적하고 쫀득한 | **sleeve** 컵 홀더 | **straw** 빨대 | **stopper** 마개 | **spill** 엎지르다, 쏟다 | **consider** ~라고 여기다, 고려하다 | **a regular** 단골손님

The desserts in the **display case** looked too good to **resist**, so I **caved** and added a few pastries to our order. They **rotate** desserts, and today they had my favorite cinnamon rolls, so I couldn't say no. They asked if I wanted it **warmed up**, and of course I said yes, because nothing beats a warm, **gooey** cinnamon roll.

When the drinks were ready, I **grabbed them from the counter** along with our bag of pastries and some **sleeves**. I also grabbed a **straw** and some **stoppers** so the drinks wouldn't **spill** in the car. I love that coffee shop and definitely **consider** myself **a regular** there.

진열대에 놓인 디저트들이 참기에는 너무 맛있어 보여서, 결국 참지 못하고 페이스트리도 몇 개 추가로 주문했어요. 거긴 디저트를 돌아가면서 내놓는데, 오늘은 제가 제일 좋아하는 시나몬롤이 있더라고요. 그래서 안 살 수가 없었어요. 따뜻하게 데울지 물어보길래, 저는 당연히 그렇게 해달라고 했어요. 왜냐하면 따뜻하고 쫀득한 시나몬롤보다 맛있는 건 없거든요.

음료가 준비되자, 저는 카운터에서 음료를 챙기고 페이스트리가 담긴 봉투랑 컵 홀더도 같이 챙겼어요. 또 빨대도 하나 챙기고 차 안에서 음료가 쏟아지지 않게 뚜껑 마개도 몇 개 챙겼어요. 저는 그 카페를 정말 좋아하고, 저 스스로도 완전 단골이라고 생각해요.

☑ **An extra shot of espresso** 에스프레소 샷 하나 추가

> I need **an extra shot of espresso** to survive work today.
> 오늘 일하면서 버티려면 에스프레소 샷 추가가 필요하다.

☑ **Pump of syrup** 시럽 한 펌프

> Would you like two **pumps of hazelnut syrup** or just one?
> 헤이즐럿 시럽 두 번 넣어드릴까요, 아니면 한 번만 넣어드릴까요?

☑ **Whipped cream on top** 위에 휘핑크림 올려서

> I always get **whipped cream on top** of my hot chocolate.
> 나는 핫초코에 항상 휘핑크림을 올려달라고 한다.

☑ **Have (one's) usual** ~가 늘 마시는/먹는 걸로 하다, 평소처럼 주문하다

> I thought about trying something new, but ended up **having my usual**.
> 나는 새로운 걸 시켜볼까 했는데, 결국 평소처럼 늘 먹던 걸로 시켰다.
> **다르게 말해보기** Get what (one) always gets / Get (one's) usual

☑ **Cut back on caffeine** 카페인 섭취를 줄이다

> She only drinks decaf because she's trying to **cut back on caffeine**.
> 그녀는 카페인을 줄이려고 노력 중이라서 디카페인 커피만 마신다.

☑ **Warmed up** 데워진, 따뜻하게 데운

> Would you like your sandwich **warmed up**?
> 샌드위치 데워드릴까요?
> **다르게 말해보기** Heated up / Toasted(빵 등의 경우 구워진의 의미로)

☑ **Grab (something) from the counter** ~를 카운터에서 직접 가져오다

> Do they bring the drinks to us, or do we **grab them from the counter**?
> 음료를 가져다 주는 건가요, 아니면 우리가 카운터에서 직접 가져가야 하나요?
> **다르게 말해보기** Pick (something) up at the counter / Get (something) at the counter

DATE   /   /

DAY 40

Cafe 카페

 **Small Talk**

Barista   Hi there! What can I get started for you?

안녕하세요! 뭐부터 준비해 드릴까요?

Callie   Hi! Can I do a medium iced latte with oat milk and a small drip coffee?

안녕하세요! 미디엄 아이스 라테 오트 밀크로 하나, 스몰 드립 커피 하나 주시겠어요?

Barista   Of course. Any **flavors** or **add-ons**?

물론이죠. 맛이나 추가 옵션 원하시는 거 있으세요?

Callie   I'll take the drip coffee black. But for the latte, just one pump of vanilla, and can I get an extra shot in that?

드립 커피는 블랙으로 마실게요. 근데 라테는 바닐라 시럽 한 펌프만 넣어주시고, 샷 하나 추가해 주실 수 있을까요?

Barista   Got it. Anything else?

알겠습니다. 또 필요하신 거 있으세요?

Callie   Mmm... actually yeah, can I get a cinnamon roll too?

음... 저, 시나몬 롤도 하나 주시겠어요?

Barista   Sure! Want that warmed up?

그럼요! 데워드릴까요?

Callie   Yes, please.

네, 부탁드려요.

Barista   You got it! And is this for here or to go?

알겠습니다! 매장에서 드시고 가실 건가요, 아니면 포장이신가요?

Callie   To go, please. And if you could put it all in a carrier, that'd be great.

포장할게요. 그리고 전부 캐리어에 담아주시면 좋을 거 같아요.

Vocabulary **flavor** 맛 | **add-on** 추가옵션

NOTE 미국에서는 주문할 때 'I'll do + 음식/음료'의 표현을 자주 사용합니다.

Coffee Shop와 Cafe의 차이

일상적인 미국 영어에서는 카페를 말할 때 'Cafe'보다 'Coffee shop'이라는 표현을 더 자주 사용합니다. 두 곳 모두 커피를 파는 곳이지만, 느낌에서 약간의 차이가 있어요.

'Coffee shop'은 보통 캐주얼하고 일상적인 카페를 뜻합니다. 스타벅스 같은 대형 체인점이나 테이블과 콘센트가 있는 카페를 떠올리면 돼요.

반면 'Cafe'는 조금 더 세련되거나 아늑한 느낌을 줍니다. 샌드위치, 수프, 브런치, 때로는 와인 같은 좀 더 다양한 음식을 제공하는 곳일 때가 많습니다. 우리가 흔히 말하는 카페는 'Coffee shop'으로 더 자주 불립니다.

 *Callie's AI Tip & Mission!*

프리토킹 마스터하기!

ChatGPT를 활용해 스크립트의 상황을 기반으로 영어회화 연습해 보세요.

1. 음성모드를 켜세요.

2. ChatGPT에게 아래와 같이 대화를 요청하세요.

   "카페에서 음료와 디저트를 주문하는 상황으로 프리토킹을 해보고 싶어요. 제가 손님 역할을 할게요. 바리스타 역할을 해주세요. 영어 (초보/중급/고급) 수준으로 말해주세요. 먼저 영어로 질문을 해주세요. 제가 대답하면, 자연스럽게 대화를 이어가 주세요."

3. 대화 중 다음과 같이 질문해 보세요.

   "이 표현 말고 다른 자연스러운 표현이 있을까요?"

   "지금 제가 말한 문장을 더 자연스럽게 고쳐주세요."

4. 대화가 끊겼을 때는 "계속 질문해 주세요"라고 말하면, ChatGPT가 다시 질문을 이어갑니다.

Diary

이번 파트에서 배운 주요 표현과 단어들을 활용해, 아래 질문에 답해보세요.

Q What's your usual order at a coffee shop? Do you prefer big chain coffee shops or small local ones? Why? What's important to you when choosing a coffee shop?

카페에서 보통 무엇을 주문하나요? 대형 체인점 커피숍과 동네 작은 카페 중 어느 쪽을 더 선호하나요? 왜 그런가요? 카페를 선택할 때 가장 중요하게 생각하는 점은 무엇인가요?

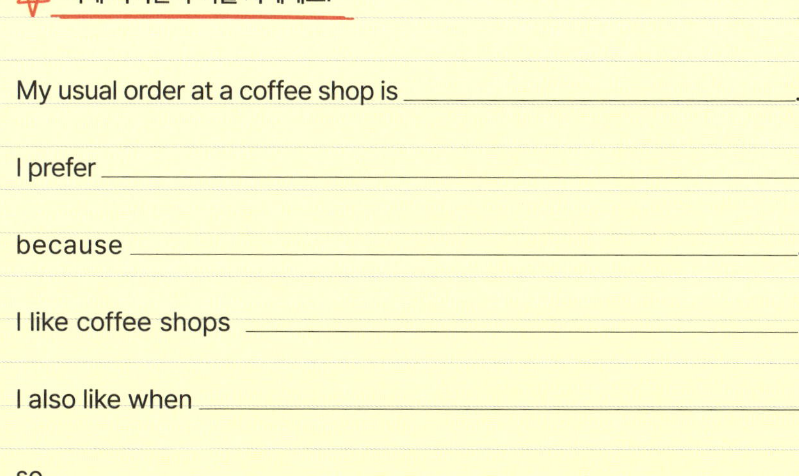

(Callie's Diary) *My usual order at a coffee shop is* an iced latte. *I prefer* small local coffee shops *because* they're usually cozier and more unique. *I like coffee shops* that use high-quality ingredients and have friendly baristas. *I also like when* there are lots of outlets *so I can work on my laptop.*

제가 카페에서 보통 주문하는 건 아이스 라테예요. 저는 동네 작은 카페를 더 선호하는데, 왜냐하면 보통 더 아늑하고 개성 있는 경우가 많거든요. 저는 좋은 재료를 쓰고, 바리스타가 친절한 카페를 좋아해요. 노트북으로 작업할 수 있게 콘센트가 많은 곳도 좋아하고요.

☆ 이제 여러분이 써볼 차례예요!

My usual order at a coffee shop is ______________________.

I prefer ______________________.

because ______________________.

I like coffee shops ______________________.

I also like when ______________________.

so ______________________.

DAY 41

Bar 바

Script

My friends and I love **going out** on Saturday nights. Usually, we start at our favorite local **dive bar** to **pregame** and grab some cheap drinks before heading **downtown**. It's a total **hole-in-the-wall**, but it has a **chill** vibe and good music. I always **get carded** at the door, even though I go there all the time. When we were there last night, I asked the bartender what they had **on tap** and ended up getting an IPA. My friend ordered a gin and tonic and asked them to **make it a double** since he'd had a long week.

We **took turns getting rounds** and just hung out watching the game on TV. We found a spot near the back and **opened a tab** to keep things easy. After a couple of drinks, we were definitely starting to **get a buzz**, so we **closed out our tab** and left a tip before **heading out**.

친구들이랑 저는 토요일 밤에 놀러 나가는 걸 좋아해요. 우리는 보통 좋아하는 동네 바에 가서 시내로 가기 전에 저렴한 술을 몇 잔 마시면서 시작해요. 완전 허름하지만 분위기가 편하고 음악도 좋은 곳이에요. 늘 가는 곳인데도, 입구에서 항상 신분증 검사를 받아요. 어젯밤에 거기 갔을 때, 바텐더에게 어떤 맥주가 생맥주로 있는지 물어봤고, 결국 IPA를 마시게 됐어요. 제 친구는 진토닉을 주문하면서, 힘든 한 주였다고 더블로 만들어달라고 했어요.

우리는 돌아가면서 술을 사고, 그냥 TV에서 하는 경기를 보면서 놀았어요. 뒤쪽에 자리가 하나 났고, 편하게 계산하려고 탭을 열었어요. 몇 잔 마시고 나니 확실히 슬슬 취하길래, 탭을 닫고 나가기 전에 팁을 뒀어요.

Vocabulary

dive bar (허름하지만 분위기 있는) 동네 술집 | **pregame** 본격적으로 놀기 전에 미리 술을 마시며 분위기를 띄우다 | **downtown** 도심, 시내 중심가 | **hole-in-the-wall** 작고 허름하지만 아는 사람만 아는 맛집 | **chill** 편안한, 느긋한 | **on tap** 생맥주 | **take turns** 번갈아 가며 ~하다, 교대로 하다 | **get a buzz** 살짝 취하다 | **head out** 나가다, 출발하다 | **bouncer** 클럽 등에서 입장 관리하는 사람, 보안 요원 | **let loose** 신나게 놀다 | **DD(Designated Driver)** 술 안 마시고 운전 담당하는 사람 | **lightweight** 술이 약한 사람 | **hangover** 숙취

Then we **hit the club** downtown. There was a long line outside where the **bouncer** was checking IDs. Once we got inside, it was loud and crowded, but lots of fun.

The DJ was amazing, so we danced, ordered a round of cocktails, and just **let loose**. The bartender even gave us a few shots **on the house**. Around 2 a.m., we finally **called it a night**. My friend, who was the **DD**, drove us home. I'm a **lightweight**, so I definitely had a bit of a **hangover** this morning.

그러고는 시내에 있는 클럽에 갔어요. 밖에 줄이 길게 늘어서 있었고, 거기에서 보안 요원이 신분증을 확인했어요. 안에 들어가 보니 시끄럽고 붐볐지만, 정말 재밌었어요.

DJ가 너무 잘해서 우리는 춤추고 칵테일 한 잔씩 시켜서 그냥 신나게 놀았어요. 심지어 바텐더가 서비스로 샷도 몇 잔 줬어요. 새벽 2시쯤이 되어서야 우리는 드디어 마무리했어요. 운전 담당이었던 친구가 우리를 집까지 데려다줬어요. 저는 술이 약해서, 오늘 아침에 확실히 좀 숙취가 있었어요.

✅ **Go out** 외출하다, 놀러 나가다

> Did you **go out** last night?
> 어젯밤에 놀러 나갔어?

✅ **Get carded** 신분증 검사를 받다

> She still **gets carded** even though she's 30.
> 그녀는 30살인데도 여전히 신분증 검사를 받는다.

✅ **Make it a double** (술을) 더블로 하다, 샷을 두 배로 넣다

> I'll do a gin and tonic. **Make it a double**, please.
> 진토닉 하나 주세요. 샷은 두 배로 넣어주세요.

✅ **Get a round** (일행 모두에게 술을) 한 잔씩 사다

> It's my turn to **get a round**.
> 이번엔 내가 한 잔씩 살 차례야.

✅ **Open/Close a tab** 카드를 맡기고 탭을 열다/탭을 닫고 최종 계산하다

> Can I **open a tab**?
> 탭을 열어도 될까요?
> Don't forget to **close your tab** before we leave!
> 가기 전에 탭 닫고 계산하는 거 잊지 마!
> **NOTE** 'open/close a tab'은 미국 바에서 흔한 계산 방식으로, 처음 주문할 때 카드를 맡겨두고 (Open a tab) 나갈 때 한꺼번에 계산하는(Close a tab) 문화입니다.

✅ **Hit the club** 클럽에 가다, 클럽에 들르다

> Let's **hit the club** before heading home.
> 집에 가기 전에 클럽에 들르자.

✅ **On the house** (가게에서) 무료로 제공하는, 서비스로 주는

> The bartender gave us a round **on the house**.
> 바텐더가 우리한테 한 잔씩 서비스를 줬다.
> **다르게 말해보기** On (someone) / Complimentary(조금 더 격식 있는 표현)

✅ **Call it a night** 그만 놀다, 하루를 마무리하다

> After one last drink, we **called it a night**.
> 마지막 한 잔을 마시고 나서 우리는 마무리하기로 했다.

146

Bar 바

 **Small Talk**

Bartender What can I get for you?

뭐로 드릴까요?

Callie What do you have on tap tonight?

오늘은 어떤 생맥주가 있나요?

Bartender Let's see... We've got a pale ale, two IPAs, a lager, and the seasonal stout.

어디 보자... 페일 에일 하나, IPA 두 종류, 라거 하나, 그리고 시즌 스타우트가 있어요.

Callie I'll do one pale ale and a Jack and Coke.

페일 에일 하나랑, 잭콕 하나 주세요.

Bartender Single or double?

싱글로 하실래요, 더블로 하실래요?

Callie Let's do a double.

더블로 할게요.

Bartender You guys wanna start a tab?

탭을 여시겠어요?

Callie Yeah, might as well. You can put it under Callie. Oh, and do you guys still have those lemon shots?

네, 그러죠. 캘리 이름으로 열어주세요. 아, 그리고 혹시 그 레몬샷 아직 있어요?

Bartender We do! Want a round?

있죠! 한 잔씩 드릴까요?

Callie Yeah, let's do it.

네, 주세요.

Bartender First one's on the house!

첫 잔은 서비스예요!

American Culture Tip

Bar Hopping(여러 술집을 돌아다니며 술 마시기)

'Bar hopping'은 한 곳에만 머무르지 않고 하룻밤에 여러 술집을 옮겨 다니며 술을 마시는 것을 의미합니다. 미국에서는 주말에 즐기는 인기 있는 활동 중 하나이며, 특히 생일 파티, 결혼 전에 하는 파티 등 특별한 날에 자주 합니다. 보통 술집들이 밀집한 시내나 번화가에서 이루어지는데, 도보로 여러 곳을 쉽게 이동할 수 있기 때문입니다.

1   We're planning to go bar hopping downtown this Saturday.

우리는 이번 주 토요일에 시내에서 여러 술집을 돌며 술을 마실 계획이다.

2   We're bar hopping for my birthday next weekend.

우리는 다음 주말에 내 생일을 기념해서 여러 술집을 돌며 술을 마실 거다.

 *Callie's AI Tip & Mission!*

프리토킹 마스터하기!

ChatGPT를 활용해 스크립트의 상황을 기반으로 영어회화 연습해 보세요.

1.   음성모드를 켜세요.

2.   ChatGPT에게 아래와 같이 대화를 요청하세요.
"바에서 술을 주문하는 상황으로 프리토킹을 해보고 싶어요. 제가 손님 역할을 할게요. 바텐더 역할을 해주세요. 영어 (초보/중급/고급) 수준으로 말해주세요. 먼저 영어로 질문을 해주세요. 제가 대답하면, 자연스럽게 대화를 이어가 주세요."

3.   대화 중 다음과 같이 질문해 보세요.
"이 표현 말고 다른 자연스러운 표현이 있을까요?"
"지금 제가 말한 문장을 더 자연스럽게 고쳐주세요."

4.   대화가 끊겼을 때는 "계속 질문해 주세요"라고 말하면, ChatGPT가 다시 질문을 이어갑니다.

Diary

Q Do you usually prefer to stay in or go out at night? If you go out, what kind of bar do you like to go to (Ex: dive bar, fancy cocktail bar, club, etc.)? What's your drink of choice?

보통 밤에는 집에 있는 걸 더 좋아하나요, 아니면 놀러 나가는 걸 좋아하세요? 놀러 나간다면 어떤 종류의 바에 가는 걸 좋아하나요(예: 다이브 바, 고급 칵테일 바, 클럽 등)? 가장 즐겨 마시는 술은 무엇인가요?

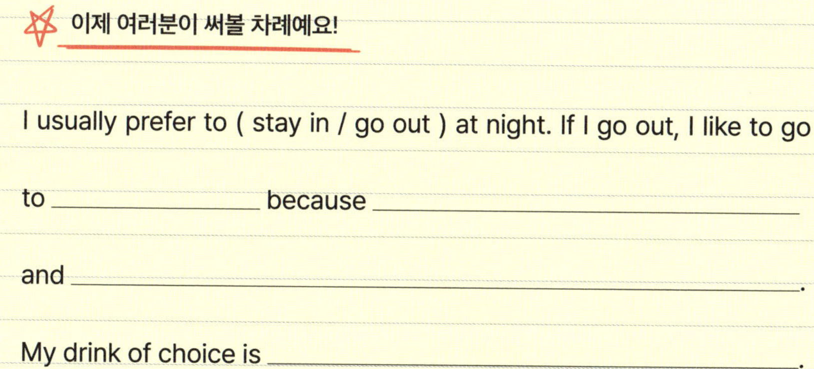

(Callie's Diary) *I usually prefer to stay in at night. If I go out, I like to go to rooftop bars because I love being outside and enjoying a nice view with my drink. My drink of choice is a margarita.*

저는 보통 밤에는 집에 있는 걸 더 선호해요. 만약 놀러 나가면, 루프톱 바에 가는 걸 좋아해요. 야외에 있는 것도 좋고, 멋진 전망을 즐기며 술을 마시는 게 좋거든요. 제가 가장 즐겨 마시는 술은 마가리타예요.

⭐ **이제 여러분이 써볼 차례예요!**

I usually prefer to (stay in / go out) at night. If I go out, I like to go

to ________________ because ________________________________

and ____.

My drink of choice is ____.

Dating 데이트하기

 **Script** 

Last year, I **set one of my friends up** on a **blind date** with my coworker. My friend told me they **hit it off** right away. They spent hours talking and laughing. At the end of the night, he **asked her out** on a second date. After that, they started **hanging out** more and more, and **eventually** they were **seeing each other** pretty **regularly**.

I thought things were getting pretty serious, but he ended up **ghosting** her after a while. I felt really bad. My friend hadn't had the best luck with relationships. She got **hit on** all the time, but then her dates would always **stand her up**. She's been **friend-zoned, dumped**... you name it.

저는 작년에 제 친구 한 명을 제 직장 동료랑 소개팅해 줬어요. 친구 말로는 둘이 바로 잘 통했대요. 둘이 몇 시간이나 얘기하고 웃으면서 보냈대요. 밤이 끝날 무렵 그는 그녀에게 두 번째 데이트를 신청했어요. 그 후로 둘은 점점 더 자주 만나기 시작했고, 결국 꽤 꾸준히 만나는 사이가 되었어요.

저는 둘이 꽤 진지해지는 줄 알았는데, 결국 그는 얼마 지나지 않아 그녀와 연락을 끊고 잠수 탔어요. 진짜 속상했죠. 제 친구는 연애운이 별로 없었거든요. 항상 대시는 받았지만, 상대가 매번 바람 맞히더라구요. 친구로만 지내자고 하거나, 차이기도 하고... 별별 일을 다 겪었죠.

A few months ago, that all changed. She was **going through a breakup** and decided to try online dating to help her **get over** it. She **matched with** someone, and after a few conversations online, he finally **made the first move** and asked her out for a drink. They **immediately fell for** each other on their first date.

Now, they're **inseparable** and **madly in love**. I never thought I believed in soulmates, but seeing the two of them together is changing my mind. I'm so happy for her. I think she's finally **found the one**.

몇 달 전, 상황이 완전히 바뀌었어요. 그녀는 이별을 겪는 중이었고, 그걸 극복해 보려고 온라인 데이팅을 해보기로 했어요. 한 사람과 매칭이 됐고, 온라인으로 대화를 몇 번 나눈 뒤에 그 남자가 드디어 먼저 연락해서 술 한잔하자고 했어요. 둘은 첫 데이트에서 바로 서로에게 푹 빠졌어요.

지금은 둘이 떨어질 수 없을 만큼 붙어 다니고, 깊이 사랑에 빠졌어요. 저는 원래 소울메이트가 있다고 믿는 편이 아니었는데, 둘이 함께 있는 걸 보면서 생각이 바뀌고 있어요. 저는 정말 기뻐요. 친구가 드디어 인연을 만난 것 같아요.

✓ **Set (someone) up** ~와 소개팅을 주선하다, 누군가를 엮어주다

My friends are always trying to set me up with people.
내 친구들은 항상 나를 누군가와 소개팅 시켜주려고 한다.

✓ **Hit it off** 처음부터 잘 통하다, 금방 친해지다

I didn't expect to like him, but we totally hit it off.
나는 그를 마음에 들어 할 줄은 몰랐는데, 우리는 정말 금방 친해졌다.
다르게 말해보기 Click(친구 간에도 사용 가능) / Have chemistry(이성 간에 사용) /
There (is/was) a spark(이성 간에 사용)

✓ **Ask (someone) out** ~에게 데이트를 신청하다

He finally asked her out after weeks of flirting.
그는 몇 주 동안 계속 플러팅만 하더니, 드디어 그녀에게 데이트 신청을 했다.

✓ **See (someone)** ~를 만나고 있다, 사귀고 있다

Are you seeing anyone at the moment?
요즘 만나고 있는 사람 있어?

✓ **Stand (someone) up** ~를 바람맞히다

He stood me up, and I never heard from him again.
그가 나를 바람맞혔고, 그 후로 다시는 연락이 없었다.

✓ **Go through a breakup** 이별을 겪다

He went through a breakup last year.
그는 작년에 이별을 겪었다.

✓ **Make the first move** 먼저 행동하다, 먼저 다가가다

He made the first move and asked me to dance.
그가 먼저 다가와서 나한테 춤추자고 했다.

✓ **Find the one** (운명 같은) 사람을 찾다, 진짜 인연을 만나게 되다

After years of dating around, I think I finally found the one.
수년간 여러 사람을 만나 본 끝에, 나는 드디어 진짜 인연을 찾은 것 같다.

Dating 데이트하기

Small Talk

Callie You'll never believe who's seeing someone new.

누가 새로 연애 시작했는지 알면 깜짝 놀랄걸.

Hong Who?

누구데?

Callie Jen! Remember how I set her up last year and that guy totally ghosted her?

젠 말이야!! 작년에 내가 소개팅 시켜줬는데, 그 남자 완전 잠수 탔던 거 기억나?

Hong Yeah, that was **rough**.

응, 진짜 안 됐었지.

Callie Well, she matched with someone online a couple of months ago and they totally hit it off.

근데 몇 달 전에 온라인에서 어떤 사람이랑 매칭됐는데, 둘이 엄청 잘 통했대.

Hong That's awesome! So, are they **official**?

와, 잘됐다! 그래서 둘이 공식적으로 사귀는 거야?

Callie Pretty much. She said he made the first move, asked her out for drinks, and now they're basically **inseparable**.

거의 그런 셈이야. 그녀가 말하길 그 남자가 먼저 대시해서 술을 마시자고 했고, 지금은 둘이 거의 붙어 다닌대.

Hong Wow. Sounds like she finally found the one.

와. 드디어 진짜 인연을 찾은 것 같네.

Callie I know, right? I'm seriously so happy for her. She really **deserves** it.

그러게 말이야! 나도 진심으로 너무 기뻐. 걔는 정말 그런 사랑 받을 자격 있는 사람이거든.

Vocabulary **rough** 힘든, 어려운 | **official** 공식적인, 정식으로 사귀는 | **inseparable** 딱 붙어 다니는 | **deserve** ~을 받을 자격이 있다

Situationship(애매한 연애 관계)

'Situationship'은 애매한 연애 관계를 의미합니다. 친구 이상으로 가깝지만, 공식적인 연인 사이라고 말하기에는 부족한 상태예요. 이런 관계에 있는 사람들은 데이트를 하거나 자주 연락하고, 때로는 커플처럼 행동하기도 합니다. 하지만 서로 어떤 관계인지, 그리고 앞으로 어떤 관계로 나아갈지에 대해서는 정식으로 이야기해 본 적이 없는 경우가 많습니다.

한국의 '썸'과 유사한 면이 있지만, Situationship은 더 장기적이고 관계 정의가 미뤄진 상태를 뜻하는 경우가 많아, 감정적으로 더 복잡한 면이 있습니다. 요즘 미국 젊은 세대 사이에서 자주 쓰는 표현이에요.

1 **They're in a situationship, so it's kind of complicated.**

그들은 썸타는 관계라서 좀 복잡하다.

2 **I'm tired of situationships. I want a real relationship.**

애매한 관계는 이제 지쳤어. 진짜 제대로 된 연애를 하고 싶어.

Callie's AI Tip & Mission!

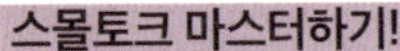

스몰토크 마스터하기!

ChatGPT를 활용해 스몰토크를 연습해 보세요.

1. ChatGPT에 153쪽의 Small Talk 사진을 찍어 전송하세요.

2. 음성모드를 켜세요.

3. ChatGPT에게 아래와 같이 대화를 요청하세요.

   "사진 속 스몰토크를 같이 읽어볼게요. 제가 Callie 역할을 할게요, Hong 역할을 해 주세요."

4. 첫 문장을 말해보세요. ChatGPT가 Hong처럼 대답하며 자연스럽게 대화를 이어 갑니다. 한 문장씩 주고받으며 스피킹을 연습해 보세요.

5. 끝까지 읽고나면 역할을 바꿔보세요.

   "이제 역할을 바꿔볼게요. Callie 역할로 먼저 시작해 주세요. 저는 Hong 역할을 할게요."

Diary

이번 파트에서 배운 주요 표현과 단어들을 활용해, 아래 질문에 답해보세요.

꿈에 그리던 데이트를 말해보세요. 어디에서, 무엇을 하며 보내고 싶나요?

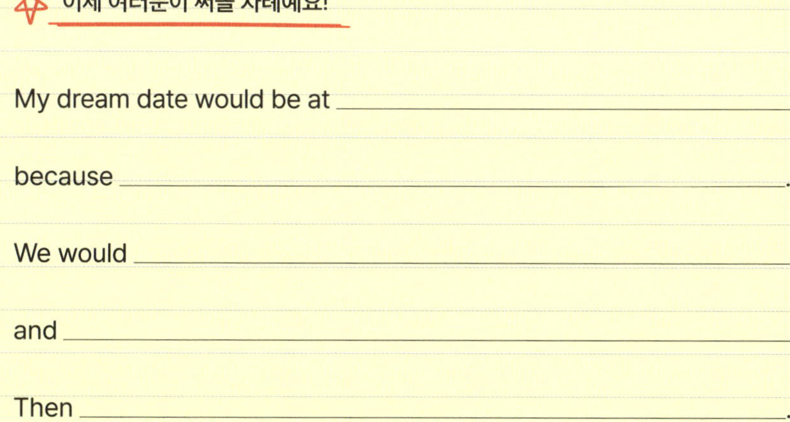

Callie's Diary My dream date would be at the beach because it's my favorite place in the world. We would swim and spend all day in the sun. Then at night, we would have a picnic dinner and a bonfire on the beach under the stars.

제가 꿈꾸는 데이트는 바닷가에서 하는 거예요. 왜냐하면 세상에서 제가 가장 좋아하는 곳이거든요. 우리는 수영도 하고, 햇빛 아래서 하루 종일 보내고 싶어요. 그리고 밤이 되면 별빛 아래에서 피크닉을 하면서 저녁을 먹고, 해변에서 모닥불도 피우고 싶어요.

⭐ 이제 여러분이 써볼 차례예요!

My dream date would be at ______________________________

because ______________________________.

We would ______________________________

and ______________________________.

Then ______________________________.

DAY 45

Learn it

Gym 헬스장

Script

I try to **hit the gym** a few times a week, usually in the morning before work. I used to have a personal trainer, but now I work out by myself. I start with some light **cardio** on the **treadmill** to **warm up**. After that, I head to the **free weight section** to do some **lifting**.

On leg day, I **add some extra plates** to the **barbell** and do squats and deadlifts. I usually **do about 3 sets of 10 reps**. I try to focus on my form and **target the right muscle groups**. By that point, I'm usually **breaking a sweat**, so I take a quick **water break** before moving on.

저는 일주일에 몇 번은 헬스장에 가려고 해요, 보통 출근 전에 아침에 운동해요. 예전에는 개인 트레이너가 있었는데, 요즘은 혼자 운동해요. 먼저 러닝머신에서 가볍게 유산소 운동을 하면서 몸을 풀어요. 그다음엔 프리 웨이트 존으로 가서 근력 운동을 해요.

하체 운동하는 날에는 바벨에 무게를 더 얹어서 스쿼트랑 데드리프트를 해요. 저는 보통 10회씩 3세트를 해요. 자세에 집중하면서 타켓 근육을 잘 자극하려고 노력해요. 그쯤 되면 보통 땀이 나기 시작해서, 다음으로 넘어가기 전에 잠깐 물 마시며 쉬어요.

Next, I hit a few machines like the **lat pulldown** and the cable machine for **triceps**. I like doing supersets when I'm **short on time**. For example, sometimes I do **bicep** curls with dumbbells right after bench press. If I'm with a friend, we **spot each other**.

Before leaving, I do a quick **ab** circuit on the mat because I wanna **get ripped**. I do crunches, leg raises, and planks. I always finish my workouts with a few minutes of stretching so I don't wake up **sore** the next day. On my way out, I **flex** and take a selfie. **Progress** pictures help me stay **motivated!**

그다음엔 머신 몇 개를 사용해요, 렛풀다운이나 케이블 삼두 머신 같은거요. 저는 시간이 없을 땐 슈퍼세트를 하는 것을 좋아해요. 예를 들어, 벤치프레스를 한 다음 바로 덤벨로 이두 컬을 할 때도 있어요. 친구랑 같이 있을 때는 서로 보조를 해줘요.

나가기 전에, 매트 위에서 복근 운동 루틴을 짧게 해요. 왜냐하면 몸을 만들고 싶거든요. 크런치, 레그 레이즈 그리고 플랭크를 해요. 전 항상 몇분간 스트레칭을 하면서 운동을 마무리해요. 그래야 다음날 근육통 없이 일어나거든요. 헬스장을 나가면서는 근육에 힘주고 셀카를 찍어요. 운동 기록 사진이 저한테는 동기부여가 돼요!

🔊 Key Phrases

✅ **Hit the gym** 헬스장에 가다, 운동하러 가다

> Wanna **hit the gym** together this weekend?
> 이번 주말에 같이 헬스장에 갈래?

✅ **Add plates** (바벨에) 무게를 추가하다

> He **added two plates** to each side of the barbell.
> 그는 바벨 양쪽에 무게를 두 장씩 더 올렸다.

✅ **Do (number) sets of (number) reps** (n)회씩 (n)세트 반복 운동을 하다

> My trainer had me **do 4 sets of 12 reps** on the squat machine.
> 트레이너가 나한테 스쿼트 머신으로 12회씩 4세트 하라고 시켰다.

✅ **Target (something)** ~를 집중적으로 자극하다

> This exercise **targets** your back.
> 이 운동은 등을 집중적으로 자극한다.

✅ **Break a sweat** 땀이 나기 시작하다

> I love workouts that make me **break a sweat.**
> 나는 땀 나게 만드는 운동을 정말 좋아한다.
> **다르게 말해보기** Work up a sweat / Get sweaty

✅ **Spot (someone)** ~를 도와주다, 보조해 주다

> Can you **spot me** for my last set?
> 마지막 세트 할 때 좀 도와줄 수 있어?

✅ **Get ripped** (운동으로) 근육질 몸을 만들다, 탄탄한 몸을 만들다

> I'm trying to **get ripped** before summer.
> 나는 여름 전에 몸을 좀 만들려고 한다.
> **다르게 말해보기** Get shredded

Gym 헬스장

 **Small Talk**

Hong Ugh, my legs are so sore.

으, 다리가 너무 아파.

Callie Was it leg day today?

오늘 하체 운동했어?

Hong Yeah, and I did some extra reps and now I'm **paying for it**.

응, 평소보다 더 많이 반복했더니 지금 후유증 제대로 겪는 중이야.

Callie That's why I **stick to** the treadmill and a few machines.

그래서 내가 런닝머신이랑 몇 가지 머신만 하는 거야.

Hong I'm really trying to get ripped for summer.

여름을 위해서 진짜 몸 좀 제대로 만들어보려고.

Callie You already look strong. I saw that gym selfie you posted!

이미 엄청 탄탄해 보여. 네가 인증 사진 올린 거 봤어!

Hong Gotta track that progress!

기록은 필수지!

Callie You're so **dedicated**. I should start lifting with you.

너 진짜 열심히 하네. 나도 너랑 같이 웨이트를 시작해야겠다.

Hong I'll spot you!

내가 보조해 줄게!

Callie Deal. But no planks. I hate planks.

좋아. 근데 플랭크는 절대 안 돼. 나 플랭크 진짜 싫어해.

Vocabulary **pay for it** 대가를 치르다 | **stick to** ~를 고수하다 | **dedicated** 열정적인, 헌신적인

Gym Rat(헬스장 매니아)

'Gym rat'은 헬스장에 살다시피 하면서 운동에 완전히 빠져 있는 사람을 뜻하는 속어입니다. 운동을 진심으로 좋아하는 '헬스광' 같은 느낌이에요. 보통은 운동을 정말 열심히 하는 사람이라는 긍정적인 의미로 쓰이지만, 가끔은 헬스에 너무 집착하는 사람이라는 의미로 약간 장난스럽게 쓰일 때도 있습니다.

1 My brother is a total gym rat. He basically lives at the gym.

우리 형은 완전 헬스 매니아이다. 그는 아예 헬스장에서 살다시피 한다.

2 I've been going to the gym a lot lately. I'm turning into a gym rat!

나는 요즘 헬스장에 엄청 자주 간다. 나도 헬스 매니아가 되어가고 있다!

 *Callie's AI Tip & Mission!*

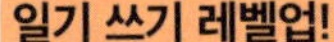

일기 쓰기 레벨업!

ChatGPT를 활용해서 내가 쓴 일기에 대해 맞춤형 피드백을 받아보세요.

1. 161쪽 Diary를 작성한 후, 타이핑하거나 사진을 찍어서 ChatGPT에 아래 메시지와 함께 요청하세요.

   "제가 쓴 영어 일기예요. 영어를 원어민이 쓴 것처럼 자연스럽게 다듬어주세요. 어색한 문법이나 단어 선택이 있다면 고쳐주고, 왜 그렇게 수정했는지 한국어로 구체적으로 설명해 주세요."

2. 아래 예시 질문을 활용하면, ChatGPT로부터 더 풍부하게 피드백받을 수 있습니다.

   "이 표현을 다른 문장으로도 바꿔볼 수 있을까요?"

   "제가 쓴 문장과 원어민 문장의 뉘앙스 차이를 더 자세히 설명해 주세요."

3. 피드백을 활용해서 일기를 더 풍성하게 써보세요.

Diary

이번 파트에서 배운 주요 표현과 단어들을 활용해, 아래 질문에 답해보세요.

Q What's your favorite kind of exercise? Do you like working out at the gym or at home? Do you prefer working out alone or with others?

가장 좋아하는 운동은 무엇인가요? 헬스장에서 운동하는 걸 좋아하나요, 아니면 집에서 하는 걸 선호하나요? 혼자 운동하는 게 좋은가요, 아니면 다른 사람들과 함께하는 걸 더 좋아하나요?

(Ex) *Yoga Is my favorite kind of exercise. It helps me relax and improve my flexibility. I like working out at home by myself because it saves time and money. Also, it's really convenient, so I have no excuse not to do it.*

요가는 제가 가장 좋아하는 운동이에요. 요가는 긴장을 푸는 데 도움이 되고 유연성도 길러줘요. 저는 집에서 혼자 운동하는 걸 좋아하는데, 시간과 돈을 아낄 수 있기 때문이에요. 그리고 너무 편리하니까, 안 할 핑계가 없죠.

이제 여러분이 써볼 차례예요!

______________ is my favorite kind of exercise. It helps me ______________

______________________________. I like working out at (the gym / home)

(by myself / with other people) because ______________________________

____.

Also, ____,

so ____.

DAY 47

Learn it

Run Club 런닝 동호회

Script

I recently joined a run club, and even though I'm not a **huge runner**, it's honestly been so much fun. We usually meet on Saturday mornings. Everyone **runs at their own pace**, so there's no **pressure** to **keep up**, but I usually **aim for** 6 minutes per kilometer.

We usually do a **loop** around the park. Some people track their runs to try and **hit a new PR**. I'm not super **competitive**, but it's fun to see progress. Last weekend, I ran **farther** than usual, and I could really feel it in my legs **afterward**. I also got a small **blister** from my new running shoes, but luckily it wasn't anything too serious.

저는 최근에 러닝 클럽에 가입했어요. 비록 러닝 매니아는 아니지만, 솔직히 정말 재밌어요. 우리는 보통 토요일 아침마다 모여요. 모두가 자기 속도에 맞춰 뛰어서 따라가야 한다는 부담이 없어요. 근데 저는 보통 1킬로에 6분 페이스를 목표로 해요.

우리는 보통 공원 한 바퀴를 돌아요. 어떤 사람들은 새로운 기록을 세우려고 러닝 기록을 측정해요. 저는 경쟁심이 강한 편은 아니지만, 점점 나아지는 걸 보는 건 재미있어요. 지난 주말엔 평소보다 더 멀리 뛰었는데, 그 후에 다리에 확실히 느낌이 오더라고요. 또 새 러닝화 때문에 작은 물집도 생겼는데, 다행히 심하진 않았어요.

huge runner 달리기를 매우 좋아하는 사람 | **pressure** 압박감, 부담 | **aim for** ~를 목표로 하다 | **loop** 한 바퀴 도는 코스, 순환 코스 | **competitive** 경쟁심이 강한, 승부욕이 있는 | **farther** 더 멀리(거리상) | **afterward** 나중에, 그 후에 | **blister** 물집 | **endurance** 지구력, 인내력 | **cool down** 정리운동하다 | **social** 사교적인 | **solid** 제대로 된, 탄탄한 | **inspire** 영감을 주다 | **push (someone)** ~를 몰아붙이다

Sometimes I have to stop to **catch my breath** while running, but my **endurance** is definitely improving. I **feel much lighter on my feet.** After the run, we all **cool down** together and chat while stretching. It's a great mix of being **social** and getting some **solid** exercise in. Sometimes we'll hang out after and grab coffee or smoothies nearby.

One of the club members is **training for a marathon.** It really **inspires** me to keep **pushing myself.** Honestly, what keeps me coming back is that **runner's high** at the end of the run. It's the best feeling in the world!

가끔은 뛰다가 숨을 고르기 위해 멈춰야 할 때도 있지만, 확실히 지구력이 좋아지고 있어요. 발걸음도 훨씬 더 가벼워졌다고 느껴요. 러닝 후에는 다 같이 마무리 운동을 하고 스트레칭하는 동안 수다도 떨어요. 사람들과 어울리면서 제대로 운동도 할 수 있는 훌륭한 조합이에요. 가끔은 운동 후에 근처에서 커피나 스무디를 마시면서 놀아요.

클럽 멤버 중 한 명은 마라톤 훈련 중이에요. 그 모습에 저도 정말 자극을 받아서 계속 열심히 하게 되더라고요. 솔직히 제가 계속 참여하게 되는 이유는 러닝 끝에 오는 러너스 하이 때문인 것 같아요. 세상에서 제일 좋은 기분이에요!

✓ **Run at (one's) own pace** ~의 속도에 맞춰 뛰다, 자기 페이스를 유지하다

Just **run at your own pace**.

그냥 네 속도에 맞춰 뛰면 돼.

다르게 말해보기 Go at (one's) own speed / Take it at (one's) own pace

✓ **Keep up** 따라가다, 뒤처지지 않다

I was struggling to **keep up** with the group.

나는 그 그룹을 따라가는 게 힘들었다.

✓ **Hit a new PR** 개인 신기록을 세우다

I **hit a new PR** this weekend!

나 이번 주말에 최고 기록을 세웠어!

NOTE 러닝 기록을 말할 때, 미국에서는 개인 기록을 'PR(Personal Record)'이라고 부르고, 다른 나라에서는 'PB(Personal Best)'를 더 자주 사용합니다.

✓ **Catch (one's) breath** 숨을 고르다

We walked for a bit so everyone could **catch their breath**.

우리는 모두가 숨을 고를 수 있도록 잠깐 걸었다.

✓ **Feel light on (one's) feet** 발걸음이 가볍게 느껴지다, 몸이 가뿐하다

After stretching and warming up, I **felt light on my feet**.

스트레칭을 하고 몸을 푸니까 발걸음이 가볍게 느껴졌다.

✓ **Train for a marathon** 마라톤을 대비해서 훈련하다

I'm thinking about **training for a marathon** next spring.

나는 내년 봄에 있을 마라톤을 대비해서 훈련을 해볼까 생각 중이다.

✓ **Runner's high** 달리기 중 또는 후에 느끼는 행복감, 러너스 하이

I didn't believe in **runner's high** until I experienced it myself.

나는 직접 경험해 보기 전까지 러너스 하이라는 걸 믿지 않았다.

Run Club 러닝 동호회

DAY 48

💬 Small Talk

Hong How was run club this morning?
오늘 아침 러닝 클럽 어땠어?

Callie Good! I pushed myself a little more than usual. I was trying to hit a new PR.
좋았어! 근데 평소보다 좀 더 무리했어. 신기록을 세우려고 했거든.

Hong Did you keep up with the fast group?
빠른 그룹이랑 계속 같이 뛴 거야?

Callie Not quite, but my average pace was 6 minutes per kilometer.
그 정도는 아닌데, 내 평균 페이스가 1킬로에 6분대였어.

Hong That's solid. At least your endurance is getting better.
꽤 잘했네. 적어도 지구력은 확실히 좋아지고 있잖아.

Callie For sure. I actually felt really light on my feet today.
맞아. 오늘은 진짜 발걸음도 가벼운 느낌이었어.

Hong Did you guys hang out after?
끝나고 놀았어?

Callie We stretched and then grabbed smoothies.
스트레칭하고 나서 스무디를 마셨어.

Hong Of course you did! That's your favorite part of run club!
네가 그랬을 줄 알았어. 그게 네가 러닝 클럽에서 제일 좋아하는 거잖아!

American Culture Tip

Hit the Wall(한계에 부딪히다)

'Hit the wall'은 마라톤 같은 지구력 운동에서 자주 쓰이는 표현입니다. 갑자기 에너지가 고갈돼서 더 이상 움직일 수 없을 것 같은 상태를 말합니다. 주로 마라톤을 할 때 이런 상황이 찾아오고, 러너들은 이걸 "벽에 부딪혔다"고 표현합니다. 이 느낌은 단순히 신체적으로 몸이 힘든 걸 넘어서, 정신적으로도 지치고 의욕이 뚝 떨어지는 상태를 말합니다.

1 I hit the wall around mile 18 of the marathon.

나는 마라톤 18마일쯤에서 체력이 완전히 고갈됐다.

2 He's slowing down and looks like he's hitting the wall.

그가 속도를 줄이더니, 이제 체력이 바닥난 것처럼 보인다.

Callie's AI Tip & Mission!

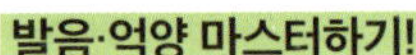

발음·억양 마스터하기!

ChatGPT를 활용해 발음과 억양을 훈련해 보세요.

1. 먼저 ChatGPT의 음성모드를 켜세요.

2. ChatGPT에 아래와 같이 요청하세요.

    "저는 원어민처럼 영어를 말하고 싶어요. 영어 문장들을 소리 내어 읽을게요. 제 발음과 억양을 더 자연스럽게 만들 수 있는 구체적인 팁을 알려주세요."

3. 164쪽의 Key Phrases 예문을 한 문장씩 영어로 소리 내어 읽어주세요.

4. 잘 와닿지 않거나, 이해가 안 될 때는 이렇게 말하세요.

    "시범을 보여주세요." 그러면 ChatGPT가 원어민 억양으로 직접 읽어줍니다.

5. 수정된 발음으로 다시 읽고, 다음 문장으로 넘어가 보세요.

Diary

이번 파트에서 배운 주요 표현과 단어들을 활용해, 아래 질문에 답해보세요.

Q Let's play 'Would You Rather'.

'어떤 게 더 나은지' 밸런스 게임을 해봐요.

1 *Would you rather run alone or with a group?*
혼자 뛰는 게 나아요, 아니면 그룹이랑 같이 뛰는 게 나아요?

2 *Would you rather run outside or on a treadmill?*
밖에서 뛰는 걸 선호하세요, 아니면 러닝머신 위에서 뛰는 게 더 좋으세요?

3 *Would you rather go for a fast, short-distance run or a slow, long-distance run?*
짧고 빠른 달리기가 좋아요, 아니면 느리지만 장거리 달리기가 더 좋아요?

`Callie's Diary`

1 *I'd rather run with a group because running with friends is more fun and keeps me motivated.*
저는 그룹이랑 같이 뛰는 게 더 좋아요. 친구들과 뛰면 더 재미있고 동기 부여도 되거든요.

2 *I'd rather run outside because I enjoy the change of scenery.*
저는 밖에서 뛰는 게 더 좋아요. 풍경이 바뀌는 걸 즐기거든요.

3 *I'd rather go for a fast, short-distance run because my endurance isn't great.*
저는 빠르게 짧은 거리를 달리는 걸 더 좋아해요. 왜냐하면 지구력이 좋지 않거든요.

⭐ 이제 여러분이 써볼 차례예요!

I'd rather ___________________ because ___________________.

I'd rather ___________________ because ___________________.

I'd rather ___________________ because ___________________.

DAY 49

Learn it

Grocery Store 장보기

Script 

I usually go grocery shopping on Sundays to **stock up on** everything I need for the week. I **make sure** to grab a cart first. I start in the **produce section** to get fresh fruits and veggies. I usually grab bananas, spinach, and avocados. If we're **out of something** like onions or garlic, I'll pick it up there too.

Then I head over to the **deli** to get some sliced turkey and cheese, and I stop by the **meat counter** for a couple of steaks. I always **check the expiration dates**, especially on **dairy** or meat products. There's nothing worse than buying something that **goes bad** too fast.

저는 보통 일요일에 장을 보러 가는데, 한 주 동안 필요한 걸 모두 채워두려고요. 저는 카트를 먼저 꼭 챙겨요. 저는 신선한 과일이랑 채소를 사려고 농산물 코너부터 시작해요. 저는 보통 바나나, 시금치 그리고 아보카도를 챙겨요. 양파나 마늘 같은 게 떨어졌으면 거기서 같이 집어 오고요.

그다음에는 델리 코너에 가서 얇게 썬 칠면조 고기랑 치즈를 사고, 정육 코너에 들러 스테이크도 몇 덩이 사요. 저는 항상 꼭 유통기한을 확인해요, 특히 유제품이나 고기 제품이요. 금방 상해버리는 걸 사면 그보다 최악인 게 없죠.

Vocabulary

make sure 반드시 ~하다 | **produce section** 농산물 코너 | **deli** 햄, 치즈, 조리된 음식 등을 파는 델리 코너 | **meat counter** 정육 코너 | **dairy** 유제품 | **swing by** 잠깐 들르다 | **go overboard** 과하게 하다 | **buy one, get one deal** 1+1 행사 | **freezer aisle** 냉동식품 코너 | **dry goods** 마른 식료품 | **pantry staple** 식료품 창고에 두는 기본 식재료 | **checkout** 계산대 | **self-checkout** 셀프 계산대 | **cashier** 계산원

I also **swing by** the bakery. Their sourdough bread always smells amazing, and it's usually on sale. I try not to **go overboard**, but if there's a **buy one, get one deal**, I can't help myself. After that, I go to the **freezer aisle** to grab a few frozen meals for busy nights. Next, I go down the **dry goods** aisle to get **pantry staples** like pasta, rice, and canned beans. Sometimes I like to **buy things in bulk** to save money.

Before heading to the **checkout**, I double-check my list to make sure I didn't miss anything. I **put things back on the shelf** if I decide I don't need them. If I use **self-checkout**, I **ring up** my items myself and then **bag my groceries**. Otherwise, I go to the regular checkout and just let the **cashier** handle it.

저는 또 베이커리에도 들려요. 거기 사워도우 빵은 항상 냄새도 정말 좋고, 보통 세일도 해요. 너무 과하게 사지 않으려고 하지만, 1+1 행사가 있으면 솔직히 참을 수 없어요. 그다음엔 냉동식품 코너에 가서 바쁜 날 저녁에 먹을 냉동 식품 몇 개를 사요. 그 다음에, 마른 식료품 코너에 가서 파스타, 쌀, 통조림 콩 같은 기본 식재료를 사요. 가끔은 돈을 아끼기 위해 대용량으로 사는 것도 좋아해요

계산대로 가기 전에 리스트를 다시 확인해서 빠진 게 없는지 점검해요. 필요 없겠다 싶은 건 다시 선반에 돌려놓기도 해요. 셀프 계산대를 사용할 때는 직접 바코드를 찍고 식료품을 장바구니에 담아요. 그렇지 않으면, 일반 계산대로 가서 그냥 직원분께 맡겨요.

✅ **Stock up on (something)** ~을 비축하다, 많이 사두다

We need to **stock up on** drinks before the weekend.

우리는 주말이 되기 전에 마실 걸 많이 사둬야 한다.

다르게 말해보기 Load up on

✅ **Out of (something)** ~이 떨어지다, ~이 없다

We're **out of** milk. Can you grab some on your way home?

우유가 다 떨어졌어. 집에 오는 길에 좀 사다 줄래?

✅ **Check the expiration date** 유통기한을 확인하다

Did you **check the expiration date**?

유통기한 확인했어?

✅ **Go bad** 상하다, 못 먹게 되다

These berries **went bad** in just two days.

이 베리들은 이틀 만에 상해버렸다.

NOTE Spoil(우유 등 상하기 쉬운 음식에 사용) / Rot(농산물에 사용) / Expire(포장된 식품에 사용)

✅ **Buy (something) in bulk** ~를 대용량으로 사다, 대량 구매하다

We like to **buy rice and pasta in bulk** to save money.

우리는 돈을 아끼기 위해 쌀과 파스타를 대용량으로 사는 걸 좋아한다.

✅ **Put (something) back on the shelf** ~를 선반에 다시 놓다, 원래 자리에 돌려놓다

I changed my mind and **put the cookies back on the shelf**.

나는 마음이 바뀌어서 쿠키는 선반에 다시 돌려놓았다.

✅ **Ring up** (계산대에서) 물건 값을 계산하다, 찍다

The cashier accidentally **rang up** the wrong item.

계산원이 실수로 다른 물건을 찍었다.

✅ **Bag groceries** 장 본 물건을 (봉지/종이봉투/장바구니 등)에 담다

She helped **bag my groceries**.

계산원이 내가 산 물건을 봉투에 담는 걸 도와줬다.

Use it

Grocery Store 장보기

💬 Small Talk

Callie Let's grab a cart. Should we start in the produce section?

카트 하나 가져오자. 농산물 코너부터 시작할까?

Hong Sure. I think we're out of bananas.

좋아. 우리 바나나가 다 떨어진 것 같아.

Callie We always are. We need to start buying them in bulk!

우리가 항상 그렇지. 이제 대량으로 사기 시작해야겠어!

Hong Right? Ooh, those strawberries are on sale! Want some?

그렇지? 오, 저 딸기 세일 중이네. 좀 살까?

Callie Yeah, they look good! Let's swing by the bakery next.

I want to pick up some bread for sandwiches.

응, 맛있어 보인다! 좀 이따 빵집 좀 들르자. 나 샌드위치용 빵 좀 사고 싶어.

Hong Okay! Should I go to the deli for turkey and cheese?

좋아! 그럼 난 델리 코너로 가서 칠면조 고기랑 치즈 가져올까?

Callie Sure! Just remember to check the expiration dates.

그래! 근데 유통기한 확인하는 거 잊지 마.

Hong Will do! Let's meet in the freezer aisle after. We gotta stock up on our favorite ice cream!

알겠어! 이따가 냉동 식품 코너에서 만나자. 최애 아이스크림 좀 많이 쟁여둬야지!

Callie Okay, but no **convincing** me to buy five **tubs** again this time!

좋아, 근데 이번엔 나한테 다섯 통이나 사자고 꼬시지는 마!

Vocabulary convince 설득하다 | tub 큰 통

Where Americans Shop(미국 사람들이 식료품을 사는 곳)

미국에서는 식료품을 사러 간다고 말할 때 여러 표현들을 사용합니다.

- **Grocery store(식료품점)** 가장 일반적이고 자연스러운 표현입니다. 대부분의 사람들은 "I'm heading to the grocery store(나 식료품점 다녀올게)"라고 말합니다.

- **The store(가게)** 아주 일상적인 표현입니다. 장을 보러 가는 상황이 분명하다면 그냥 "the store"라고만 해도 됩니다. 예를 들면 "Do we need anything from the store(가게에서 뭐 사올 거 있어)?"라고 말할 수 있습니다.

- **Supermarket(슈퍼마켓)** 약간 격식 있거나 옛날식 표현처럼 들릴 수 있습니다. 글쓰기, 광고, 상호명 등에서는 종종 쓰입니다.

- **Mart(마트)** Walmart나 H Mart 같은 브랜드 이름과 함께 사용됩니다. "I'm going to the mart"라고 말하지 않고, 항상 브랜드 이름을 포함해서 말합니다.

 *Callie's AI Tip & Mission!*

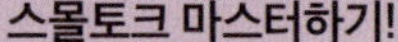

스몰토크 마스터하기!

ChatGPT를 활용해 스몰토크를 연습해보세요.

1. ChatGPT에 171쪽의 Small Talk 사진을 찍어 전송하세요.

2. 음성모드를 켜세요.

3. ChatGPT에 아래와 같이 대화를 요청하세요.

   "사진 속 스몰토크를 같이 읽어볼게요. 제가 Callie 역할을 할게요, Hong 역할을 해주세요."

4. 첫 문장을 말해보세요. ChatGPT가 Hong처럼 대답하며 자연스럽게 대화를 이어갑니다. 한 문장씩 주고받으며 스피킹을 연습해 보세요.

5. 끝까지 읽고나면 역할을 바꿔보세요.

   "이제 역할을 바꿔볼게요. Callie 역할로 먼저 시작해 주세요. 저는 Hong 역할을 할게요."

Diary

이번 파트에서 배운 주요 표현과 단어들을 활용해, 아래 질문에 답해보세요.

델리, 농산물 코너, 냉동식품 코너에서 자주 사는 식품은 무엇인가요?

(Callie's Diary) *My go-to items in the deli are sliced turkey and cheddar cheese. I can't leave the produce section without grabbing some fresh berries and leafy greens. And finally, ice cream and frozen pizza are a must from the freezer aisle.*

델리 코너에서는 자주 사는 식품은 얇게 썬 칠면조 고기랑 체더 치즈예요. 농산물 코너에서는 신선한 베리랑 잎채소를 꼭 챙겨요. 마지막으로, 아이스크림과 냉동 피자는 냉동 식품 코너에서 무조건 사야해요.

🌟 이제 여러분이 써볼 차례예요!

My go-to items in the deli are ________________________________

and ________________________________ .

I can't leave the produce section without grabbing ______________

________________________________ .

And finally, ______________ (is / are) a must from the freezer aisle.

DAY 51

The Mall 쇼핑몰

 **Script**

I went to the mall this weekend just planning to do a little **window shopping**, but of course that didn't **last** long. The first store I walked into had a big sale sign, so I started looking through the **clearance racks** and found the cutest sweater.

I **tried it on** in the **fitting room** and realized I needed to **size up**, so I grabbed a medium, which fit perfectly. I ended up buying it, along with a new **purse**, which was a bit of a **splurge.** I asked about their **return policy,** and they said I could **exchange** or **return it** within 14 days.

저는 이번 주말에 윈도우 쇼핑만 조금 하려고 쇼핑몰에 갔어요. 하지만 물론, 오래가진 않았죠. 제일 처음 들어간 가게에 세일 사인이 크게 붙어 있어서, 할인 상품 진열대부터 둘러보기 시작했어요. 그러다가 정말 예쁜 스웨터를 발견했어요.

피팅 룸에서 입어봤더니 사이즈를 하나 더 크게 해야겠더라고요. 그래서 미디엄 사이즈를 가져왔더니 딱 맞았어요. 결국 샀고, 거기에 조금 과소비 같았지만 새 핸드백도 하나 같이 구입했어요. 환불 규정도 물어봤는데, 14일 안에는 교환이나 환불이 가능하다고 하더라고요.

After that, I stopped by a **home goods** store. I wasn't planning on getting anything, but a set of **ceramic** mugs really **caught my eye**. I checked the **price tag** and was surprised. They were cheaper than I expected, so I bought them just in case they went **out of stock** later. I also checked out a few other places, like an **electronics** store and a little sunglasses **kiosk**.

By then, I was getting hungry, so I went to the food court and treated myself to a smoothie and a slice of pizza. Before heading home, I dropped by the **sporting goods** store to pick up some new **sneakers**. I really didn't plan to go on a **shopping spree**, but I guess I **got a bit carried away**.

그다음엔 생활용품점에 들렀어요. 원래는 아무것도 살 계획이 없었는데, 도자기 머그잔 세트가 눈길을 끌었어요. 저는 가격표를 확인하고 깜짝 놀랐어요. 제가 생각했던 것보다 더 싸서, 나중에 품절될까 봐 그냥 사버렸어요. 또 전자제품 가게랑 작은 선글라스 부스 같은 데도 몇 군데 둘러봤어요.

그쯤 되니까 슬슬 배가 고파서, 푸드코트에 가서 저에게 주는 보상으로 스무디와 피자 한 조각을 먹었어요. 집에 가기 전에 새 운동화를 사려고 스포츠 용품점에도 들렀어요. 정말 마구 쇼핑할 계획은 아니었는데, 좀 과하게 산 것 같네요.

✅ **Try (something) on** ~을 입어보다

> I want to **try this dress on** before I buy it.
> 나는 이 드레스를 사기 전에 입어보고 싶다.

✅ **Size (up/down)** 사이즈를 크게 하다/작게 하다

> These pants are a little tight. I might need to **size up.**
> 이 바지는 좀 끼는 것 같다. 사이즈 더 큰 걸로 해야 할 것 같다.
> If the shoes feel too loose, you might need to **size down**.
> 신발이 너무 헐렁하면 사이즈를 줄여야 할 수도 있다.
> **다르게 말해보기** Go (up/down) a size / Get a (bigger/smaller) size

✅ **Exchange (something)** ~을 교환하다

> I'm going to **exchange** this sweater for one in a different color.
> 나는 이 스웨터를 다른 색으로 교환할 것이다.

✅ **Return (something)** ~을 반품하다

> I ended up **returning** the shoes because they were uncomfortable.
> 나는 그 신발이 불편해서 결국 반품했다.

✅ **Catch (one's) eye** ~의 눈에 띄다, 눈길을 끌다

> That red dress really **caught my eye**.
> 그 빨간 드레스가 정말 눈에 띄었다.

✅ **(In/Out of) stock** 재고가 있다/재고가 없다

> Do you know if this is still **in stock**?
> 이거 아직 재고가 있는지 아시나요?
> The shoes I wanted were **out of stock**.
> 내가 원하던 신발은 재고가 없었다.
> **다르게 말해보기** In stock = Available / Out of stock = Sold out

✅ **Get carried away** 흥분해서 과하게 하다, 지나치게 빠지다

> We **got carried away** and ended up shopping for hours.
> 우린 지나치게 빠져서 결국 몇 시간 동안 쇼핑했다.

DATE   /   /

🎁 **DAY 52**

The Mall 쇼핑몰

💬 **Small Talk** 

Hong Uh-oh. Did you go on a big shopping spree?

아이고. 또 왕창 쇼핑한 거야?

Callie I planned on just window shopping, but then this sweater caught my eye...

윈도우 쇼핑만 하려고 했는데, 이 스웨터가 눈에 딱 들어왔지 뭐야...

Hong I gotta **admit**, it looks great. Do I **dare** ask about the price tag?

인정할게, 진짜 예쁘긴 하네. 근데 얼마인지 물어봐도 돼?

Callie Well, it was a bit of a splurge, but I checked the return policy! I can return or exchange it **within** two weeks.

음... 좀 질러버리긴 했는데, 환불 정책 확인했어! 2주 안에 환불이나 교환 가능하대.

Hong What else did you get?

또 뭐 샀는데?

Callie A cute set of mugs that was on sale.

세일 중이던 귀여운 머그잔 세트 하나.

Hong And...?

그리고...?

Callie A pair of sneakers, but I had no choice. I tried them on and they fit perfectly!

운동화도 한 켤래. 근데 어쩔 수 없었어. 신어봤더니 발에 딱 맞는 거 있지!

Hong Sounds like someone got a little carried away 'window shopping'.

누군지 몰라도 '윈도우 쇼핑'에 푹 빠지셨나봐요.

Vocabulary **admit** 인정하다 | **dare** 감히 ~하다 | **within** ~이내에

 **American Culture Tip**

Retail Therapy(기분 전환용 쇼핑)

'Retail therapy'는 기분을 전환하거나 스트레스를 풀기 위해 쇼핑을 한다는 뜻의 재미있는 속어 표현입니다. 미국에서는 기분이 안좋거나 일이 힘들 때 "나 리테일 테라피(retail therapy) 좀 해야겠다"라고 농담처럼 자주 말해요.

1 I was having a rough week, so I went out and did a little retail therapy.

나는 이번 주가 너무 힘들어서 기분 전환 삼아 쇼핑을 좀 했다.

2 After the breakup, she treated herself to some retail therapy at the mall.

이별한 후에 그녀는 기분 전환 겸 쇼핑몰에서 쇼핑을 좀 했다.

 *Callie's AI Tip & Mission!*

프리토킹 마스터하기!

ChatGPT를 활용해 스크립트의 상황을 기반으로 영어회화 연습해 보세요.

1. 음성모드를 켜세요.

2. ChatGPT에게 아래와 같이 대화를 요청하세요.
   "쇼핑몰 매장에서 옷을 구경하는 상황으로 프리토킹을 해보고 싶어요. 제가 손님 역할을 할게요. 매장 직원 역할을 해주세요. 영어 (초보/중급/고급) 수준으로 말해주세요. 먼저 영어로 질문을 해주세요. 제가 대답하면, 자연스럽게 대화를 이어가 주세요."

3. 대화 중 다음과 같이 질문해 보세요.
   "이 표현 말고 다른 자연스러운 표현이 있을까요?"
   "지금 제가 말한 문장을 더 자연스럽게 고쳐주세요."

4. 대화가 끊겼을 때는 "계속 질문해 주세요"라고 말하면, ChatGPT가 다시 질문을 이어갑니다.

Diary

이번 파트에서 배운 주요 표현과 단어들을 활용해, 아래 질문에 답해보세요.

Q Do you prefer shopping online or going to the mall? What's the last thing you bought for yourself? What do you enjoy shopping for the most?

온라인 쇼핑을 더 선호하나요, 아니면 쇼핑몰에 가는 걸 더 좋아하나요? 최근에 본인을 위해 산 물건은 무엇인가요? 어떤 물건을 쇼핑하는 걸 가장 즐기나요?

(Callie's Diary) *I prefer shopping at the mall because I like seeing things in person and trying them on before I buy anything. The last thing I bought for myself was a new pair of sandals from ABC Mart. My favorite thing to shop for is books, especially fantasy novels.*

저는 쇼핑몰에서 직접 쇼핑하는 걸 더 좋아해요. 물건을 직접 보고, 사기 전에 입어볼 수 있다는 점이 좋거든요. 가장 최근에 저를 위해 산 물건은 ABC마트에서 산 새 샌들 한 켤레예요. 저는 책 사는 걸 제일 좋아해요, 특히 판타지 소설이요.

🌟 이제 여러분이 써볼 차례예요!

I prefer shopping (online / at the mall) because _________________

____.

The last thing I bought for myself was _____________________

from ________________________. My favorite thing to shop for

is ____________, especially __________________________.

Learn it

DATE   /   /

Doctor's Office/Pharmacy
병원/약국

 **Script**

I had a **doctor's appointment** this morning. It was just a regular **check-up**, but I've also been **feeling a little off** lately. I told the doctor about some of my symptoms, like a **sore throat, fatigue**, and a slight **headache** that **comes and goes**. She took my blood pressure, asked about my **medical history**, and said she wanted to do some **lab work** just to be safe. I wasn't too worried, but I'm glad she checked everything.

She **diagnosed me with** a **mild viral infection**. She said it should clear up on its own, but she still **called in a prescription** to help **relieve some of my symptoms**. She also gave me a **doctor's note** since it's **contagious,** and I need to **call in sick to work**.

오늘 아침에 병원 진료 예약이 있었어요. 그냥 정기 건강검진이었지만, 제가 요즘 컨디션이 좀 안 좋았거든요. 의사 선생님한테 목이 아프고, 피곤하고, 간헐적으로 머리가 살짝 아픈 증상들이 있다고 말했어요. 의사 선생님은 제 혈압을 재고, 병력에 대해 물어보더니 혹시 모르니 검사 몇 가지를 해보자고 했어요. 많이 걱정하진 않았지만, 그래도 꼼꼼히 다 확인해 주셔서 좋았어요.

선생님은 제가 가벼운 바이러스 감염이라고 진단했어요. 저절로 낫는다고 했지만, 그래도 증상 완화에 도움이 되도록 처방전도 줬어요. 선생님이 또 진단서도 써주셨어요, 왜냐하면 병이 전염성이 있어서 제가 병가를 내야했거든요.

doctor's appointment 병원 진료 예약 | **check-up** 건강검진 | **feel off** 컨디션이 안 좋다 | **sore throat** 인후통 | **fatigue** 피로 | **headache** 두통 | **comes and goes** 증상이 있다 없다 하다 | **medical history** 병력 | **lab work** 검사 | **mild** 경미한 | **viral infection** 바이러스 감염 | **doctor's note** 진단서, 소견서 | **contagious** 전염성 있는 | **doctor's office** 진료실 | **pharmacy** 약국 | **pharmacist** 약사 | **side effects** 부작용 | **dosage** 복용량 | **generic** 복제약(브랜드가 아닌 동일 성분의 저렴한 약) | **over-the-counter** 일반의약품(처방 없이 살 수 있는 복제약) | **cough drop** 기침용 목 캔디 | **pain reliever** 진통제 | **remind** 상기시키다

After leaving the **doctor's office**, I stopped by the **pharmacy** to **pick up my prescription**. While I was waiting, I asked the **pharmacist** if the medicine had any **side effects** and how often I should take it. She explained the **dosage** and told me to take one pill every 8 hours with food. My insurance didn't cover it, so I had to **pay out of pocket**. Luckily, it was a **generic** brand, so it wasn't too expensive.

I went ahead and picked up a few **over-the-counter** things too, like **cough drops** and **pain relievers**. The pharmacist **reminded** me to come back in 10 days if I need a refill. After that, I went home, **took some medicine**, and spent the rest of the day in bed.

병원에서 나와 약국에 들러 처방약을 받았어요. 기다리는 동안 약사에게 약에 부작용이 있는지, 얼마나 자주 복용해야 하는지 물어봤어요. 약사는 복용량을 설명해 주었고, 음식과 함께 8시간마다 한 알씩 먹으라고 했어요. 제 보험은 적용이 안 돼서 자기 부담으로 결제해야 했어요. 다행히 복제약이라서 가격이 많이 비싸진 않았어요.

저는 간 김에 기침약 목캔디와 진통제 같은 일반의약품도 몇 가지도 샀어요. 약사는 만약 약이 더 필요하면 10일 안에 다시 오라고 알려줬어요. 그 후 집에 가서 약을 먹고, 남은 하루는 침대에서 푹 쉬었어요.

✅ **Diagnose (someone) with (something)** (~에게) ~라고 진단하다

> They finally **diagnosed her with** a food allergy after months of testing.
>
> 그들은 마침내 몇 달간의 검사 끝에 그녀에게 음식 알레르기라고 진단했다.

✅ **Call in a prescription** (의사가) 약 처방을 약국에 보내다

> My doctor **called in a prescription** to my local pharmacy.
>
> 의사 선생님이 우리 동네 약국으로 약 처방을 보냈다.
>
> **NOTE** 미국에서는 많은 경우에 의사가 처방전을 직접 환자에게 종이로 주지 않고, 전산으로 약국에 바로 보내는데, 이 때 'Call in a prescription'이라는 표현을 사용합니다.

✅ **Relieve symptoms** 증상을 완화하다

> This medicine should help **relieve your symptoms**.
>
> 이 약이 당신의 증상을 완화하는 데 도움이 될 것이다.
>
> **다르게 말해보기** Ease symptoms / Help with symptoms

✅ **Call in sick to (school/work)** (학교나 직장에) 병가를 내다

> I felt awful this morning, so I **called in sick to work**.
>
> 나는 오늘 아침 너무 몸이 안 좋아서 회사에 병가를 냈다.

✅ **Pick up (one's) prescription** 처방받은 약을 찾아가다, 약을 수령하다

> I stopped by CVS to **pick up my prescription** after work.
>
> 나는 퇴근하고 CVS에 들러서 처방약을 찾아왔다.

✅ **Pay out of pocket** (보험 등의 지원 없이) 본인이 직접 비용을 부담하다

> She **paid out of pocket** for the surgery, so it was really expensive.
>
> 그녀는 수술 비용을 본인이 직접 부담했는데, 정말 비쌌다.

✅ **Take medicine** 약을 먹다, 복용하다

> Don't forget to **take your medicine** after dinner.
>
> 저녁 식사 후에 약 먹는 거 잊지 마세요.
>
> **다르게 말해보기** Take meds(캐주얼하게 말할 때) / Take medication(공식적으로 말할 때) / Take pills(알약을 지칭할 때)

DAY 54

Doctor's Office/Pharmacy
병원/약국

💬 Small Talk

Callie Ugh, I had to go to the doctor's this morning.
으, 나 오늘 아침에 병원 다녀와야 했어.

Hong Oh no. What's going on?
이런, 무슨 일 있어?

Callie Just a check-up, but I've had a sore throat and low energy all week.
그냥 정기검진이긴 한데, 이번 주 내내 목도 아프고 기운도 없었거든.

Hong Did they say what it is?
병원에서 뭐래?

Callie A mild viral infection. She took my blood pressure and did some lab work, just to be safe.
가벼운 바이러스 감염이래. 혹시 모르니까, 혈압도 재고 검사도 몇 개 했어.

Hong Did she give you medicine?
의사 선생님이 약도 줬어?

Callie Yeah, she called in a prescription, and I picked it up at the pharmacy.
응, 선생님이 약국으로 처방전 보내줘서 약국 가서 받아왔어.

Hong Is it strong stuff?
약은 센 거야?

Callie Not really. I'm supposed to take one pill every 8 hours with food. I also grabbed some cough drops.
그렇게 센 건 아니야. 8시간마다 음식이랑 같이 한 알씩 먹어야 해. 그리고 기침용 목캔디도 좀 챙겼어.

Hong Well, **good call**. Take it easy today. I'll **handle** dinner.
잘했네. 오늘은 푹 쉬어. 저녁은 내가 할게.

Vocabulary **good call** 잘했어, 좋은 결정이야 | **handle** 처리하다, 맡다

Hospital과 Doctor's Office의 차이

미국에서는 병원에 갈 때 모든 경우에 'hospital'이라는 단어를 사용하지는 않습니다. 감기, 검진 같은 일상적인 진료를 받는 곳은 보통 hospital이 아니라 'doctor's office'라고 부르고, 더 간단하게는 'the doctor's'라고 하기도 합니다. 반면, 'hospital'은 보통 큰 의료기관을 말할 때 사용하는데, 심각한 상황이나 수술, 응급 상황, 하룻밤 이상 입원하는 경우에 사용합니다.

1 I went to the doctor's office for a check-up this morning.

나는 오늘 아침에 건강검진 받으러 병원에 다녀왔다.

2 She went to the doctor's because her fever got worse.

그녀는 열이 더 심해져서 병원에 갔다.

3 He had surgery at the hospital and stayed overnight.

그는 병원에서 수술을 받고 하룻밤을 입원했다.

 *Callie's AI Tip & Mission!* 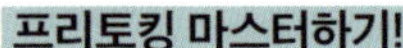

프리토킹 마스터하기!

ChatGPT를 활용해 스크립트의 상황을 기반으로 영어회화 연습해 보세요.

1. 음성모드를 켜세요.

2. ChatGPT에게 아래와 같이 대화를 요청하세요.

"병원에서 의사 선생님과 증상에 대해 상담하는 상황으로 프리토킹을 해보고 싶어요. 제가 환자 역할을 할게요. 의사 선생님 역할을 해주세요. 영어 (초보/중급/고급) 수준으로 말해주세요. 먼저 영어로 질문을 해주세요. 제가 대답하면, 자연스럽게 대화를 이어가 주세요."

3. 대화 중 다음과 같이 질문해 보세요.

"이 표현 말고 다른 자연스러운 표현이 있을까요?"

"지금 제가 말한 문장을 더 자연스럽게 고쳐주세요."

4. 대화가 끊겼을 때는 "계속 질문해 주세요"라고 말하면, ChatGPT가 다시 질문을 이어갑니다.

Diary

이번 파트에서 배운 주요 표현과 단어들을 활용해, 아래 질문에 답해보세요.

마지막으로 병원에 간 게 언제였나요? 어떤 증상이 있었나요? 의사의 진단과 처방은 무엇이었나요?

(Callie's Diary) I went to the doctor's about two months ago because my eyes were bothering me. My symptoms were bloodshot, watery eyes and a burning sensation. I was diagnosed with an eye infection and got a prescription for eye drops and antibiotics.

두 달쯤 전에 눈이 불편해서 병원에 갔어요. 제 증상은 충혈되고 눈물이 나고, 화끈거리는 느낌이었어요. 눈에 염증이 있다는 진단을 받고, 안약이랑 항생제 처방을 받았어요.

⭐ 이제 여러분이 써볼 차례예요!

I went to the doctor's _____________________________

because _____________________________________.

My symptoms were __________________________ and

____.

I was diagnosed with ________________________ and

got a prescription for ___________________________.

DAY 55

Learn it

Movie Theater 영화관

Script

I love **going to the movies** with my friends. We usually **go to Friday night showings**, but lately they've been **sold out**. When that happens, we go to a Saturday **matinee** instead. We always get there a little early to grab snacks at the **concession stand**. I like to get a huge popcorn and a **fountain** Coke.

Last Saturday, we watched an action movie. After getting our snacks, we **found our seats**. We got there **just in time** to **catch the previews**. I actually love watching the previews. It's fun to see what's **coming out** soon. The theater wasn't too packed, and the IMAX screen made the movie feel extra **intense**.

저는 친구들이랑 영화 보러 가는 걸 정말 좋아해요. 우리는 보통 금요일 밤 상영작을 보러 가는데, 요즘은 매진일 때가 많아요. 그럴 땐 대신 토요일 낮 영화로 보러 가요. 우리는 항상 조금 일찍 가서 영화관 매점에서 간식을 사요. 저는 큰 팝콘에 콜라를 사 먹는 걸 좋아해요.

지난 토요일에는 액션 영화를 봤어요. 간식을 사고 나서 자리를 찾았죠. 우리는 예고편 시간에 딱 맞춰 겨우 도착했어요. 사실 저는 예고편 보는 걸 정말 좋아하거든요. 곧 어떤 영화들이 나올지 보는 재미가 있어요. 극장이 너무 붐비지 않았고, IMAX 스크린 덕분에 영화가 훨씬 더 실감났어요.

It's so much fun watching something **on the big screen**. The **surround sound** and the huge screen really **make a big difference**.

Most people leave right away after the movie ends, but we always stay to **watch the credits**. I like **sticking around** just in case there's an **extra scene** at the end. We all agreed that the movie was amazing. It was definitely one of the best I've seen this year. I won't **give any spoilers**, but let's just say the **plot twist** totally **caught me off guard**.

영화관의 큰 스크린으로 보면 정말 재밌어요. 입체 음향이랑 대형 화면이 확실히 큰 차이를 만들어줘요.

대부분 사람들은 영화가 끝나면 바로 나가지만, 우리는 항상 엔딩 크레딧까지 보려고 남아 있었어요. 저는 마지막에 추가 장면이 있을까 봐 남아 있는 걸 좋아해요. 우리 모두 그 영화가 정말 재밌었다고 했어요. 확실히 제가 올해 본 영화 중 최고였어요. 스포일러는 안 하겠지만, 반전이 완전 허를 찔렀다고만 말해둘게요.

✅ **Go to the movies** 영화관에 가다

> Let's **go to the movies** this weekend!
> 이번 주말에 영화 보러 가자!

✅ **Go to a (date/time) showing** (특정 날짜/시간) 상영을 보러 가다

> I'm planning to **go to a late-night showing** after work.
> 나는 퇴근하고 심야 영화를 보러 갈 예정이다.

✅ **Find (one's) seat** ~의 자리를 찾다

> It was dark, so I had a hard time **finding my seat**.
> 너무 어두워서 내 자리를 찾는 게 힘들었다.

✅ **Catch the previews** 예고편을 보다, 예고편을 놓치지 않다

> Hurry up! I want to **catch the previews**!
> 서둘러! 예고편을 보고 싶단 말이야!

✅ **Come out** (영화 등이) 개봉하다, 나오다

> That new horror movie **comes out** next weekend.
> 그 새 공포 영화는 다음 주말에 개봉한다.
> **다르게 말해보기** Be released / Hit theaters

✅ **Watch the credits** (영화 끝의) 엔딩 크레딧을 보다

> We didn't stay to **watch the credits**.
> 우리는 엔딩 크레딧을 보려고 남아 있지 않았다.

✅ **Give spoilers** (영화, 책 등의) 스포일러를 하다

> I hate when people **give spoilers**.
> 나는 누가 스포일러를 할 때 정말 싫다.

✅ **Catch (someone) off guard** ~의 허를 찌르다, 예상치 못한 상황으로 놀라게 하다

> The ending **caught us all off guard**.
> 결말이 완전 우리 모두의 허를 찔렀다.

Movie Theater 영화관

Small Talk

Hong   How was the movie?
영화는 어땠어?

Callie   It was so fun! I actually really like the Saturday afternoon showings.
완선 재밌었어! 토요일 오후 상영도 진짜 괜찮았어.

Hong   Did you get your **giant** popcorn?
왕 팝콘 샀어?

Callie   **Duh**. Popcorn and a fountain Coke, always.
당연하지. 팝콘이랑 콜라는 무조건이지.

Hong   Is it **worth** seeing it on the big screen?
영화관에서 볼만해?

Callie   Definitely! Especially on IMAX.
완전! 아이맥스로는 특히 더 볼만해.

Hong   Ooh, now I'm curious. Any plot twists?
오, 이제 좀 궁금한데. 혹시 반전도 있어?

Callie   I'm not giving any spoilers!
스포일러는 안 할 거야!

Hong   I guess I'll just have to watch it myself!
그냥 내가 직접 봐야겠네!

Callie   Make sure to stay and watch the credits. There's an extra scene at the end.
남아서 엔딩 크레딧까지 꼭 봐. 끝에 쿠키 영상이 있어.

Vocabulary   **giant** 거대한, 큰 | **duh** 당연하지, 뻔하지 | **worth (something)** ~의 가치가 있다

Types of Movies(영화를 구분하는 미국식 영어 표현)

미국에서는 영화를 설명할 때 공식적인 장르(액션, 로맨스, 공포 등)보다 더 일상적이고 재밌는 표현을 자주 사용합니다. 이런 표현들은 영화의 분위기, 느낌, 그리고 주 타깃 관객층을 훨씬 더 직관적으로 보여줘요.

- **Tearjerker(눈물샘을 자극하는 영화)** 감정을 크게 자극해서 눈물을 쏟게 만드는 영화입니다. (Ex) About Time(어바웃 타임), The Notebook(노트북)
- **Chick Flick(여성을 겨냥한 영화)** 주로 여성 관객들이 좋아할 만한 로맨틱하거나 감성적인 영화입니다. (Ex) Legally Blonde(금발이 너무해), Mean Girls(퀸카로 살아남는 법)
- **Rom-Com(로맨틱 코미디)** 'Romantic Comedy'의 줄임말로, 사랑 이야기를 유쾌하게 그린 영화입니다. (Ex) Love Actually(러브 액츄얼리), 10 Things I Hate About You(내가 널 사랑할 수 없는 10가지 이유)
- **Feel-Good Movie(기분 좋아지는 영화)** 보고 나면 기분이 좋아지고, 웃음이 나거나 희망이 생기는 영화입니다. (Ex) Forest Gump(포레스트 검프), The Intern(인턴)
- **Cult Classic(컬트 명작)** 항상 대중적으로 성공하지는 않지만, 점차 열광적인 팬층을 형성하는 영화입니다. (Ex) Fight Club(파이트 클럽), The Truman Show(트루먼 쇼)

Callie's AI Tip & Mission!

일기 쓰기 레벨업!

ChatGPT를 활용해서 내가 쓴 일기에 대해 맞춤형 피드백을 받아보세요.

1. 191쪽 Diary를 작성한 후, 타이핑하거나 사진을 찍어서 ChatGPT에 아래 메시지와 함께 요청하세요.

   "제가 쓴 영어 일기예요. 영어를 원어민이 쓴 것처럼 자연스럽게 다듬어주세요. 어색한 문법이나 단어 선택이 있다면 고쳐주고, 왜 그렇게 수정했는지 한국어로 구체적으로 설명해 주세요."

2. 아래 예시 질문을 활용하면, ChatGPT로부터 더 풍부하게 피드백받을 수 있습니다.

   "이 표현을 다른 문장으로도 바꿔볼 수 있을까요?"

   "제가 쓴 문장과 원어민 문장의 뉘앙스 차이를 더 자세히 설명해 주세요."

3. 피드백을 활용해서 일기를 더 풍성하게 써보세요.

Diary

Q What's the last movie you watched at the theater? How was it? What's your go-to movie snack? Do you like to catch the previews and stay for the credits?

영화관에서 마지막으로 본 영화는 무엇이었나요? 영화는 어땠나요? 영화 볼 때 자주 사 먹는 간식은 무엇인가요? 예고편을 챙겨 보고, 엔딩 크레딧까지 남아서 보는 편인가요?

(Callie's Diary) *The last movie I watched at the theater was F1. It's about an old race car driver trying to win the championship. It was really exciting and action-packed. I always get buttered popcorn and Cherry Coke at the movies. I like to catch the previews but skip the credits.*

제가 마지막으로 영화관에서 본 영화는 F1이에요. 이 영화는 한 나이든 레이서가 챔피언십을 우승에 도전하는 이야기예요. 정말 흥미진진하고 액션도 가득했어요. 영화관에서는 항상 버터 팝콘이랑 코카콜라 체리 맛을 사요. 예고편은 챙겨 보는 걸 좋아하지만, 엔딩 크레딧은 건너뛰는 편이에요.

이제 여러분이 써볼 차례예요!

The last movie I watched at the theater was ___________________.

It's about___________________.

It was___________________.

I always get ___________________ at the movies. I like

to (catch / skip) the previews (and / but) (watch / skip) the credits.

DAY 57

Learn it

Bank 은행

Script

Last week, I needed to go to the bank, so I went to a **branch** near my work. I wanted to **open a new checking account**. A **teller** walked me through the process and helped me **get everything set up**.

After opening the account, she showed me how to **activate my new debit card**. She also explained how I can check my **credit score** on the app if I ever want to **take out a loan** in the future. I **made my first deposit** right away. She printed out my first account **statement** and explained how I can view future ones online to keep track of every **transaction**.

지난주에 은행에 갈 일이 있어서 직장 근처 지점으로 갔어요. 제가 새 입출금 계좌를 개설하고 싶었거든요. 창구 직원이 절차를 하나하나 안내해 주고 필요한 준비도 모두 도와줬어요.

계좌를 개설한 후에는 그녀가 새 체크카드를 온라인에서 활성화하는 방법도 알려줬어요. 그녀는 또 어떻게 신용점수를 앱에서 확인할 수 있는지도 설명해 줬어요, 혹시라도 미래에 대출을 받고 싶을 경우를 대비해서요. 저는 바로 첫 입금을 했어요. 그녀는 제 첫 계좌 명세서를 출력해 주면서, 앞으로는 모든 거래를 확인할 수 있도록 온라인에서 명세서를 보는 방법도 설명해 줬어요.

branch (은행 등의) 지점 | **teller** (은행의) 창구 직원 | **get everything set up** 모든 것을 준비하다 | **debit card** 체크카드 | **credit score** 신용점수 | **take out a loan** 대출을 받다 | **statement** 계좌 명세서 | **transaction** 거래, 입출금 내역 | **transfer** 송금하다 | **savings** 저축 예금 | **cover** (비용 등을) 감당하다, 충당하다 | **bills** (공과금 등의) 청구서 | **on top of** ~을 잘 관리하다, ~을 파악하다

Now, I use the ATM at that branch to **make withdrawals** almost every week. Before taking out money, I always **check my balance** to make sure I have enough. I also **transfer** some money from my **savings** to my checking account to **cover** a few **bills**.

I've been trying to stay **on top of** everything because I **got hit with an overdraft fee** last month after I forgot about a payment. It was a small mistake, but it reminded me to watch my spending more closely.

이제는 그 지점의 ATM을 이용해서 거의 매주 출금해요. 돈을 인출하기 전에, 저는 돈이 충분한지 확인하려고 항상 잔액을 확인해요. 저는 몇 가지 청구서를 내기 위해, 저축계좌에서 입출금 계좌로 돈을 조금 이체하기도 해요.

요즘은 모든 걸 꼼꼼히 관리하려고 노력 중이에요. 왜냐하면 지난달에 결제 건을 깜빡했다가 초과 인출 수수료가 부과된 적이 있거든요. 작은 실수였지만, 그 일을 계기로 지출을 좀 더 꼼꼼하게 살펴야겠다는 생각이 들었어요.

🔊 Key Phrases

✅ **Open an account** 계좌를 개설하다

I'd like to **open a savings account**.

나는 저축 계좌를 하나 개설하고 싶다.

NOTE 미국에서는 Checking(입출금용)과 Savings(저축용)을 따로 만들어 각각 목적에 맞게 사용하는 것이 일반적입니다. 'Checking account'는 일상적인 입·출금에 사용하는 기본 계좌입니다. 'Savings account'는 저축용 계좌로, 출금 횟수는 제한적이지만 이자가 붙는 계좌입니다.

✅ **Activate a card** 카드를 활성화하다

I need to **activate my new credit card**.

나는 새로 받은 신용카드를 활성화해야 한다.

✅ **Make a deposit** 입금하다

She **made a deposit** into her savings account this morning.

그녀는 오늘 아침에 저축 계좌에 입금을 했다.

다르게 말해보기 Deposit (money) / Put money into (an account)

✅ **Make a withdrawal** 출금하다

You can **make a withdrawal** at any ATM.

당신은 모든 ATM에서 출금할 수 있어요.

다르게 말해보기 Withdraw (money) / Take money out of (an account)

✅ **Check (one's) balance** ~의 계좌 잔액을 확인하다

I **checked my balance** this morning.

나는 오늘 아침에 내 계좌 잔액을 확인했다.

✅ **Get hit with an overdraft fee** 초과 인출 수수료를 물다

He **got hit with a big overdraft fee**.

그는 꽤 큰 금액의 초과 인출 수수료를 물었다.

NOTE Overdraft fee(초과 인출 수수료): 미국에서는 계좌 잔액보다 더 많은 돈을 썼을 때 은행이 대신 결제해 주고 수수료를 부과하는 제도가 있습니다. 잔고 부족 상태에서도 결제가 되지만, $30~$35 정도의 수수료가 붙는 경우가 많아요.

Bank 은행

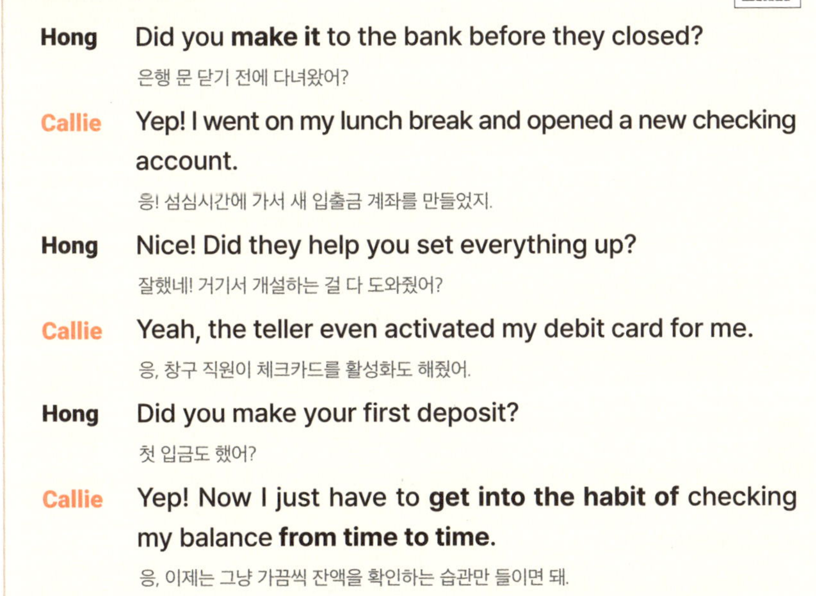

Small Talk

Hong Did you **make it** to the bank before they closed?

은행 문 닫기 전에 다녀왔어?

Callie Yep! I went on my lunch break and opened a new checking account.

응! 섬심시간에 가서 새 입출금 계좌를 만들었지.

Hong Nice! Did they help you set everything up?

잘했네! 거기서 개설하는 걸 다 도와줬어?

Callie Yeah, the teller even activated my debit card for me.

응, 창구 직원이 체크카드를 활성화도 해줬어.

Hong Did you make your first deposit?

첫 입금도 했어?

Callie Yep! Now I just have to **get into the habit of** checking my balance **from time to time**.

응, 이제는 그냥 가끔씩 잔액을 확인하는 습관만 들이면 돼.

Hong Good call. Remember that overdraft fee last month?

잘했네. 지난달 초과 인출 수수료 물었던 거 기억나지?

Callie Ugh, don't remind me.

으, 생각나게 하지 마.

Hong Well, you don't wanna hurt your credit score.

음, 네 신용 점수 깎이면 안 되잖아.

Callie I know. Especially if I wanna take out a loan later.

알아. 특히 나중에 대출받고 싶으면 더 그렇지.

Vocabulary **make it** (약속 장소에) 가다, 해내다 | **get into the habit of** ~하는 습관을 들이다 | **from time to time** 가끔, 때때로

Money(미국식 돈 표현)

미국 사람들은 일상 대화에서 단순히 'money(돈)'라고만 말하지 않고, 상황이나 분위기에 따라 훨씬 더 다양하고 재미있는 속어를 자주 사용합니다. 이런 표현들은 대화 속에서 자주 들을 수 있고 특히 농담을 하거나 가볍게 이야기할 때 자주 사용합니다.

- **Cash(현금)** 지폐나 동전 같은 실제 돈을 말할 때 가장 일반적인 표현입니다.
  Ex Do you have any cash on you(현금 좀 가지고 있어)?
- **Bucks(달러)** 달러를 뜻하는 아주 흔한 속어입니다. 'One buck'은 1달러입니다.
  Ex This shirt was only ten bucks(이 셔츠가 겨우 10달러밖에 안 했어)!
- **Grand(천 달러)** $1,000을 뜻하는 표현으로 미드나 평소 대화에서 종종 사용됩니다.
  Ex We spent 5 grand on vacation(우리는 휴가에 5천 달러를 썼다).

Callie's AI Tip & Mission!

프리토킹 마스터하기!

ChatGPT를 활용해 스크립트의 상황을 기반으로 영어회화 연습해 보세요.

1. 음성모드를 켜세요.

2. ChatGPT에게 아래와 같이 대화를 요청하세요.
   "은행에서 계좌 개설을 하는 상황으로 프리토킹을 해보고 싶어요. 제가 고객 역할을 할게요. 은행 직원 역할을 해주세요. 영어 (초보/중급/고급) 수준으로 말해주세요. 먼저 영어로 질문을 해주세요. 제가 대답하면, 자연스럽게 대화를 이어가 주세요."

3. 대화 중 다음과 같이 질문해 보세요.
   "이 표현 말고 다른 자연스러운 표현이 있을까요?"
   "지금 제가 말한 문장을 더 자연스럽게 고쳐주세요."

4. 대화가 끊겼을 때는 "계속 질문해 주세요"라고 말하면, ChatGPT가 다시 질문을 이어갑니다.

Diary

이번 파트에서 배운 주요 표현과 단어들을 활용해, 아래 질문에 답해보세요.

Q Are you more of a saver or a spender? Explain. Do you keep a strict budget for yourself? How do you keep track of your accounts?

당신은 저축하는 편인가요, 아니면 소비하는 편인가요? 이유도 함께 설명해 주세요. 엄격하게 예산을 짜서 지키는 편인가요? 계좌 관리는 어떻게 하나요?

(Callie's Diary) *I'm more of a saver. I try to only spend money on things I really need. I don't keep a strict budget because I don't spend too much in my day-to-day life. I usually keep track of my accounts by checking my balance online every day.*

저는 저축하는 편이에요. 정말 필요한 것에만 돈을 쓰려고 해요. 엄격하게 예산을 짜지는 않아요. 왜냐하면 저는 평소에 돈을 많이 안 쓰거든요. 보통 매일 온라인으로 잔액을 확인하면서 계좌를 관리해요.

⭐ 이제 여러분이 써볼 차례예요!

I'm more of a (saver / spender). _________________________________

____ .

I (don't keep / keep) a strict budget because _________________

____ .

I usually keep track of my accounts by _________________________

____ .

DAY 59

Learn it

Hair Salon 미용실

 **Script**

I **have a hair appointment** tomorrow because my **split ends** are **out of control**. My **roots have grown out** too, so I booked a cut and color. I'm going to ask the stylist to **trim the ends** and **add a few layers**. I'm trying to **grow my hair out**, especially the **bangs**, so I want to **keep most of the length**.

I'm also going to ask her to **touch up my roots** and **go a little lighter** for summer. I thought about **bleaching** it, but I don't want to **damage** my hair too much. Just a few **subtle** highlights should **do the trick**!

저는 내일 미용실 예약이 있어요. 왜냐하면 갈라진 머리끝이 너무 심해졌거든요. 뿌리도 많이 자라서 커트랑 염색을 같이 예약했어요. 디자이너에게 끝부분은 다듬고, 층을 조금 넣어달라고 할 거예요. 특히 앞머리를 포함해서 머리를 기르는 중이라 길이는 최대한 유지하고 싶어요.

또 그녀에게 뿌리도 염색해 달라고 하고, 여름용으로 조금 더 밝게 해달라고 부탁할 거예요. 탈색도 고민해 봤는데, 머리카락을 너무 상하게 하고 싶진 않아요. 그냥 은은한 하이라이트만 조금 넣어도 충분할 것 같아요!

My favorite part of going to the **salon** is getting my hair washed. The **scalp** massage is always so relaxing. I also love when she styles my hair. She **parts** it down the middle and uses a **blow dryer** and a **round brush** to give me a **blowout**. I always feel amazing after!

미용실에 가서 가장 좋아하는 순간은 머리를 감을 때예요. 두피 마사지는 언제나 정말 편안하고 기분이 좋아요. 저는 머리를 스타일링 해줄 때도 너무 좋아요. 그녀가 가운데 가르마를 타고 드라이기와 롤 빗으로 볼륨 드라이를 해주거든요. 그러고 나면 항상 기분이 정말 좋아져요!

✅ **Have a hair appointment** 미용실 예약이 있다

I **have a hair appointment** after work today.
나는 오늘 퇴근하고 미용실 예약이 있다.
다르게 말해보기 Get (one's) hair done

✅ **Roots grow out** (염색한 머리의) 뿌리가 자라다

My **roots grow out** so fast.
뿌리가 정말 빨리 자란다

✅ **Trim the ends** 머리끝을 다듬다

My hair feels so much healthier after I **trim the ends**.
머리끝을 다듬고 나니 머릿결이 훨씬 건강해진 느낌이다.
다르게 말해보기 Get a trim / Clean up the ends

✅ **Add layers** 층을 내다

I asked her to **add some layers** to my hair.
나는 그녀에게 머리에 층을 좀 넣어달라고 했다.

✅ **Grow (one's) hair out** 머리를 기르다

She **grew her hair out** for her wedding.
그녀는 결혼식을 위해 머리를 길렀다.

✅ **Keep the length** 길이를 유지하다

I told my stylist to **keep the length**.
나는 디자이너에게 길이는 유지해 달라고 말했다.

✅ **Touch up (one's) roots** 뿌리 염색을 하다

I go in every six weeks to **touch up my roots**.
나는 6주마다 뿌리 염색을 하러 간다.

✅ **Go a little (lighter/darker)** 머리 색을 약간 더 (밝게/어둡게) 하다

I'm thinking of **going a little darker** for fall.
나는 가을을 맞아 머리 색을 조금 더 어둡게 해볼까 생각 중이다.

Hair Salon 미용실

DAY 60

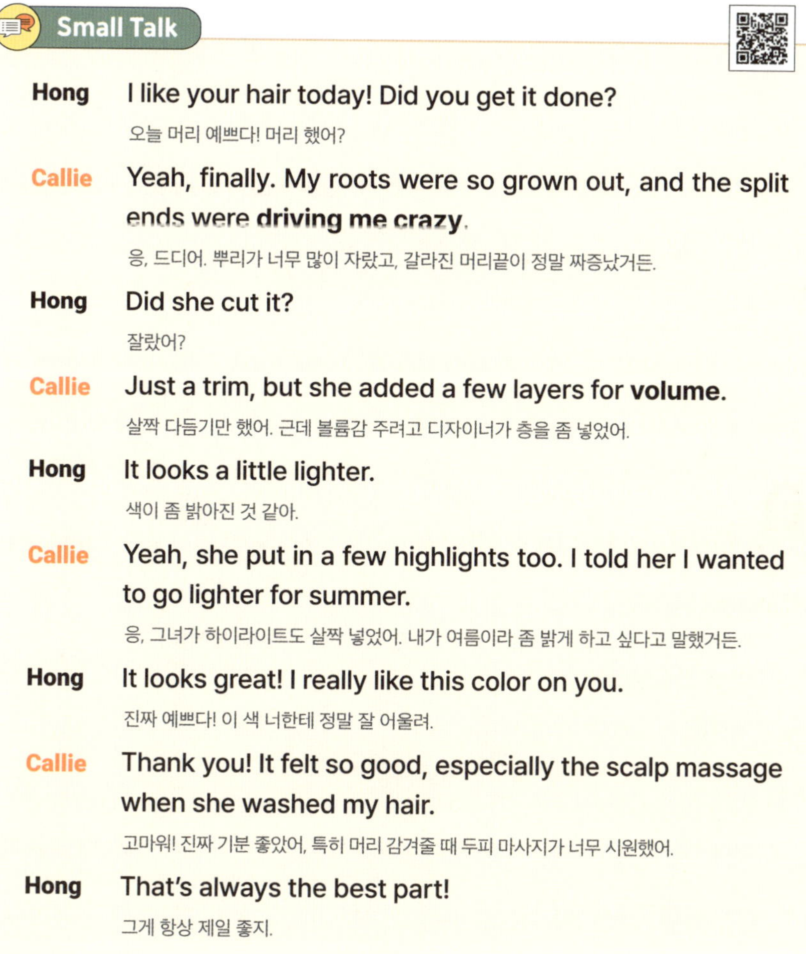

💬 Small Talk

Hong　I like your hair today! Did you get it done?

오늘 머리 예쁘다! 머리 했어?

Callie　Yeah, finally. My roots were so grown out, and the split ends were **driving me crazy**.

응, 드디어. 뿌리가 너무 많이 자랐고, 갈라진 머리끝이 정말 짜증났거든.

Hong　Did she cut it?

잘랐어?

Callie　Just a trim, but she added a few layers for **volume**.

살짝 다듬기만 했어. 근데 볼륨감 주려고 디자이너가 층을 좀 넣었어.

Hong　It looks a little lighter.

색이 좀 밝아진 것 같아.

Callie　Yeah, she put in a few highlights too. I told her I wanted to go lighter for summer.

응, 그녀가 하이라이트도 살짝 넣었어. 내가 여름이라 좀 밝게 하고 싶다고 말했거든.

Hong　It looks great! I really like this color on you.

진짜 예쁘다! 이 색 너한테 정말 잘 어울려.

Callie　Thank you! It felt so good, especially the scalp massage when she washed my hair.

고마워! 진짜 기분 좋았어, 특히 머리 감겨줄 때 두피 마사지가 너무 시원했어.

Hong　That's always the best part!

그게 항상 제일 좋지.

Vocabulary　drive (someone) crazy ~를 짜증나게 하다 | **volume** 볼륨, 풍성함

Good/Bad Hair Day(머리 스타일이 잘/못 나온 날)

미국에서는 머리 모양이 유난히 잘 나왔을 때 "I'm having a good hair day"라고 자주 말합니다. 머리 모양이 원하는 대로 잘 나오고, 스스로도 만족스러워서 자신감이 생긴다는 뜻을 캐주얼하게 표현한 말입니다. 반대로 머리를 아무리 손질해도 원하는 대로 되지 않을 때는 "I'm having a bad hair day"라고 합니다.

1 I'm taking a selfie because I'm finally having a good hair day.

드디어 머리가 잘 돼서 셀카 찍는 중이야.

2 Ugh, I'm having a bad hair day. It just won't curl the way I want it to.

아 진짜, 오늘 머리가 완전 말을 안 들어. 원하는 대로 컬이 안 생겨.

 *Callie's AI Tip & Mission!*

프리토킹 마스터하기!

ChatGPT를 활용해 스크립트의 상황을 기반으로 영어회화 연습해 보세요.

1. 음성모드를 켜세요.

2. ChatGPT에게 아래와 같이 대화를 요청하세요.
    "미용실에서 헤어스타일을 상담하는 상황으로 프리토킹을 해보고 싶어요. 제가 고객 역할을 할게요. 디자이너 역할을 해주세요. 영어 (초보/중급/고급) 수준으로 말해주세요. 먼저 영어로 질문을 해주세요. 제가 대답하면, 자연스럽게 대화를 이어가 주세요."

3. 대화 중 다음과 같이 질문해 보세요.
    "이 표현 말고 다른 자연스러운 표현이 있을까요?"
    "지금 제가 말한 문장을 더 자연스럽게 고쳐주세요."

4. 대화가 끊겼을 때는 "계속 질문해 주세요"라고 말하면, ChatGPT가 다시 질문을 이어갑니다.

Diary

이번 파트에서 배운 주요 표현과 단어들을 활용해, 아래 질문에 답해보세요.

Q How often do you go to the hair salon? What do you usually ask for when you go? What's your current hairstyle? Is there any haircut, color, or style you'd like to try one day?

미용실에는 얼마나 자주 가나요? 가면 보통 어떤 시술을 요청하나요? 현재 헤어스타일은 어떤가요? 언젠가 시도해 보고 싶은 커트, 염색, 혹은 스타일이 있나요?

(Callie's Diary) *I go to the salon every two months. I usually ask them to touch up my roots and trim the ends. Right now, my hair is shoulder-length with long layers. One day, I'd like to try dyeing my hair a bold color like pink or purple.*

저는 두 달에 한 번 미용실에 가요. 보통은 뿌리 염색이랑 머리 끝 부분을 다듬어 달라고 해요. 지금 제 머리는 어깨 길이에 긴 층이 있어요. 언젠가는 핑크나 보라 같은 과감한 색으로 염색도 한번 해 보고 싶어요.

⭐ 이제 여러분이 써볼 차례예요!

I go to the salon ____.

I usually ask them to ____.

Right now, my hair is ____.

One day, I'd like to try ____

____.

60일 동안 꾸준히 공부해 온 여러분, 진짜 멋져요! 이번 챕터에서도 유용한 표현들 많이 배우셨죠? 챕터 1보다 복습 문제가 어려워졌지만, 여러분이라면 충분히 풀 수 있을 거예요!

※ 문장을 읽고 사실이면 'T'(TRUE), 사실이 아니면 'F'(FALSE)를 쓰세요.

01 _______ Another way to say 'get on the bus' is 'hop on the bus'.

02 _______ If someone has a lot on their plate, they are not busy.

03 _______ 'Water heater chat' is small talk between coworkers in the office.

04 _______ It's called a walk-in if you have a reservation at a restaurant.

05 _______ If you are cutting back on caffeine, you might try to drink less coffee.

※ 박스의 단어들을 활용해 각 문장을 완성하세요.

spot	catch my breath	hit it off	get carded	ring up

06 The cashier will _______________________ your groceries.

07 We _______________________ right away and decided to go on a second date.

08 I usually _______________________ at restaurants when ordering beer.

09 I slowed down and tried to _______________________.

10 Ask someone to _______________________ you if you need help.

※ 하이라이트된 잘못된 단어를 오른쪽 빈칸에 알맞은 단어로 고쳐보세요.

11 I don't plan on buying anything today. I'm just **eye** shopping. ___________

12 The medicine is really expensive if you pay **in** pocket. ___________

13 I always stay and watch the **previews** after the movie ends. ___________

14 He wanted to put money into his account, so he asked to make a **withdrawal**. ___________

15 She asked the stylist to touch **on** her roots. ___________

집 안과 밖에서의 일상 루틴을 차근차근 익혀온 여러분, 정말 잘하고 있어요! 이제 한 단계 더 나아가, 특별한 순간에서 사용할 수 있는 루틴 영어를 배워볼 차례예요.

일상 외에도 우리 삶에는 설레고 소중한 순간들이 많죠. 처음 가보는 해외여행, 친구들과의 생일 파티, 결혼식이나 크리스마스 같은 특별한 날들… 이런 순간에서도 영어로 자연스럽게 말할 수 있다면 얼마나 든든하고 멋질까요? 이번 챕터에서는 바로 그런 특별한 순간들을 위한 표현들을 준비했어요. 그럼 이제 마지막 단계까지, 우리 함께 힘차게 가볼까요?

Chapter 3

TRAVEL SPECIAL EVENTS

여행과 특별한 날의 루틴 영어

DAY 61

Learn it

Trip Planning 여행 계획

 **Script**

I've been busy planning a trip for next month, and there's still so much to do before I go. I **booked a round-trip flight** last week because it was much cheaper than getting two **one-way tickets**. Sadly, it's not direct. I have a short **layover** in Chicago, but it shouldn't be too bad. I just hope there aren't any **delays**. I also **booked a hotel downtown**, so I'll be close to everything.

I'm not a huge **planner**, so I never **make a full itinerary**, but I always have a general idea of what I want to do each day. I've been **researching** local **attractions** and restaurants so I don't **miss out on** anything. I saved **a bunch of** spots on Instagram, but I'm just going to **wing the rest**.

저는 요즘 다음 달 여행 준비 때문에 바빴는데, 떠나기 전에 아직 해야 할 일이 너무 많아요. 지난주에 왕복 항공권을 예약했어요. 왜냐하면 편도 두 개를 따로 끊는 것보다 훨씬 더 저렴하더라고요. 아쉽게도 직항은 아니에요. 시카고에서 짧게 환승해야 하지만, 그렇게 나쁘진 않을 것 같아요. 제발 지연만 없었으면 좋겠어요. 저는 또한 시내에 있는 호텔을 예약했는데요, 그래서 어디든 가까울 거예요.

저는 계획을 꼼꼼히 세우는 편은 아니라서 전체 일정을 다 짜진 않지만, 날마다 뭘 하고 싶은지 정도는 대략 항상 생각해 둬요. 현지 명소나 식당들을 계속 찾아보고 있어요. 어떤 것도 놓치고 싶지 않거든요. 인스타그램에 마음에 드는 장소들을 잔뜩 저장해 두긴 했는데, 나머지는 그냥 즉흥적으로 다녀보려고요.

one-way ticket 편도 티켓 | **layover** 경유, 환승 시간 | **delay** 지연, 연착 | **downtown** 도심, 시내 중심가 | **planner** 계획 세우는 사람 | **research** 조사하다, 찾아보다 | **attraction** 관광 명소, 볼거리 | **a bunch of** 많은, 잔뜩 | **overpack** 짐을 너무 많이 싸다 | **carry-on** 기내용 가방, 휴대 수하물 | **essentials** 필수품 | **toiletries** 세면도구(치약, 샴푸 등) | **anxious** 긴장되는, 불안한 | **look forward to** ~을 기대하다, 고대하다 | **adventure** 모험, 흥미진진한 경험

I haven't started packing yet, but I'm going to try to be smart about it this time. I always try to **pack light** but end up **overpacking**, so I **made a packing list** of what I actually need this time. I'm only bringing one **carry-on** and a backpack. I made sure to include the **essentials**: phone charger, **toiletries**, passport, and swimsuit. I'll also **throw in** some snacks and a water bottle for the airport.

Once I finish packing, I need to double-check my flight details and make sure everything's saved on my phone. I'm excited, but I always get a little **anxious** before a trip. Hopefully, once I'm packed and ready, I can finally relax and start **looking forward to** the **adventure**.

짐 싸는 건 아직 시작도 못 했지만, 이번엔 좀 똑똑하게 챙겨보려고 해요. 항상 짐을 가볍게 싸려고 해보지만 결국 너무 많이 챙기게 되더라고요. 그래서 이번엔 실제로 필요한 것만 리스트로 만들어봤어요. 기내용 캐리어 하나랑 백팩 하나만 들고 갈 거예요. 필수품들도 빠지지 않고 넣었어요. 폰 충전기, 세면도구, 여권, 그리고 수영복까지 챙겼죠. 공항에서 먹을 간식이랑 물병도 챙겨 넣을 거예요.

일단 짐을 다 싸고 나면 비행 정보도 한 번 더 확인하고, 전부 핸드폰에 저장 됐는지 확인해야 해요. 설레긴 하는데, 저는 여행 전엔 항상 살짝 긴장이 되더라고요. 짐 다 싸고 준비가 끝나면, 드디어 마음을 놓고 이 모험을 기다릴 수 있을 것 같아요.

☑️ **Book a (flight/hotel)** (비행기/호텔)을 예약하다

I **booked a flight** to New York.
나는 뉴욕행 비행기를 예약했다.

I **booked a hotel** for three nights.
나는 호텔을 3박으로 예약했다.

☑️ **Make an itinerary** 여행 일정을 짜다

She **made an itinerary** for the trip.
그녀는 여행 일정을 짰다.

☑️ **Miss out on** ~을 놓치다, ~을 못 하게 되다

We **missed out on** tickets because we waited too long to book.
우리는 예약하려고 너무 오래 기다리는 바람에 티켓을 놓쳤다.

☑️ **Wing (something)** ~을 즉흥적으로 하다

We didn't have a plan. We just **winged** the whole trip.
우리는 아무 계획도 없었다. 그냥 여행 전체를 즉흥적으로 했다.
다르게 말해보기 Play it by ear(상황 봐서 결정하다) / Go with the flow(분위기에 따라 맞추다)

☑️ **Pack light** 짐을 가볍게 싸다

It's just an overnight trip, so try to **pack light**.
하룻밤만 묵는 여행이니까, 짐은 가볍게 챙기도록 해.

☑️ **Make a packing list** 짐 목록을 만들다

I **made a packing list** this time so I don't forget anything.
나는 이번에 잊어버리는 게 없도록 짐 목록을 만들었다.

☑️ **Throw in (something)** ~을 넣다, 챙기다

I **threw in** an extra pair of shoes just in case.
나는 만일을 대비해서 신발 한 켤레를 더 챙겼다.

Use it

Trip Planning 여행 계획

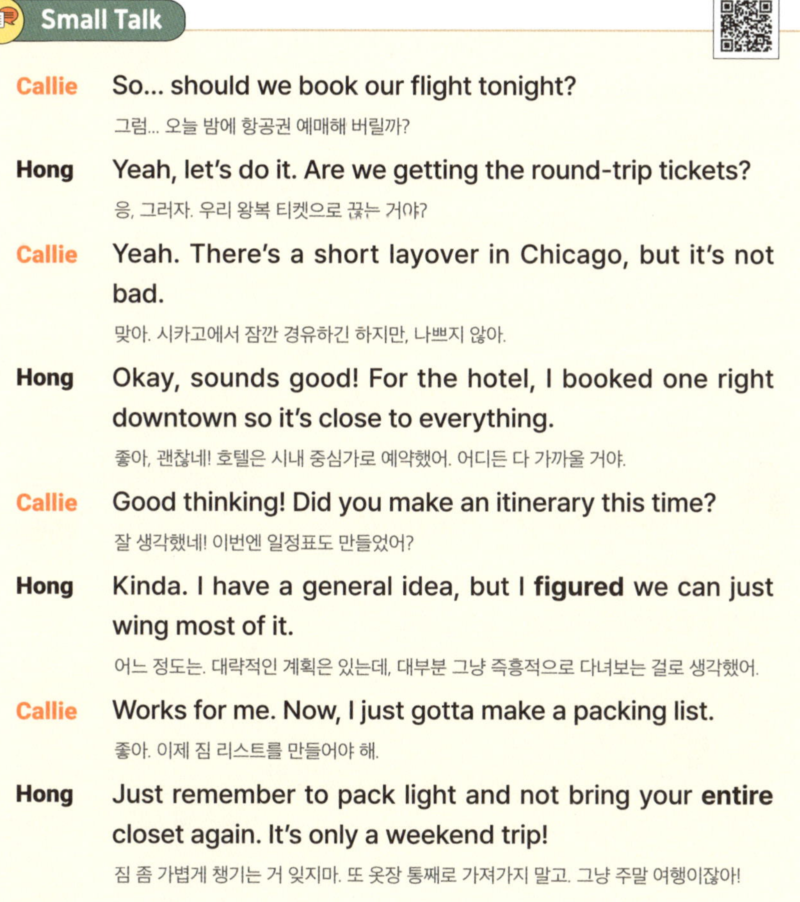

Small Talk

Callie So... should we book our flight tonight?

그럼... 오늘 밤에 항공권 예매해 버릴까?

Hong Yeah, let's do it. Are we getting the round-trip tickets?

응, 그러자. 우리 왕복 티켓으로 끊는 거야?

Callie Yeah. There's a short layover in Chicago, but it's not bad.

맞아. 시카고에서 잠깐 경유하긴 하지만, 나쁘지 않아.

Hong Okay, sounds good! For the hotel, I booked one right downtown so it's close to everything.

좋아, 괜찮네! 호텔은 시내 중심가로 예약했어. 어디든 다 가까울 거야.

Callie Good thinking! Did you make an itinerary this time?

잘 생각했네! 이번엔 일정표도 만들었어?

Hong Kinda. I have a general idea, but I **figured** we can just wing most of it.

어느 정도는. 대략적인 계획은 있는데, 대부분 그냥 즉흥적으로 다녀보는 걸로 생각했어.

Callie Works for me. Now, I just gotta make a packing list.

좋아. 이제 짐 리스트를 만들어야 해.

Hong Just remember to pack light and not bring your **entire** closet again. It's only a weekend trip!

짐 좀 가볍게 챙기는 거 잊지마. 또 옷장 통째로 가져가지 말고. 그냥 주말 여행이잖아!

Vocabulary **figure** 생각하다 | **entire** 전체의, 완전한

211

Travel Bug(여행 병)

미국에서 누군가가 "catch the travel bug(여행 병에 걸리다)"라고 말하면, 여행을 너무 가고 싶다는 뜻입니다. 영어에서 'catch a bug'라는 표현은 보통 병에 걸렸다는 의미로 쓰이는데, 여기서는 'travel bug'로 단어를 바꿔 재미있게 비유적으로 사용한 말입니다. 한 번 여행을 다녀온 후, 계속해서 또 떠나고 싶을 때 이 표현을 자주 사용합니다.

1 She's had the travel bug ever since studying abroad.

그녀는 유학을 다녀온 이후로 또 여행을 가고 싶은 병에 걸렸다.

2 I caught the travel bug after visiting Japan.

나는 일본에 다녀온 후 또 여행을 가고 싶은 병에 걸렸다.

 *Callie's AI Tip & Mission!*

스몰토크 마스터하기!

ChatGPT를 활용해 스몰토크를 연습해보세요.

1. ChatGPT에 211쪽의 Small Talk 사진을 찍어 전송하세요.
2. 음성모드를 켜세요.

3. ChatGPT에 아래와 같이 대화를 요청하세요.

"사진 속 스몰토크를 같이 읽어볼게요. 제가 Callie 역할을 할게요, Hong 역할을 해주세요."

4. 첫 문장을 말해보세요. ChatGPT가 Hong처럼 대답하며 자연스럽게 대화를 이어갑니다. 한 문장씩 주고받으며 스피킹을 연습해 보세요.
5. 끝까지 읽고나면 역할을 바꿔보세요.

"이제 역할을 바꿔볼게요. Callie 역할로 먼저 시작해 주세요. 저는 Hong 역할을 할게요."

Diary

이번 파트에서 배운 주요 표현과 단어들을 활용해, 아래 질문에 답해보세요.

여행할 때 꼼꼼하게 계획을 세우는 편인가요, 아니면 보통 즉흥적으로 다니는 편인가요? 짐은 간단히 싸는 편인가요, 아니면 과하게 챙기는 편인가요? 여행 갈 때 꼭 챙기는 필수품은 무엇인가요?

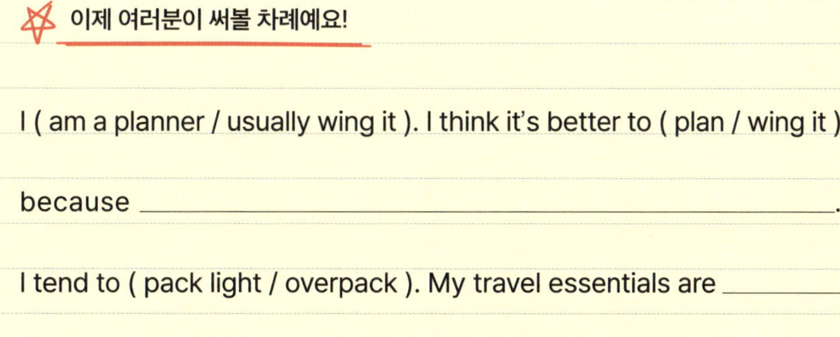

(Callie's Diary) *I am a planner. I think it's better to plan because it helps your trip go more smoothly. I tend to overpack. My travel essentials are comfortable shoes, a good book, and lots of chargers for all my electronics.*

저는 계획을 세우는 편이에요. 제 생각엔 계획을 세우는 것이 더 좋아요. 그래야 여행이 더 순조롭게 진행될 수 있거든요. 저는 짐을 많이 챙기는 편이에요. 저의 여행 필수품은 편한 신발, 좋은 책한 권, 그리고 모든 전자기기를 위한 충전기들이에요.

이제 여러분이 써볼 차례예요!

I (am a planner / usually wing it). I think it's better to (plan / wing it)

because ____.

I tend to (pack light / overpack). My travel essentials are _________

____.

DAY 63

Airport 공항

 **Script**

Whenever I travel internationally, I get to the airport about two and a half hours early just to be safe. I **check in** at the kiosk, then go to the **counter** to **check my bags**. I always hope that nothing is **overweight**. After getting my **boarding pass**, I **go through security**.

Once I make it through security, I **check the departures board** for my **departure time** and **gate number**. If I have **time to kill**, I stop by the **currency exchange** booth or do a bit of shopping at the **duty-free** stores. Then I **find my gate** to wait for boarding. When they call my group, I scan my boarding pass and **board the plane**.

해외여행을 갈 때마다, 혹시 몰라 공항에 두 시간 반 정도 일찍 도착해요. 키오스크에서 체크인한 다음, 짐을 부치려고 카운터로 가요. 무게가 초가되는 게 없길 항상 바라죠. 탑승권을 받은 후엔 보안 검색대를 통과해요.

보안 검색을 통과하고 나면, 전광판에서 출발 시간과 탑승 게이트 번호를 확인해요. 때울 시간이 좀 있으면, 환전소에 들르거나 면세점에서 쇼핑도 좀 해요. 그다음에는 탑승 게이트를 찾아서 탑승을 기다려요. 제 탑승 그룹이 불렸을 때, 탑승권을 스캔하고 비행기에 탑승해요.

After finding my seat, I **put my carry-on in the overhead compartment**. I like **aisle seats** way more than **window** or **middle seats**. After the **flight attendants** do their **safety demo**, it's time for **takeoff**. I always hope that there's no **turbulence** during the flight.

After **landing**, I **go through immigration**. Once I get my passport stamped, I head to **baggage claim** to grab my **suitcase**. I usually have to wait a few minutes for it to come around on the **carousel**. At **customs**, if I **have nothing to declare**, I just walk through. Flying itself isn't too bad, but the **jet lag** after is the worst!

제 자리를 찾은 뒤, 저는 기내용 가방을 머리 위 수납 칸에 넣어요. 저는 통로 쪽 자리가 창가나 가운데 좌석보다 훨씬 좋아요. 승무원들이 안전 수칙 데모를 하고 나면, 바로 이륙할 시간이에요. 전 항상 비행 중에 난기류가 없기를 바라요.

착륙하고 나서는 입국 심사대를 통과해요. 여권에 도장을 받고 나면 제 캐리어를 가지러 수하물 찾는 곳으로 가요. 보통 제 캐리어가 컨베이어 벨트에 나오기까지 몇 분 정도 기다려야 해요. 세관에서는 신고할 게 없으면, 그냥 통과해요. 비행 자체는 나쁘지 않지만, 후에 오는 시차 적응이 정말 최악이에요!

✅ **Check bags** 짐을 부치다

I have to **check my bags** before our flight.

나는 비행기 타기 전에 짐을 부쳐야 한다.

NOTE bag은 일상에서는 가방을 뜻하지만, 공항에서는 캐리어·백팩·보스턴백을 모두 포함한 '짐'이라는 뜻으로 가장 흔하게 쓰입니다. luggage는 여행 짐 전체를 말하는 좀더 격식있는 단어이고, suitcase는 바퀴 달린 캐리어를 가리키는 말입니다.

✅ **Go through security** 보안 검색대를 통과하다

We still need to **go through security**.

우리는 아직 보안 검색대를 통과해야 한다.

✅ **Check the (departures/arrivals) board** (출발/도착) 전광판을 확인하다

Check the departures board in case there's a delay.

지연이 있을 수도 있으니까 출발 전광판을 확인해 봐요.

✅ **Find (one's) gate** 탑승 게이트를 찾다

Once I **found my gate**, I grabbed a coffee nearby.

일단 나는 탑승 게이트를 찾은 뒤 근처에서 커피를 한 잔 사서 마셨다.

✅ **Board the plane** 비행기에 탑승하다

I **boarded the plane** and found my seat right away.

나는 비행기에 탑승해서 바로 내 자리를 찾았다.

✅ **Put (something) in the overhead compartment** ~를 머리 위 수납칸에 넣다

She helped me **put my bag in the overhead compartment.**

그녀가 내 가방을 머리 위 수납칸에 넣는 걸 도와줬다.

✅ **Go through immigration** 입국 심사를 받다, 입국 심사대를 통과하다

It took forever to **go through immigration** at the airport.

공항에서 입국 심사 받는 데 한참 걸렸다.

✅ **Have (nothing/something) to declare** 신고할 물건이 (없다/있다)

At customs, I told them I **had nothing to declare**.

세관에서 나는 신고할 게 없다고 말했다.

Use it

Airport 공항

💬 Small Talk

Callie Check-in was **way** faster than I **expected**!

체크인이 생각보다 훨씬 빨리 끝났어!

Hong Yeah, and our bags weren't overweight for once. You see what gate we're at?

맞아, 그리고 이번엔 짐도 초과 안 됐어. 게이트 어디인지 봤어?

Callie Yep, I checked the departures board. Gate 17. We've got some time before boarding.

응, 출발 전광판 봤어. 17번 게이트야. 탑승까지는 아직 시간이 좀 있어.

Hong Wanna grab a coffee or check out duty-free?

커피 마실래? 아니면 면세점 좀 구경할까?

Callie Let's do both. I could use a bit of caffeine before the flight.

둘 다 하자. 비행기 타기 전에 카페인이 좀 필요해.

Hong I hope there's not too much turbulence this time.

이번엔 난기류가 별로 없었으면 좋겠다.

Callie Same. At least I got an aisle seat. I hate being stuck in the middle.

나도. 그래도 통로 쪽 좌석을 받아서 다행이야. 난 가운데 끼는 게 진짜 싫거든.

Hong I know you do. Lucky for me, I can sleep anywhere.

네가 그런 건 알지. 난 어디서든 잘 수 있어서 다행이야.

Callie **Jealous**. Jet lag doesn't **stand a chance** with you!

부럽다. 시차 따위 너한테 문제도 안 되잖아!

Vocabulary **way** 엄청, 너무 | **expect** 기대하다 | **jealous** 부러워하는 | **stand a chance** 상대가 된다, 승산이 있다

Red-Eye Flight(야간 비행)

'Red-eye flight' 또는 줄여서 'red-eye'는 밤늦게 출발해서 다음 날 아침 일찍 도착하는 야간 비행편을 말합니다. 승객들이 비행기 안에서 제대로 잠을 못 자서 눈이 충혈된 채로 도착한다는 데서 유래한 표현입니다.

1 I took a red-eye flight from L.A. to New York.

L.A.에서 뉴욕까지 야간 비행기를 탔다.

2 We're taking the red-eye tonight and landing first thing in the morning.

우리는 오늘 밤에 야간 비행기를 타고 내일 아침 일찍 도착할 거야.

 *Callie's AI Tip & Mission!*

프리토킹 마스터하기!

ChatGPT를 활용해 스크립트의 상황을 기반으로 영어회화 연습해 보세요.

1. 음성모드를 켜세요.

2. ChatGPT에게 아래와 같이 대화를 요청하세요.
   "공항에서 체크인하는 상황으로 프리토킹을 해보고 싶어요. 제가 승객 역할을 할게요. 항공사 직원 역할을 해주세요. 영어 (초보/중급/고급) 수준으로 말해주세요. 먼저 영어로 질문을 해주세요. 제가 대답하면, 자연스럽게 대화를 이어가 주세요."

3. 대화 중 다음과 같이 질문해 보세요.
   "이 표현 말고 다른 자연스러운 표현이 있을까요?"
   "지금 제가 말한 문장을 더 자연스럽게 고쳐주세요."

4. 대화가 끊겼을 때는 계속 질문해 주세요"라고 말하면, ChatGPT가 다시 질문을 이어갑니다.

Diary

Q How early do you think people should get to the airport before a flight? On a long flight, where do you think is the best place to sit: the window, middle, or aisle seat?

비행 전에 공항에는 얼마나 일찍 도착하는 게 좋다고 생각하나요? 장거리 비행할 때, 창가, 가운데, 통로 좌석 중 어디에 앉는 게 제일 좋다고 생각하나요?

(Callie's Diary) *I think it's best to get to the airport at least three hours before your flight. That way, you can grab a coffee and some snacks before boarding without having to rush. On long flights, I prefer an aisle seat because you can get up easily without bothering other people.*

저는 비행기 타기 최소 3시간 전에는 공항에 도착하는 게 가장 좋다고 생각해요. 그래야 탑승 전에 커피도 마시고 간식도 사면서 서두르지 않아도 되니까요. 장거리 비행에서는 통로 쪽 좌석을 선호해요. 왜냐하면 다른 사람을 방해하지 않으면서 쉽게 자리에서 일어날 수 있기 때문이에요.

⭐ 이제 여러분이 써볼 차례예요!

I think it's best to get to the airport ________________________

before your flight. That way, ________________________

____.

On long flights, I prefer ____________________ seat because

____.

DATE   /   /

Hotel 호텔

Script

I travel a lot for work, so I stay in hotels pretty often. I usually book a room online a couple of weeks **in advance**. During **check-in**, they always ask for a photo ID and a credit card to **place a hold** for **incidentals**.

Last time, I was surprised because they **upgraded me to** a room with a nice view **free of charge**. It was clean and had everything I needed: extra towels, a mini **fridge**, and a **comfortable** bed. Sometimes for dinner, I **order room service** and ask them to **charge it to my room**.

저는 일 때문에 출장을 많이 다녀서, 호텔에서 꽤 자주 묵어요. 저는 보통 온라인으로 몇 주 전에 미리 호텔을 예약해요. 체크인하는 동안, 호텔에서 항상 신분증이랑 신용카드를 요청해요. 추가 요금을 대비해서 보증금을 걸기 위해서죠.

지난번에 전망이 좋은 방으로 무료 업그레이드를 해줘서 깜짝 놀랐어요. 방도 깨끗했고 제가 필요한 건 다 있었어요. 여분의 수건, 미니 냉장고, 그리고 편안한 침대까지요. 가끔 저녁 식사로 룸서비스를 시키고, 요금은 제 방으로 청구해 달라고 요청해요.

If I ever forget to pack anything, I **call the front desk**, and **housekeeping** brings me whatever I need.

Before going to sleep, I **hang the 'do not disturb' sign** on the door. The next morning, if the hotel offers **complimentary** breakfast, I grab a quick bite to eat. Sometimes I **request** a late **check-out** so I don't have to rush. After packing up, I head down to the lobby to **check out**. Most hotels will hold your luggage, so I usually leave my bags with them while I'm out for the day.

만약 제가 뭔가 챙기는 걸 깜빡했을 때는, 프론트 데스크에 전화하면 객실 관리팀에서 제가 필요한 걸 뭐든 가져다줘요.

잠들기 전엔 문에 '방해 금지' 사인을 걸어둬요. 다음 날 아침, 호텔에서 무료 조식을 제공하면 간단히 먹어요. 가끔은 서두를 필요 없게 레이트 체크아웃을 요청하기도 해요. 짐을 다 챙긴 뒤에는 저는 로비로 내려가 체크아웃해요. 대부분의 호텔이 짐을 맡아주니까, 밖에 돌아다니는 동안 보통 짐을 거기에 맡겨둬요.

🔊 Key Phrases

✔ **Check in/Check out** 체크인하다/체크아웃하다

> We **checked in** around 3 p.m.
> 우리는 오후 3시쯤 체크인했다.

> Let's **check out** early tomorrow.
> 우리 내일 일찍 체크아웃하자.

✔ **Place a hold** 결제 보증금을 걸다

> The hotel **placed a $100 hold** on my card at check-in.
> 호텔에서 체크인할 때 내 카드에 100달러 결제 보증금을 걸었다.

✔ **Upgrade to** ~로 업그레이드하다

> I asked if we could **upgrade to** a bigger room.
> 나는 더 큰 방으로 업그레이드할 수 있는지 물어봤다.

✔ **Order room service** 룸서비스를 주문하다

> He **ordered room service** and had dinner in bed.
> 그는 룸서비스를 주문해서 침대에서 저녁을 먹었다.

✔ **Charge (something) to (one's) room** (~를) ~방에 달아놓다

> I told them to **charge the meal to my room**.
> 나는 식사 비용을 내 방에 달아달라고 말했다.
> **다르게 말해보기** Put (something) on (one's) room

✔ **Call the front desk** 프런트 데스크에 전화하다

> I **called the front desk** to ask for more towels.
> 나는 수건을 더 달라고 프런트에 전화했다.

✔ **Hang the 'do not disturb' sign** '방해 금지' 사인을 걸다

> Don't forget to **hang the 'do not disturb' sign** before bed.
> 자기 전에 '방해 금지' 사인 거는 거 잊지 마.

Hotel 호텔

💬 Small Talk

Callie This bed is so **comfy**. I might actually sleep in tomorrow.

이 침대 진짜 편하다. 내일 아침엔 늦잠 잘지도 모르겠어.

Hong Yeah, **good call** putting the 'do not disturb' sign on the door.

응, 문에 '방해 금지' 표시 걸어두길 잘했네.

Callie I still can't believe they upgraded us. That view from the window is **insane**.

난 아직도 호텔에서 업그레이드를 해준 게 믿기지 않아. 창밖에 경치가 정말 끝내주잖아.

Hong I know. And check-in was super fast.

맞아. 체크인도 엄청 빨랐어.

Callie Right? By the way, I ordered room service while you were in the shower.

그치? 그나저나, 네가 샤워하는 동안 룸서비스 주문했어.

Hong Nice. What'd you get?

잘했네. 뭐 시켰어?

Callie Two burgers and some fries. I hope that's okay. I just told them to put it on the room.

버거 두 개랑 감자튀김. (맛이) 괜찮았으면 좋겠네. 결제는 그냥 방에 달아달라고 했어.

Hong Perfect. I don't feel like going out tonight anyway.

완벽해. 어차피 오늘 밤엔 나가고 싶은 기분도 아니었어.

Callie Me neither. I was thinking of calling the front desk to see if we can get a late check-out tomorrow.

나도 그래. 프런트에 내일 레이트 체크아웃 가능한지 전화해 볼까 생각 중이었어.

Hong Yeah, let's do it. No need to rush in the morning.

좋아, 그렇게 하자. 아침에 굳이 서두를 필요 없잖아.

Vocabulary **comfy** 편한 | **good call** 잘했어 | **insane** 미친, 엄청난

Staycation(집 근처에서 즐기는 휴식)

미국에서 누군가가 'staycation'을 간다고 하면, 멀리 여행을 떠나는 대신 집 근처에서 쉬면서 시간을 보내는 것을 뜻합니다. 'stay'와 'vacation'의 합성어로, 멀지 않은 호텔이나 리조트에 머물면서 휴식을 취하는 것을 말해요. staycation은 한국의 호캉스 개념과 가장 비슷한 표현입니다.

1 **We couldn't go anywhere this summer, so we just had a staycation.**

우리는 올여름엔 어디에도 갈 수가 없어서 그냥 집 근처에서 휴가를 보냈다.

2 **I booked a staycation at a fancy hotel downtown for the weekend.**

나는 주말 동안 호캉스를 보내려고 시내에 있는 고급 호텔을 예약했다.

 *Callie's AI Tip & Mission!*

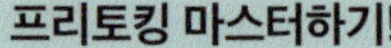

프리토킹 마스터하기!

ChatGPT를 활용해 스크립트의 상황을 기반으로 영어회화 연습해 보세요.

1. 음성모드를 켜세요.

2. ChatGPT에게 아래와 같이 대화를 요청하세요.
"호텔에서 체크인하는 상황으로 프리토킹을 해보고 싶어요. 제가 투숙객 역할을 할게요. 호텔 직원 역할을 해주세요. 영어 (초보/중급/고급) 수준으로 말해주세요. 먼저 영어로 질문을 해주세요. 제가 대답하면, 자연스럽게 대화를 이어가 주세요."

3. 대화 중 다음과 같이 질문해 보세요.
"이 표현 말고 다른 자연스러운 표현이 있을까요?"
"지금 제가 말한 문장을 더 자연스럽게 고쳐주세요."

4. 대화가 끊겼을 때는 계속 질문해 주세요"라고 말하면, ChatGPT가 다시 질문을 이어갑니다.

Diary

이번 파트에서 배운 주요 표현과 단어들을 활용해, 아래 질문에 답해보세요.

Q When choosing a hotel, how would you rank the following factors in order of importance: cost, location, and comfort?

호텔을 선택할 때, 비용, 위치, 편안함을 중요도에 따라 순위를 매긴다면 어떤 순서로 하겠어요?

(Callie's Diary) *For me, the most important thing about a hotel is the location because I like staying close to the main attractions. The next most important thing is comfort. I like hotels that are clean and have a comfy bed. The last thing I consider is cost. I don't mind spending a bit more money to make sure I enjoy my stay.*

저에게 호텔을 고를 때 가장 중요한 건 위치인데요, 왜냐하면 저는 주요 관광지 근처에 머무는 걸 좋아하거든요. 그다음으로 중요한 건 편안함이에요. 저는 깨끗하고 침대가 편안한 호텔을 좋아해요. 마지막으로 고려하는 건 가격이에요. 머무는 동안 확실히 즐기기 위해서 돈을 조금 더 쓰는 건 상관없어요.

⭐ 이제 여러분이 써볼 차례예요!

For me, the most important thing about a hotel is _______________

because ____.

The next most important thing is ______________________________.

I like hotels that ____.

The last thing I consider is ___________________________________.

I don't mind ____.

 DAY 67

Learn it

Car Rental/Uber 차 렌트/우버

Script

I rent a car whenever I visit home. I usually go to the **rental car center** at the airport to see what they **have on their lot** and **pick up a car**. Most of the time, I get an **economy** car, but sometimes I'll get a **midsize** or **full-size** option if I'm traveling with a larger group. I always make sure it comes with **unlimited mileage**.

Sometimes, they let you **extend the rental** or **drop off the car** at a different location, which is really convenient. But no matter what, I always **return it with a full tank of gas** to **avoid** any extra charges.

저는 집에 갈 때마다 렌터카를 빌려요. 보통 공항에 있는 렌터카 센터에 가서 차고에 어떤 차들이 있는지 보고, 거기서 차를 픽업해요. 대부분은 소형차를 빌리지만, 가끔 단체로 여행하면 중형이나 대형 옵션을 고를 때도 있어요. 저는 항상 주행거리 무제한 옵션이 포함됐는지 꼭 확인해요.

가끔 렌트 기간을 연장해 주거나, 다른 지점에 반납할 수 있게 해줄 때도 있는데, 그게 정말 편해요. 하지만 어떤 일이 있어도, 전 항상 추가 요금을 피하려고 항상 기름을 가득 채워서 반납해요.

rental car center (공항)렌터카 센터 | **economy** 이코노미 차량, 소형차 | **midsize** 중형차 | **full-size** 대형차 | **unlimited mileage** 주행거리 무제한(옵션) | **avoid** 피하다 | **get around** 돌아다니다, 이동하다 | **connect** 연결해 주다, 배정해 주다 | **just to be safe** 만일을 대비해서, 혹시 모르니까 | **tip** 팁 | **since** ~때문에, ~이므로 | **friendly** 친절한

In the city, I mostly **get around** using Uber. I just drop a pin or type in where I want to go, and the app **connects** me with a driver. I always check the license plate before getting in, **just to be safe**.

When I got one yesterday, the app said the driver was four minutes away, so I **waited at the pickup spot**. We chatted during the ride, and I asked him to **drop me off at** a cafe. I made sure to **tip** him and **give him five stars since** he was **friendly** and his car was really clean.

도심에서는 대부분 우버를 이용해서 돌아다녔어요. 그냥 핀을 찍거나 가고 싶은 곳을 입력하면, 앱이 기사님과 저를 연결해 줘요. 저는 항상 탑승 전에 차량 번호판을 확인해요, 혹시 모르니까요.

어제 우버를 잡았을 땐 앱에 기사님이 4분 거리에 있다고 떠서, 픽업 장소에서 기다렸어요. 가는 동안 기사님과 얘기를 나눴고, 저는 기사님께 카페에 내려달라고 했어요. 기사님께 잊지 않고 팁도 드리고 별 5개도 남겼어요. 왜냐하면 기사님이 친절하고 차도 정말 깨끗했거든요.

✅ **Have on (one's) lot** ~의 차고에 보유하고 있다

> They didn't **have any SUVs on their lot**.
> 그들은 차고에 SUV 차량을 한 대도 보유하고 있지 않았다.

✅ **(Pick up/Drop off) a car** 차를 (픽업하다/반납하다)

> We **picked up the car** at 9 a.m.
> 우리는 오전 9시에 차를 픽업했다.
> You can **drop off the car** at any location.
> 당신은 차를 어느 지점에서든 반납할 수 있다.

✅ **Extend the rental** 렌트 기간을 연장하다

> I called the company to **extend the rental** for two more days.
> 나는 회사에 전화해서 렌트 기간을 이틀 더 연장해 달라고 했다.

✅ **Return it with a full tank of gas** 기름을 가득 채워 반납하다

> They charge extra if you don't **return it with a full tank of gas**.
> 그들은 기름을 가득 채워서 반납하지 않으면 추가 요금을 부과한다.
> **다르게 말해보기** Fill it up before returning it / Bring it back with a full tank
> **NOTE** 미국에서는 기름을 'gas'라고 부릅니다.

✅ **Wait at the pickup spot** 픽업 장소에서 기다리다

> I **waited at the pickup spot** for five minutes.
> 나는 픽업 장소에서 5분 동안 기다렸다.

✅ **Drop (someone) off at** ~를 ~에 내려주다

> Just **drop me off at** the corner.
> 그냥 모퉁이에 내려주시면 돼요.

✅ **Give (someone) five stars** ~에게 별점 5점을 주다

> I always **give the driver five stars** if they're nice.
> 기사님이 친절하면 나는 항상 별점 5점을 준다.

DATE / /

🚗 DAY 68

Car Rental / Uber 차 렌트/우버

💬 Small Talk

Callie I'm glad we dropped off the car early. Driving was fun, but I was **over it** by the end.

렌터카 일찍 반납하길 잘했어. 운전하는 건 재밌었는데, 마지막엔 좀 질리더라.

Hong Yeah, that little economy car **held up** better than I expected, though.

맞아. 그래도 그 작은 이코노미 차 생각보다 잘 버텼잖아.

Callie True. And the unlimited mileage was a **lifesaver** with how much we drove.

맞아. 그리고 주행거리 무제한이었던게 신의 한 수 였지. 운전을 그렇게 많이 했는데 말이야.

Hong For real. So... should we just take an Uber to dinner tonight?

진짜 그래. 그래서 말인데... 우리 오늘 저녁은 그냥 우버 타고 갈까?

Callie Yeah, I'll get one now. It says the driver's four minutes away.

응, 내가 지금 바로 부를게. 기사님 4분 거리에 있다고 나오네.

Hong Cool. Let's wait at the pickup spot.

좋아. 픽업 장소에서 기다리자.

Callie Let's make sure to check the license plate this time. Remember last time when I almost got in the wrong car?

이번엔 꼭 번호판 확인하자. 저번에 나 거의 엉뚱한 차 탈 뻔했던 거 기억나?

Hong How could I forget?

그걸 내가 어떻게 잊겠어?

Vocabulary **over it** 지겹다, 질렸다 | **hold up** 버티다, 견디다 | **lifesaver** 구세주

 ## American Culture Tip

Uber(우버를 타다)

미국에서는 우버(Uber)가 너무 일상적인 이동 수단이 되다 보니, 사람들은 "우버를 타다"를 아예 동사처럼 사용합니다. 실제로 대화에서 "Uber it"이나 "Uber home" 같은 표현을 자연스럽게 들을 수 있어요. 우버를 타면 현지 드라이버들과 스몰톡을 나누는 것도 여행의 재미인데요, 다음에 해외에서 우버를 이용하신다면 배운 표현을 활용해 기사님과 스몰 토크를 시도해 보세요!

1 Let's Uber it to the concert.

우리 콘서트장까지 우버 타고 가자.

2 I'm going to Uber home.

나 우버 타고 집에 갈 거야.

 *Callie's AI Tip & Mission!* 

프리토킹 마스터하기!

ChatGPT를 활용해 스크립트의 상황을 기반으로 영어회화 연습해 보세요.

1. 음성모드를 켜세요.

2. ChatGPT에게 아래와 같이 대화를 요청하세요.
   "렌터카 회사 직원과 차량을 대여하는 상황으로 프리토킹을 해보고 싶어요. 제가 고객 역할을 할게요. 렌터카 직원 역할을 해주세요. 영어 (초보/중급/고급) 수준으로 말해주세요. 먼저 영어로 질문을 해주세요. 제가 대답하면, 자연스럽게 대화를 이어가 주세요."

3. 대화 중 다음과 같이 질문해 보세요.
   "이 표현 말고 다른 자연스러운 표현이 있을까요?"
   "지금 제가 말한 문장을 더 자연스럽게 고쳐주세요."

4. 대화가 끊겼을 때는 계속 질문해 주세요"라고 말하면, ChatGPT가 다시 질문을 이어갑니다.

Diary

이번 파트에서 배운 주요 표현과 단어들을 활용해, 아래 질문에 답해보세요.

자동차를 렌트하는 것을 좋아하나요? 아니면 우버 타는 것을 좋아하나요? 각각의 장단점은 뭐라고 생각하세요?

(Callie's Diary) *I usually prefer taking an Uber because you don't have to worry about parking. On the other hand, it is quite expensive. One good thing about renting a car is that you can keep things in the car when you're out and about. The thing I don't like about renting a car is having to worry about getting in an accident or damaging it.*

저는 보통 우버를 타는 걸 더 선호해요. 왜냐하면 주차 걱정을 하지 않아도 되거든요. 반면에, 우버는 꽤 비싸요. 렌터카의 장점 중 하나는 돌아다닐 때 물건을 차에 둘 수 있다는 점이에요. 렌터카의 단점은 사고가 나거나 차에 흠집이 날까 봐 계속 신경 써야 한다는 점이에요.

⭐ 이제 여러분이 써볼 차례예요!

I usually prefer (renting a car / taking an Uber) because ___________

_______________________________________. On the other hand,

_______________________________. One good thing about

(renting a car / taking an Uber) is that _____________________.

The thing I don't like about (renting a car / taking an Uber) is _____

____.

Sightseeing 관광

Script

Exploring New York with my family has been amazing! Instead of booking a package tour this time, I took care of all the planning. There's so much to see and do, but we started with the places **at the top of my list**.

First, we went to the SUMMIT because I'd heard the view of the **skyline** was **incredible**, and it really was. We **booked in advance** and went early to **beat the crowd**. Our **time slot** was for 10 a.m. We still had to **wait in line**, but luckily it wasn't too long. Once we got to the top, we just stood there for a while **taking it all in**. It was totally **worth the wait**. I asked someone to take a group photo of us with the Empire State Building in the background since it's the most **iconic landmark** in New York.

가족들과 뉴욕을 여행한 시간이 정말 계속 좋았어요! 이번에는 패키지여행을 예약하는 대신, 제가 모든 계획을 직접 맡았어요. 볼 것도 많고 할 것도 많았지만 제 리스트에서 가장 가고 싶었던 곳들부터 시작했어요.

먼저 '서밋(SUMMIT)'에 갔는데, 스카이라인의 뷰가 정말 끝내준다고 들었거든요. 실제로도 진짜 그랬어요. 우리는 미리 예약을 했고, 붐비기 전에 일찍 갔어요. 우리 예약 시간은 오전 10시였어요. 줄은 여전히 서야 했지만, 다행히 오래 걸리진 않았어요. 꼭대기에 도착하고 나서는 한동안 그냥 서서 눈앞의 풍경을 온전히 감상했어요. 완전 기다린 보람이 있었어요. 저는 다른 분께 부탁해서 엠파이어 스테이트 빌딩이 배경으로 나오게 단체 사진도 찍어달라고 했어요. 뉴욕에서 가장 상징적인 랜드마크니까요.

Vocabulary

explore 탐험하다, 돌아다니다 | **skyline** 도시의 스카이라인 | **incredible** 믿을 수 없을 만큼 멋진, 굉장한 | **time slot** (예약된) 시간대 | **iconic** 상징적인, 대표적인 | **landmark** 랜드마크, 지역을 대표하는 명소나 건축물 | **overwhelming** 압도적인, 감당하기 힘든 | **must-do** 꼭 해야 할 일(경험) | **people-watch** (사람들의 행동을 유심히) 구경하다, 관찰하다 | **souvenir shop** 기념품 가게 | **guided tour** 가이드가 동행하는 투어 | **in person** 직접, 실물로

After that, we walked over to Times Square. It was a little **overwhelming** with all the lights and people, but it's definitely a **must-do**. We grabbed a slice of pizza nearby and just **people-watched** for a bit. Later, we stopped by a **souvenir shop** to do some shopping. I ended up buying a magnet and a tiny Statue of Liberty keychain.

Everything we did was **within walking distance**, so we didn't need to take the subway. Tomorrow, we're thinking about either going on a **guided tour** of Ground Zero or walking across the Brooklyn Bridge. I've seen pictures of the bridge a hundred times, but everyone says it's even better **in person**.

그다음에 우리는 타임스퀘어까지 걸어갔어요. 불빛도 사람도 너무 많아서 조금 정신 없긴 했지만, 그래도 확실히 꼭 해봐야 하는 경험이에요. 우리는 근처에서 피자 한 조각 사 먹으면서 잠깐 사람 구경도 했어요. 나중에는 기념품 가게에도 들러서 쇼핑도 좀 했어요. 저는 결국 자석 하나랑 작은 자유의 여신상 키링을 샀어요.

우리가 간 모든 곳이 다 걸어갈 수 있는 거리에 있어서, 지하철을 탈 필요가 없었어요. 내일은 '그라운드 제로' 가이드 투어를 갈지, 아니면 브루클린 브리지를 걸어서 건널지 고민 중이에요. 저는 그 다리의 사진은 백 번도 넘게 봤는데, 다들 실제로 보면 훨씬 멋지다고 하더라고요.

🔊 Key Phrases

✅ **At the top of (one's) list** 가장 하고 싶은 것, 최우선 순위

> Visiting the Eiffel Tower is **at the top of my list**.
> 에펠탑 방문은 내가 가장 하고 싶은 일이다.

✅ **Book in advance** 미리 예약하다

> We **booked in advance** to avoid long lines.
> 우리는 긴 줄을 피하려고 미리 예약했다.

✅ **Beat the crowd** 붐비는 시간을 피하다, 인파를 피하다

> If you want to **beat the crowd**, go on a weekday.
> 사람 많을 때를 피하고 싶으면 평일에 가세요.

✅ **Wait in line** 줄을 서서 기다리다

> We had to **wait in line** for about 30 minutes.
> 우리는 약 30분 정도 줄을 서야 했다.
> **다르게 말해보기** Stand in line

✅ **Take it all in** (풍경·분위기 등을) 마음껏 감상하다, 깊이 느끼다

> We sat down for a minute to **take it all in**.
> 우리는 잠깐 자리에 앉아서 풍경을 충분히 감상했다.

✅ **Worth the wait** 기다린 보람이 있다

> That meal was definitely **worth the wait**.
> 그 식사는 확실히 기다린 보람이 있었다.

✅ **Within walking distance** 걸어서 갈 수 있는 거리

> Is the beach **within walking distance**?
> 해변이 걸어서 갈 만한 거리에 있나요?
> **다르게 말해보기** Close enough to walk to

Use it

Sightseeing 관광

💬 Small Talk

Hong That view from the SUMMIT was insane. Totally worth the wait.

서밋에서 본 뷰가 진짜 장난 아니었어. 완전 기다린 보람이 있었지.

Callie I know, right? I'm glad we booked in advance. The 10 a.m. time slot was perfect.

그러니까! 미리 예약하길 잘했어. 오전 10시 시간대가 완전 딱이었어.

Hong Agreed. I'm surprised we didn't have to wait in line that long.

맞아. 줄을 그렇게 오래 안 서도 돼서 놀랐어.

Callie Yeah, I'm happy we beat the crowds. Times Square, **on the other hand...**

응, 사람들 몰리기 전에 가서 진짜 다행이야. 한편 타임스퀘어는...

Hong Busy 24/7. It's a bit overwhelming, to be honest.

24시간 내내 붐비니까. 솔직히 말해서 좀 정신 없었어.

Callie I know, but it's still a must-do, and it was within walking distance.

나도 알아. 그래도 꼭 가봐야 할 곳이긴 하잖아. 게다가 걸어서 갈 수 있는 거리였고.

Hong True. So... you still **down** to walk the Brooklyn Bridge tomorrow?

맞아. 그래서... 내일 브루클린 브릿지 걷는 건 아직 하고 싶은 거지?

Callie Yeah. I **can't wait!** I've seen so many photos of it, but I think it'll be even better in person.

당연하지. 진짜 기대돼! 사진으로는 엄청 많이 봤는데, 실제로 보면 훨씬 더 멋질 것 같아.

Vocabulary **on the other hand** 한편으로는, 반면에 | **down** ~할 마음이 있다 | **can't wait** 너무 기대되다

Hidden Gem(숨겨진 보석 같은 장소)

어떤 장소를 'hidden gem'이라고 표현하면, 잘 알려지지 않았지만 정말 멋진 곳이라는 뜻이에요. 관광객들로 북적이지 않는 현지인 맛집, 한적한 해변, 사람 많지 않은 멋진 하이킹 코스 같은 곳을 말합니다. 여행 블로그나 SNS에서 자주 쓰는 표현인데, 여행 가이드북에는 잘 안 나오는 특별한 장소를 추천할 때 사용합니다.

1 That coffee shop we found in Brooklyn was such a hidden gem.

우리가 브루클린에서 찾은 그 카페는 진짜 숨은 맛집이었다.

2 Our Airbnb host told us about a hidden gem that only locals know about.

우리 에어비앤비 호스트가 현지인만 아는 숨은 명소를 알려줬다.

 *Callie's AI Tip & Mission!* 

스몰토크 마스터하기!

ChatGPT를 활용해 스몰토크를 연습해보세요.

1. ChatGPT에 235쪽의 Small Talk 사진을 찍어 전송하세요.
2. 음성모드를 켜세요.

3. ChatGPT에 아래와 같이 대화를 요청하세요.
   "사진 속 스몰토크를 같이 읽어볼게요. 제가 Hong 역할을 할게요, Callie 역할을 해 주세요."
4. 첫 문장을 말해보세요. ChatGPT가 Callie처럼 대답하며 자연스럽게 대화를 이어갑니다. 한 문장씩 주고받으며 스피킹을 연습해 보세요.
5. 끝까지 읽고나면 역할을 바꿔보세요.
   "이제 역할을 바꿔볼게요. Hong 역할로 먼저 시작해 주세요. 저는 Callie 역할을 할게요."

Diary

이번 파트에서 배운 주요 표현과 단어들을 활용해, 아래 질문에 답해보세요.

Q Do you prefer going to famous tourist attractions or discovering hidden gems? What's one famous landmark you've always wanted to see in person? Why?

유명한 관광지를 가는 걸 선호하나요, 아니면 숨겨진 명소를 발견하는 걸 더 좋아하나요? 꼭 한 번 직접 보고 싶었던 유명한 관광명소가 어디인가요? 이유는 무엇인가요?

(Callie's Diary) *I usually enjoy visiting famous tourist attractions. I think famous places are usually well-known for a reason, so visiting them is a must! One famous landmark I really want to see in person is the Taj Mahal because it's such a beautiful and romantic place.*

저는 보통 유명한 관광지를 방문하는 것을 즐겨요. 유명한 장소들은 대개 그만한 이유가 있으니 꼭 가봐야 한다고 생각해요! 제가 직접 보고 싶은 유명한 랜드마크는 타지마할이에요. 왜냐하면 너무 아름답고 로맨틱한 곳이잖아요.

🌟 이제 여러분이 써볼 차례예요!

I usually enjoy (visiting famous tourist attractions / discovering hidden gems). I think (famous places / hidden gems) are __________

____ ,

so ____ !

One famous landmark I really want to see in person is __________

because ____ .

DAY 71

Business Trip 출장

 **Script**

I just got back from a three-day business trip in San Francisco. I **attended a conference** on digital marketing. Whenever I travel for work, my company **covers the flight and hotel**. They also give me a **per diem** for meals and **transportation**. I always make sure to keep all my **major receipts**, like airport parking and **client** lunches. That way, I can **submit an expense report** and **get reimbursed**.

This time, our **office assistant handled most of the travel arrangements**, so I didn't have to stress about anything. The hotel was super close to the event **venue** which was great.

저는 샌프란시스코에 3일간의 출장을 갔다가 막 돌아왔어요. 저는 디지털 마케팅 콘퍼런스에 참석했어요. 제가 출장을 갈 때마다, 저희 회사에서 비행기랑 호텔 비용을 부담해요. 또 식사랑 교통비는 일당으로 줘요. 저는 항상 공항 주차비나 고객과의 점심 같은 중요한 영수증들은 챙겨두려고 해요. 그래야 경비 보고서를 제출해서 환급을 받을 수 있거든요.

이번엔 우리 사무 보조가 출장 준비를 대부분 처리해 줘서, 저는 아무것도 신경 쓸 필요가 없었어요. 호텔도 행사장하고 정말 가까워서 너무 좋았어요.

per diem (출장 등의) 일일 경비, 일당 | **transportation** 교통, 이동 수단 | **major receipt** 주요 영수증 | **client** 고객, 거래처 | **get reimbursed** (지출한 비용을) 환급받다, 정산받다 | **office assistant** 사무 보조, 비서 | **venue** 행사 장소, 개최지 | **potential** 잠재적인, 가능성 있는 | **partner company** 파트너 회사, 협력사 | **session** (회의·교육 등의) 회차, 세션 | **walk away with** ~을 얻고 나오다, ~을 배우고 돌아오다 | **a good mix of** ~의 좋은 조화, ~이 잘 어우러진 | **field** 분야, 업계

The best part was probably the welcome event on the first night. I got to **network with** people from different companies, and I even **set up a meeting** with someone from a **potential partner company** for next week.

The conference itself had some great **sessions**. Some were more interesting than others, but I definitely **walked away with** new ideas. I took notes and plan on **sharing a few key takeaways** with my manager. Overall, it was **a good mix of** learning and connecting with other people in the **field**.

가장 좋았던 건 아마 첫날 저녁에 열렸던 환영 행사였던 것 같아요. 여러 회사에서 온 사람들과 교류할 수 있었고, 심지어 잠재적인 파트너 회사 분이랑 다음 주에 미팅까지 잡았어요.

콘퍼런스 자체도 정말 좋은 세션들이 있었어요. 몇몇 세션은 더 흥미로웠지만, 확실히 새로운 아이디어를 얻고 나왔어요. 저는 메모도 해두었고, 핵심 내용 몇 가지를 제 매니저에게 공유할 계획이에요. 전반적으로 배움과 업계 사람들과의 교류가 잘 어우러진 행사였어요.

✅ **Attend a conference** 콘퍼런스에 참석하다

I'm flying to Chicago next week to **attend a conference** on education.

나는 다음 주에 교육 관련 콘퍼런스에 참석하러 시카고로 비행기를 타고 간다.

✅ **Cover (something)** ~비용을 부담하다

They **covered** everything except airport parking.

그들이 공항 주차비를 제외한 모든 비용을 부담했다.

다르게 말해보기 Pay for (something) / Take care of (something)

✅ **Submit an expense report** 경비 보고서를 제출하다

Don't forget to **submit your expense report** by Friday.

금요일까지 경비 보고서를 제출하는 거 잊지 마세요.

✅ **Handle the travel arrangements** 출장/여행 준비를 맡다, 처리하다

My coworker offered to **handle the travel arrangements**.

내 동료가 출장 준비를 맡겠다고 제안했다.

다르게 말해보기 Take care of the travel plans / Organize the trip

✅ **Network with** 사람들과 교류하다, 인맥을 쌓다

Conferences are a great place to **network with** other professionals.

콘퍼런스는 다른 전문가들과 교류하기에 좋은 장소이다.

✅ **Set up a meeting** 회의를 잡다, 일정을 잡다

He's trying to **set up a meeting** with a new supplier.

그는 새 공급업체와의 회의 일정을 잡으려고 하고 있다.

✅ **Share key takeaways** 핵심 내용을 공유하다

After the session, we each **shared our key takeaways**.

세션이 끝난 후, 우리는 각자 핵심 내용을 공유했다.

Business Trip 출장

Small Talk

Callie   Hey, you're back! How was the trip?
어, 돌아왔네! 출장 어땠어?

Hong   Not bad! The conference was actually pretty useful.
나쁘지 않았어! 콘퍼런스가 의외로 꽤 유익했어.

Callie   Nice. Did everything go okay with the hotel and flights?
잘 됐네. 호텔이랑 비행기는 문제 없었고?

Hong   Yep! Work covered everything, which was nice. They handled all the travel arrangements too, so I just had to show up.
응! 회사에서 전부 부담해서 좋았어. 출장 준비도 다 해줘서 난 그냥 몸만 가면 됐거든.

Callie   That's great. Did you meet anyone interesting?
정말 좋다. 괜찮은 사람들도 만났어?

Hong   A few people. I even set up a meeting for next week with a potential client.
몇 명 만났지. 다음 주에 잠재 고객이랑 미팅도 하나 잡았어.

Callie   Ooh, look at you networking!
오~ 네트워킹 좀 하는데!

Hong   I tried! Now I just have to submit my expense report so I can get reimbursed for my **meals**.
나름 노력했지! 이제 식사 비용 환급 받으려면 경비 보고서만 제출하면 돼.

Callie   Well, I'm glad you're home. Let's just chill tonight.
무사히 잘 돌아와서 다행이야. 오늘 밤은 그냥 쉬자.

Hong   Yes please! This jet lag is **kicking my butt**!
제발! 시차 때문에 아주 힘들어 죽겠어!

Vocabulary meal 식사 | kick (one's) butt ~를 아주 힘들게 하다

American Culture Tip

Living Out of a Suitcase(여행 가방을 풀 새도 없이 떠도는 삶)

누군가가 "living out of a suitcase"라고 말하면, 출장이 너무 잦아서 집에 거의 못 들어가고 있다는 뜻입니다. 여행 가방을 제대로 풀지도 못한 채, 필요한 물건만 그때그때 꺼내 쓰며 호텔을 전전하는 바쁜 생활을 표현하는 거죠. 겉보기엔 멋져 보일 수 있지만 실제로는 일상도 없고 여유도 부족한, 빠듯하고 피곤한 삶을 암시하기도 합니다.

1 I've been living out of a suitcase for the past month.

나는 지난 한 달 동안 가방 풀 새도 없이 계속 출장을 다니고 있다.

2 She travels so much for work, she's basically living out of a suitcase these days.

그녀는 출장이 너무 많아서 요즘 거의 캐리어 들고 다니면서 지내.

 *Callie's AI Tip & Mission!* 

발음·억양 마스터하기!

ChatGPT를 활용해 발음과 억양을 훈련해 보세요.

1. 먼저 ChatGPT의 음성모드를 켜세요.

2. ChatGPT에 아래와 같이 요청하세요.
   "저는 원어민처럼 영어를 말하고 싶어요. 영어 문장들을 소리 내어 읽을게요. 제 발음과 억양을 더 자연스럽게 만들 수 있는 구체적인 팁을 알려주세요."
3. 240쪽의 Key Phrases 예문을 한 문장씩 영어로 소리 내어 읽어주세요.
4. 잘 와닿지 않거나, 이해가 안 될 때는 이렇게 말하세요.
   "시범을 보여주세요." 그러면 ChatGPT가 원어민 억양으로 직접 읽어줍니다.
5. 수정된 발음으로 다시 읽고, 다음 문장으로 넘어가 보세요.

Diary

이번 파트에서 배운 주요 표현과 단어들을 활용해, 아래 질문에 답해보세요.

일 때문에 출장을 자주 다녀야 하는 회사에서 일해보고 싶은가요? 출장의 장점과 단점에는 어떤 것들이 있을까요?

(Callie's Diary) I would like traveling a lot for work because I love to travel and think it sounds exciting. Some pros of traveling for work include getting to experience new cultures and networking with people from different backgrounds. A few cons include being away from family and dealing with jet lag.

저는 출장을 많이 가보고 싶어요. 왜냐하면 여행을 좋아하기도 하고 신날 것 같아서요. 출장의 장점으로는 새로운 문화를 경험할 수 있다는 것과 다양한 배경을 가진 사람들과 교류할 수 있다는 점이 있어요. 단점으로는 가족과 떨어져 지내야 한다는 것과 시차 적응이 힘들 수 있다는 점이 있겠네요.

이제 여러분이 써볼 차례예요!

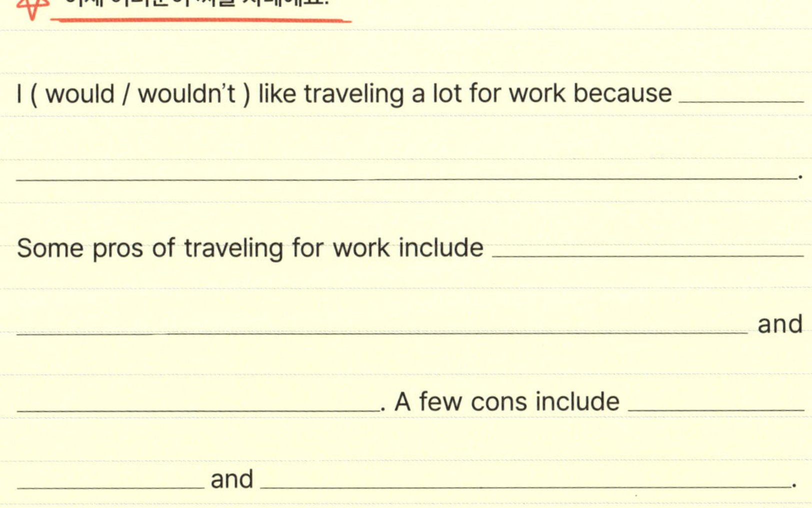

I (would / wouldn't) like traveling a lot for work because __________

____.

Some pros of traveling for work include ____________________

____ and

________________________. A few cons include ____________

____________ and __________________________________.

DAY 73

Weekend Trip 주말 여행

Script

Busan is one of my favorite places to **go on a weekend getaway**. It always feels so nice to **get out of the city** and relax for a bit. I usually **take a morning train** there. I love the KTX. It's fast, **smooth**, and way less stressful than driving.

The first thing I do whenever I go to Busan is **head straight to** the beach. Even though it's not that far from Seoul, Busan has such a different vibe, so it's always a nice **change of scenery**.

부산은 제가 주말에 짧게 여행을 가기 좋아하는 곳 중 하나예요. 도시를 잠깐 벗어나서 쉬고 오면 항상 기분이 좋아요. 저는 보통 아침 기차를 타고 거기로 가요. 저는 KTX를 정말 좋아해요. 빠르고, 편안하고, 그리고 운전하는 것보다 훨씬 스트레스를 덜 받거든요.

부산에 갈 때마다 가장 먼저 하는 일은 바로 해변으로 가는 거예요. 서울에서 그렇게 멀진 않지만, 부산은 분위기가 정말 달라서 늘 기분 전환이 돼요.

Last August, my friend and I stayed at a cute Airbnb near Haeundae Beach. It was super cozy. We spent most of our time walking along the **coast**, eating street food, and **soaking up the sun**. It felt so good to **take a break** and slow down for a bit.

I'll never forget having brunch at a beautiful **beachfront** cafe before **catching our train** back to Seoul. The whole weekend **flew by**, but we left feeling totally **refreshed** and **recharged**.

작년 8월에, 제 친구와 저는 해운대 해변가 근처에 있는 귀여운 에어비엔비에 묵었어요. 숙소가 정말 아늑했어요. 우리는 해안 따라 걸으면서 길거리 음식도 먹고, 그리고 햇살도 즐기면서 대부분의 시간을 보냈어요. 휴식을 취하고 잠깐 쉬어가니 정말 기분이 좋았어요.

서울로 돌아가는 기차를 타기 전에, 바닷가 앞 예쁜 카페에서 브런치를 먹었던 건 절대 잊지 못할 거예요. 주말이 정말 순식간에 지나갔지만, 완전 리프레시되고 재충전된 기분으로 돌아왔어요.

✓ **Go on a weekend getaway** 주말에 짧은 여행을 떠나다

> We **went on a weekend getaway** to the mountains.
> 우리는 주말에 산으로 짧은 여행을 다녀왔다.
> **다르게 말해보기** Take a weekend trip / Get out of town for the weekend

✓ **Get out of the city** 도시를 벗어나다

> It felt so good to **get out of the city** for a while.
> 잠깐 동안 도시를 벗어나니 정말 기분이 좋았다.

✓ **Take a (morning/afternoon/evening/night) train** (아침/오후/저녁/야간) 기차를 타다

> We **took an evening train** to Daegu.
> 우리는 저녁 기차를 타고 대구로 갔다.

✓ **Head straight to** 곧장 ~로 향하다

> Let's **head straight to** the hotel when we get there.
> 우리 거기에 도착하면 바로 호텔로 가자.

✓ **Change of scenery** 환경의 변화, 분위기 전환

> I just needed a **change of scenery** to feel better.
> 나는 기분이 좀 나아지려면 그냥 분위기 전환이 좀 필요했을 뿐이야.

✓ **Soak up the sun** 햇볕을 쬐다, 햇살을 즐기다

> They **soaked up the sun** by the pool.
> 그들은 수영장 옆에서 햇살을 즐겼다.

✓ **Take a break** 잠깐 쉬다, 휴식을 취하다

> I really needed to **take a break** from work.
> 나는 정말 일에서 벗어나 잠깐 쉴 필요가 있었어.

✓ **Catch a train** 기차를 타다

> We need to hurry if we want to **catch the train**.
> 우리는 기차를 타려면 서둘러야 해.

DAY 74

Weekend Trip 주말 여행

 **Small Talk**

Callie What do you think about going on a little weekend getaway? I feel like we need a break.

주말에 잠깐 여행 다녀오는 거 어때? 우리 좀 쉬어야 할 것 같아.

Hong Let's do it! Things have been **nonstop** lately. I'd love to get out of the city for a bit.

그러자! 요즘 진짜 쉴 틈이 없었잖아. 잠깐이라도 도시를 벗어나고 싶어.

Callie I was thinking Busan. It's not too far, and we can just relax by the beach.

부산 어떨까 생각했어. 너무 멀지도 않고, 그냥 바닷가에서 쉬면 되잖아.

Hong **I'm in.** Should we take the KTX? A morning train, maybe?

좋아. 우리 KTX 탈까? 아침 기차는 어때?

Callie Sounds good. I'll check if there are still tickets for Saturday.

좋아. 토요일 표가 아직 있는지 확인해 볼게.

Hong Perfect. And let's keep it **low-key.**

완벽해. 그리고 소소하게 다녀오자.

Callie For sure. Let's just be **beach bums.**

당연하지. 우리 그냥 바닷가에서 빈둥거리면서 쉬자.

Hong Sounds perfect. I could really use a change of scenery right now.

딱이네. 나 지금 분위기 전환이 좀 필요했거든.

Vocabulary **nonstop** 쉬지 않고, 끊임없이 | **I'm in** 나 할게, 참여할게 | **low-key** 소박한, 조용한 |
beach bum 해변에서 하루 종일 빈둥거리는 사람

'Trip'과 'Travel'의 차이

미국 영어에서 'trip과 travel'은 비슷해 보이는 단어지만 쓰임에 차이가 있습니다. 'trip'은 셀 수 있는 명사로, 휴가나 출장, 주말여행처럼 시작과 끝이 명확한 특정한 여행을 말할 때 쓰입니다. 일반적으로 짧은 기간 동안 다녀오는 여행을 뜻하는 경우가 많습니다. trip과 함께 자주 쓰이는 표현은 'take a trip(여행을 가다)', 'go on a trip(여행을 떠나다)', 'book a trip(여행을 예약하다)', 'plan a trip(여행을 계획하다)' 등이 있습니다.

반면 'travel'은 셀 수 없는 명사입니다. travel은 "I like to travel(저는 여행하는 걸 좋아해요)."나 "I travel a lot for work(저는 일 때문에 여행을 자주 다녀요)"처럼 여행 혹은 이동이라는 행위 자체를 표현하기 위해 사용합니다.

1 **Our trip got canceled because of the storm.**

우리 여행은 폭풍 때문에 취소됐다.

2 **She travels a lot for work.**

그녀는 일 때문에 출장을 자주 다닌다.

 *Callie's AI Tip & Mission!*

일기 쓰기 레벨업!

ChatGPT를 활용해서 내가 쓴 일기에 대해 맞춤형 피드백을 받아보세요.

1. 249쪽 Diary를 작성한 후, 타이핑하거나 사진을 찍어서 ChatGPT에 아래 메시지와 함께 요청하세요.

   "제가 쓴 영어 일기예요. 영어를 원어민이 쓴 것처럼 자연스럽게 다듬어주세요. 어색한 문법이나 단어 선택이 있다면 고쳐주고, 왜 그렇게 수정했는지 한국어로 구체적으로 설명해 주세요."

2. 아래 예시 질문을 활용하면, ChatGPT로부터 더 풍부하게 피드백받을 수 있습니다.

   "이 표현을 다른 문장으로도 바꿔볼 수 있을까요?"

   "제가 쓴 문장과 원어민 문장의 뉘앙스 차이를 더 자세히 설명해 주세요."

3. 피드백을 활용해서 일기를 더 풍성하게 써보세요.

Diary

이번 파트에서 배운 주요 표현과 단어들을 활용해, 아래 질문에 답해보세요.

Q What's your favorite city to visit in your country? What do you like about it? What city would you like to visit next?

당신이 사는 나라에서 여행 가는 걸 가장 좋아하는 도시는 어디인가요? 그 도시의 어떤 점이 마음에 드시나요? 다음에 가보고 싶은 도시는 어디인가요?

(Callie's Diary) *My favorite city to visit is* Busan *because it's easy to get to and has a great mix of city and beach. The next city I want to visit is* Gyeongju *so I can bike around and explore all the historical sites.*

제가 여행 가는 걸 가장 좋아하는 도시는 부산이에요. 왜냐하면 가기도 쉽고, 도시와 해변이 잘 어우러져 있거든요. 다음에 가보고 싶은 도시는 경주예요. 자전거를 타고 다니면서 역사적인 장소들을 다 둘러보고 싶거든요.

🌟 이제 여러분이 써볼 차례예요!

My favorite city to visit is ________________________ because it's

________________________ and ________________________.

The next city I want to visit is ________________________ so I can

____

________________________.

DAY 75

Learn it

Road trip 자동차 여행

 **Script**

Whenever I go on a road trip, I like to **hit the road** early to **beat the traffic**. The first thing I always do after getting in the car is **buckle up** and turn on the **headlights** if it's still dark out. Depending on the weather, I might turn on the wipers too. Safety is important to me, so I always go the **speed limit** and use my **blinkers** when I drive.

The best part of every road trip is **pulling into** a **rest stop** to stretch my legs and grab some snacks. Before getting back on the road, I usually **make a quick pit stop** at a **gas station** to **fill up the tank**.

저는 로드트립을 갈 때마다, 교통체증을 피하기 위해 일찍 출발하는 걸 좋아해요. 항상 차에 타자마자 제일 먼저 하는 일은 안전벨트를 매고, 밖이 아직 어두우면 라이트를 켜는 거예요. 날씨에 따라서는 와이퍼도 켤 때도 있어요. 안전이 중요하니까, 저는 운전할 때 항상 제한속도를 지키고 깜빡이도 켜요.

모든 로드트립에서 제일 좋은 순간은 휴게소에 들러서 다리 좀 쭉 펴고 간식 사 먹는 시간이에요. 다시 길을 나서기 전에, 저는 보통 주유소에 잠깐 들러서 기름을 가득 채워요.

beat the traffic 교통 체증을 피하다 | **buckle up** 안전벨트를 매다 | **headlights** 자동차 전조등, 헤드라이트 | **speed limit** 제한 속도 | **blinker** 방향 지시등, 깜빡이 | **pull into** (차를) ~에 세우다 | **rest stop** (고속도로 등의) 휴게소 | **gas station** 주유소 | **merge** (도로가) 합류하다 | **swerve** (갑자기) 방향을 틀다 | **flashers** 비상등(좀 더 공식적으로는 'hazard lights'라고 합니다) | **warn** 경고하다, 주의를 주다 | **road rage** 보복 운전, 난폭 운전 | **traffic jam** 교통 체증 | **exit** 출구 | **smooth sailing** 순조로운 진행

When my husband and I went to Sokcho, we had to **jump on the highway**, which was a bit more stressful. While we were **merging**, someone **cut us off**, and my husband had to **swerve** and **slam on the brakes**. We put on our **flashers** to **warn** the driver behind us, but he still **laid on the horn**. Luckily, that was the closest thing to **road rage** we experienced the whole trip.

Driving on the highway is pretty easy as long as you **give it some gas** and pay attention when **changing lanes**. There was one small **traffic jam** near our **exit**, but otherwise it was **smooth sailing**.

남편과 제가 속초에 갔을 때는 고속도로를 타야 해서 좀 더 긴장됐어요. 합류하는 도중에 누가 갑자기 끼어드는 바람에 남편이 차를 급히 틀고 브레이크를 세게 밟아야 했죠. 우리는 뒤에 있는 운전자에게 경고하려고 비상등을 켰는데, 그래도 그가 경적을 길게 울리더라고요. 다행히 그게 이번 여행에서 겪은 난폭 운전에 가장 가까운 일이었어요.

고속도로 운전은 속도 좀 내고 차선 변경할 때만 신경 쓰면 꽤 쉬워요. 출구 근처에서 조금 정체가 있었지만, 그 외에는 아주 순조로웠어요.

✅ **Hit the road** 길을 떠나다, 출발하다

  Let's **hit the road** right after breakfast.
  아침 먹고 바로 길을 떠나자.

✅ **Make a pit stop** 잠시 들르다, 휴게소에 들르다

  We **made a pit stop** for snacks and gas.
  우리는 간식을 사고 기름을 넣으려고 잠시 휴게소에 들렀다.

✅ **Fill up the tank** 기름을 가득 넣다

  Don't forget to **fill up the tank** before returning the rental car.
  렌터카를 반납하기 전에 기름을 가득 넣는 걸 잊지 마.

✅ **Jump on the highway** 고속도로로 진입하다

  We **jumped on the highway** to save time.
  우리는 시간을 절약하려고 고속도로로 바로 진입했다.

✅ **Cut (someone) off** 갑자기 끼어들다, 앞을 가로막다

  That guy just **cut me off**!
  저 사람이 내 앞에 갑자기 끼어들었어!

✅ **Slam on the brakes** 급브레이크를 밟다

  I had to **slam on the brakes** when the light turned red.
  나는 신호등이 빨간불로 바뀌었을 때 급브레이크를 밟아야 했다.

✅ **Lay on the horn** 경적을 길게 울리다

  The car behind me **laid on the horn**.
  내 뒤에 있던 차가 경적을 길게 울렸다.

✅ **Give it some gas** 속도를 내다, 액셀을 밟다

  Give it some gas! We're running late!
  속도 좀 내! 우리 늦겠어!

✅ **Change lanes** 차선을 변경하다

  I had to **change lanes** to turn at the light.
  나는 신호에서 회전하려고 차선을 바꿔야 했다.

DATE   /   /

🚗 **DAY 76**

Road trip 자동차 여행

> 💬 **Small Talk**

Callie Glad we hit the road early. Traffic doesn't look too bad yet.

일찍 출발하길 잘했네. 아직 교통 상황이 그렇게 나쁘진 않은 것 같아.

Hong Yeah, so far so good.

맞아, 지금까진 괜찮네.

Callie But can we make a quick pit stop at a gas station soon? I need some coffee.

근데 우리 주유소에 잠깐 들러도 돼? 나 커피가 필요해.

Hong Works for me. I'll fill up the tank while we're there.

나도 좋아. 거기 있는 동안 기름도 가득 넣을게.

Callie Why is that guy laying on the horn?

저 사람은 왜 계속 빵빵거리는 거야?

Hong No idea. I'm going the speed limit.

모르겠어. 나 제한 속도로 가고 있는데.

Callie Maybe he's got some road rage issues.

아마 운전을 험하게 하는 사람인가 본데.

Hong Well, I'm just gonna change lanes and **give him space**. We're not in a rush.

뭐, 그냥 차선 바꿔서 거리를 좀 둘게. 우린 급할 거 없잖아.

Callie Exactly. That's why we're **taking the scenic route**.

맞아. 그래서 우리가 경치 좋은 길로 가는 거지.

Vocabulary **give (someone) space** ~에게 공간을 주다, 여유를 주다 |
take the scenic route 경치 좋은 길로 가다, 둘러가다

Backseat Driver(운전에 참견하는 사람)

'Backseat driver'는 운전자 옆이나 뒷자리에 앉아 운전하는 방식에 대해 계속 잔소리를 하는 승객을 가리키는 속어입니다. 전반적으로 부정적인 의미로 쓰이지만, 친구나 가족 사이에서는 장난스럽게 쓰이는 경우도 많습니다.

1 **Don't be a backseat driver. I know what I'm doing.**

운전에 참견 좀 하지 마. 나 알아서 하고 있어.

2 **Sorry for being a backseat driver. I just get nervous on the highway.**

운전에 참견해서 미안해. 나는 고속도로만 타면 좀 긴장이 돼서.

Callie's AI Tip & Mission!
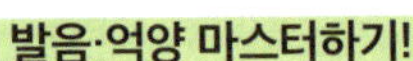

발음·억양 마스터하기!

ChatGPT를 활용해 발음과 억양을 훈련해 보세요.

1. 먼저 ChatGPT의 음성모드를 켜세요.

2. ChatGPT에 아래와 같이 요청하세요.
    "저는 원어민처럼 영어를 말하고 싶어요. 영어 문장들을 소리 내어 읽을게요. 제 발음과 억양을 더 자연스럽게 만들 수 있는 구체적인 팁을 알려주세요."

3. 252쪽의 Key Phrases 예문을 한 문장씩 영어로 소리 내어 읽어주세요.

4. 잘 와닿지 않거나, 이해가 안 될 때는 이렇게 말하세요.
    "시범을 보여주세요." 그러면 ChatGPT가 원어민 억양으로 직접 읽어줍니다.

5. 수정된 발음으로 다시 읽고, 다음 문장으로 넘어가 보세요.

Diary

이번 파트에서 배운 주요 표현과 단어들을 활용해, 아래 질문에 답해보세요.

(Callie's Diary) *I like to listen to good music and play games on long road trips so I don't get bored. My go-to snack on the road is potato chips. I sometimes get carsick on long drives.*

장거리 자동차 여행을 할 때는 좋은 음악을 듣거나 게임을 하는 걸 좋아해요. 지루하지 않게요. 운전할 때 제가 꼭 사 먹는 간식은 감자칩이에요. 긴 시간 차에 타고 있으면 가끔 멀미를 하기도 해요.

⭐ 이제 여러분이 써볼 차례예요!

I like to ____

on long road trips so I don't get bored. My go-to snack on the road

is _______________. I (never / rarely / sometimes / often / always)

get carsick on long drives.

Learn it

Birthday 생일

 **Script** 

I always look forward to **celebrating my birthday** with my family. Usually, I **go all out** for my birthday, but this year I told my family I wanted to **keep it small**. They couldn't resist **throwing me a party**, though, **complete with decorations** and **party supplies**. They **blew up balloons** and **hung streamers**. My sister even picked up my favorite cake from a local bakery.

Whenever I'm the **birthday girl**, I get to pick dinner. This year, I chose to get takeout from my favorite Mexican restaurant. When we picked up our food, they gave me a free dessert after my family told them it was my birthday. They asked **how old I was turning**, and I just laughed and told them to **guess**.

저는 가족이랑 생일을 함께 보내는 걸 항상 기대해요. 보통은 제 생일을 제대로 챙기는 편인데 올해는 가족들에게 작게 하고 싶다고 말했거든요. 그래도 가족들이 참지 못하고, 장식이랑 파티용품까지 준비해서 파티를 열어줬어요. 가족들이 풍선을 불었고, 장식 띠도 걸어놨어요. 언니는 동네 빵집에서 제가 제일 좋아하는 케이크까지 사 왔어요.

제가 생일 주인공일 때는 저녁 메뉴를 제가 골라요. 올해는 제가 가장 좋아하는 멕시칸 음식점에서 테이크아웃을 하기로 정했어요. 음식을 가지러 갔을 때, 가족이 제 생일이라고 말하니까 가게에서 무료 디저트를 줬어요. 그들이 제가 몇 살이 되는지 묻길래, 그냥 웃으면서 맞혀보라고 했어요.

throw a party 파티를 열다 I **complete with** ~까지 갖춘, ~이 완비된 I **decorations** 장식 I **party supplies** 파티에서 사용하는 소품 I **birthday girl/boy** 생일 주인공 I **guess** 추측하다, 맞히다 I **make a wish** 소원을 빌다 I **tear up** 울먹이다, 눈물이 맺히다 I **love every minute of (something)** ~의 모든 순간을 즐기다

After dinner, it was cake time! Every year, we sing 'Happy Birthday,' and I **make a wish** before **blowing out the candles**. While everyone eats cake, I open presents. I always say not to get me anything, but my parents never listen.

This year, I got some new books, candles, and a few gift cards to my favorite stores. Reading the birthday cards almost made me **tear up**. Even though it wasn't a huge party, it felt really special, and I **loved every minute of it**.

저녁 식사 후에는 케이크 시간이었어요! 매년 우리는 생일 축하 노래를 부르고, 저는 촛불 불기 전에 소원을 하나 빌어요. 모두가 케이크를 먹는 동안 저는 선물을 열어봐요. 제가 항상 아무것도 사지 말라고 하지만, 부모님은 절대 듣지 않으세요.

올해는 새 책 몇 권, 향초, 그리고 제가 좋아하는 가게들의 기프트 카드도 받았어요. 생일 카드를 읽는데, 거의 눈물이 날 뻔했어요. 큰 파티는 아니었지만 정말 특별하게 느껴졌고, 모든 순간이 다 좋았어요.

✓ **Celebrate (one's) birthday** ~의 생일을 축하하다

I **celebrated my birthday** with friends this weekend.
이번 주말에 친구들과 내 생일을 축하했다.

✓ **Go all out** 전력을 다하다, 성대하게 하다

They **go all out** for her birthday every year.
그들은 매년 그녀의 생일을 위해 성대하게 준비한다.

✓ **Keep it small** 소규모로 하다, 작게 하다

Let's **keep it small** and just have dinner at home.
작게 하고 집에서 그냥 간단하게 저녁을 먹자.
다르게 말해보기 Keep it low-key / Keep it casual

✓ **Blow up balloons** 풍선을 불다

My little brother helped me **blow up balloons** for the surprise party.
남동생이 깜짝 파티를 위해 풍선을 불어주는 걸 도와줬다.

✓ **Hang streamers** 장식용 띠를 걸다

She **hung colorful streamers** on the walls.
그녀는 벽에 알록달록한 장식용 띠를 걸었다.

✓ **How old (someone) is turning** (누군가가) 몇 살이 되는지

Do you know **how old he's turning** this year?
올해 그가 몇 살이 되는지 알아?

✓ **Blow out the candles** 촛불을 불다, 촛불을 끄다

Everyone sang, and then she **blew out the candles**.
모두가 노래를 부른 후, 그녀는 촛불을 불었다.

DATE   /   /

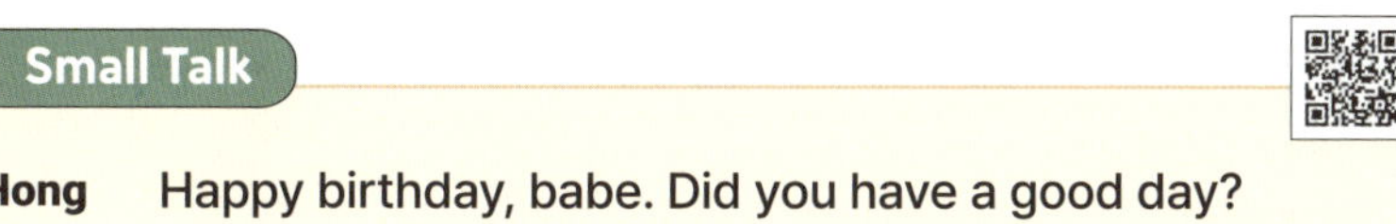

DAY 78

Birthday 생일

🗨 Small Talk

Hong   Happy birthday, babe. Did you have a good day?

생일 축하해, 자기야. 오늘 하루 잘 보냈어?

Callie   Yeah, it was perfect. I'm glad we kept it small this year.

응, 완벽했어. 올해는 소박하게 해서 정말 다행이야.

Hong   Your family still went all out with the decorations, though.

그래도 너희 가족들이 그 장식을 정말 정성껏 준비했더라.

Callie   I know! Balloons, streamers... it was so cute.

그러게! 풍선이랑 장식용 띠에다가... 정말 귀여웠어.

Hong   And that cake! Your sister really **nailed it**.

그리고 그 케이크! 너희 언니가 진짜 잘 골랐더라.

Callie   She did. And it was so sweet of the restaurant to give me a free dessert.

그랬지. 그리고 식당에서 디저트를 서비스로 준 것도 너무 감동적이었어.

Hong   Even nicer of them to guess you were turning 20.

네가 이제 스무살이 된다고 생각했다니 더 좋았겠네.

Callie   Right? That was the best birthday gift ever.

그렇지? 그게 올해 최고의 생일 선물이었어.

Hong   Well, that and all those presents you told people not to get you.

아, 그리고 사람들한테 사 오지 말라더니 선물은 잔뜩 받았잖아?

Callie   Hey, I didn't ask for them... but I'm not **complaining**!

에이, 내가 달라고 한 건 아니지만... 싫다는 건 아니야!

Vocabulary   **nail it** 제대로 해내다 | **complain** 불평하다

Milestone Birthdays(특별한 전환점이 되는 생일)

미국에서는 중요한 전환점으로 여겨지는 나이를 지칭하는 표현이 있습니다. 'Sweet Sixteen'은 누군가가 16세가 됐을 때 쓰는 표현이에요. 미국의 많은 주에서는 16세가 되면 운전면허를 딸 수 있어서, 어떤 가족들은 파티를 열어 이날을 축하하기도 합니다. 따로 명칭은 없지만, 21세 역시 미국에서 중요한 나이로 여겨집니다. 한국과 달리 미국에서는 만 21세가 되어야 술을 마실 수 있기 때문이죠.

'Over the hill'은 누군가가 40세나 50세가 될 때 쓰는 약간 장난스러운 표현입니다. 인생의 정점을 넘어 내리막길로 접어들었다는 의미로, 나이 들었다고 놀릴 때 주로 사용됩니다. 미국에서는 'Over the hill'을 테마로 검은 풍선, 노인 콘셉트의 장식, 재미있는 카드 등으로 생일 파티를 열기도 합니다.

1 **She got a car for her Sweet Sixteen. She was so excited!**

그녀는 16세 생일에 차를 받았다. 그녀는 정말 신나했다!

2 **My dad just turned 50, so we threw him an Over the Hill party.**

아버지가 막 50세가 되셔서, 우리가 'Over the Hill' 파티를 열어드렸다.

 *Callie's AI Tip & Mission!* 

프리토킹 마스터하기!

ChatGPT를 활용해 스크립트의 상황을 기반으로 영어회화 연습해 보세요.

1. 음성모드를 켜세요.

2. ChatGPT에게 아래와 같이 대화를 요청하세요.

   "생일을 주제로 프리토킹을 해보고 싶어요. 영어 (초보/중급/고급) 수준으로 말해주세요. 먼저 영어로 질문을 해주세요. 제가 대답하면, 자연스럽게 대화를 이어가 주세요."

3. 대화 중 다음과 같이 질문해 보세요.

   "이 표현 말고 다른 자연스러운 표현이 있을까요?"

   "지금 제가 말한 문장을 더 자연스럽게 고쳐주세요."

4. 대화가 끊겼을 때는 계속 질문해 주세요"라고 말하면, ChatGPT가 다시 질문을 이어갑니다.

Diary

이번 파트에서 배운 주요 표현과 단어들을 활용해, 아래 질문에 답해보세요.

생일을 보통 거창하게 보내나요, 아니면 소박하게 보내는 편인가요? 어떻게 축하하는 걸 좋아하나요? 특별한 생일 전통이 있나요? 어떤 선물을 받는 걸 좋아하세요?

(Callie's Diary) *I usually like to keep it small for my birthday. I like celebrating by spending time with my close friends. Every year on my birthday, I have a slice of cake and open presents. I like getting books and gift cards as gifts.*

저는 생일을 보통 소소하게 보내는 걸 좋아해요. 가까운 친구들과 시간을 보내며 축하하는 걸 즐기죠. 매년 생일마다 케이크 한 조각을 먹고 선물을 열어봐요. 저는 책과 기프트카드를 선물로 받는 걸 좋아해요.

🌟 이제 여러분이 써볼 차례예요!

I usually like to (go all out / keep it small) for my birthday. I like

celebrating by ____.

Every year on my birthday, I ________________________________

____.

I like getting ________________________________ as gifts.

 DAY 79

Learn it

Wedding 결혼

Script

Last weekend, my cousin **got married**, and it was such a beautiful day. The **ceremony** was outside, and the weather couldn't have been better. Everyone stood up when she **walked down the aisle**, led by the **flower girl** and the **ring bearer**. The **bridesmaids** and the **groomsmen** all looked amazing in their matching outfits, and the **bride** looked **stunning** in her dress.

After they **said their vows**, they **exchanged rings** and, of course, **said "I do."** Everyone clapped and cheered when the **officiant pronounced them husband and wife**. I still remember when he **proposed** and they **got engaged** in Paris last year, so it was extra special to see this moment.

지난 주말에 사촌이 결혼했는데, 정말 아름다운 날이었어요. 결혼식은 야외에서 진행됐고, 날씨도 더할 나위 없이 좋았어요. 신부가 버진로드를 걸어 들어오자 모두 일어섰어요, 꽃을 뿌리는 소녀와 반지를 전달하는 소년이 앞장섰죠. 신부와 신랑 들러리들은 모두 맞춤 의상을 입고 있어서 멋졌고, 신부는 드레스 차림이 정말 눈부셨어요.

그들은 혼인 서약 후 반지를 교환했고, 당연히 "네, 그러겠습니다"라고 대답했어요. 주례자가 두 사람이 부부가 되었다고 선언하자 모두가 박수를 치고 환호했어요. 저는 작년에 그가 파리에서 프러포즈해서 약혼했던 때가 아직도 기억나서, 이 순간을 보는 게 더욱 특별하게 느껴졌어요.

After the ceremony, we all headed to the **reception**, which was just a short walk away. The **open bar** was already busy, and the food was delicious. While everyone was eating, the **best man** and **maid of honor** gave speeches and **made a toast** to the bride and **groom**. Then the music started, and everyone hit the **dance floor**.

My favorite part of any wedding is watching the couple's first dance. It's always so sweet. I also love when the bride **does the bouquet toss** and all the single ladies try to catch it. We laughed so hard watching people dive for it. After that, they cut the cake. Then the **newlyweds** left to get ready for their **honeymoon** the next day.

식이 끝난 후 우리 모두는 피로연 장소로 이동했는데, 걸어서 금방 갈 수 있는 곳이었어요. 오픈 바는 벌써 북적거렸고, 음식도 맛있었어요. 모두가 식사하는 동안 신랑 친구 대표와 신부 친구 대표가 축사를 하고, 신랑 신부를 위해 건배사를 했어요. 이어서 음악이 시작되자 모두가 춤을 추러 무대로 나갔어요.

어떤 결혼식에서든 제가 가장 좋아하는 순간은 신랑 신부가 처음으로 함께 춤추는 모습을 지켜보는 순간이에요. 항상 정말 감동적이에요. 저는 신부가 부케를 던질 때도 좋아해요, 모든 싱글 여성들이 잡으려고 애쓰죠. 그걸 잡으려고 사람들이 달려드는 걸 보면서 우리는 한참을 웃었어요. 그 후에 신랑 신부가 케이크를 잘랐어요. 조금 후 신혼부부는 다음 날 신혼여행을 준비하러 떠났어요.

✅ **Get married** 결혼하다

  They're planning to get married next summer.
  그들은 내년 여름에 결혼할 계획이다.

✅ **Walk down the aisle** 버진로드를 걷다

  I was so nervous before walking down the aisle.
  버진로드를 걷기 전, 나는 너무 긴장했다.

✅ **Exchange rings** 반지를 교환하다

  The couple exchanged rings as a symbol of their love.
  그 커플은 사랑의 징표로 반지를 교환했다.

✅ **Say "I do."** "네, 그러겠습니다"라고 대답하다

  Everyone clapped after they both said "I do."
  두 사람이 모두 "네, 그러겠습니다"라고 대답하자 모두가 박수를 쳤다.
  NOTE 주례자의 질문에 신랑·신부가 결혼을 받아들이는 의미로 대답하는 표현입니다.

✅ **Pronounce (someone) husband and wife** 부부로 선언하다

  I now pronounce you husband and wife.
  지금부터 두 사람을 부부로 선언합니다.

✅ **Get engaged** 약혼하다

  They just got engaged.
  그들은 막 약혼했다.

✅ **Make a toast** 건배를 제의하다, 건배사를 하다

  He stood up to make a toast during dinner.
  그는 저녁 식사 중에 건배사를 하려고 일어섰다.

✅ **Do the bouquet toss** 부케를 던지다

  Is it time to do the bouquet toss?
  부케를 던질 시간인가요?
  다르게 말해보기 Toss the bouquet

DATE   /   /

🔔 **DAY 80**

Wedding 결혼

💬 **Small Talk**

Hong Your cousin's wedding was really fun!

네 사촌 결혼식 정말 재미있었어!

Callie Yeah, I loved watching her walk down the aisle. She looked so happy.

맞아, 그녀가 버진로드를 걸어오는 걸 보는 게 정말 좋았어. 정말 행복해 보이더라.

Hong **Except for** when she cried during the vows.

혼인 서약할 때 운 걸 빼면 말이야.

Callie She wasn't the only one. I **teared up** a bit when they said "I do."

그녀만 울었던 게 아니야. 둘이 "네, 그러겠습니다"라고 말할 때 나도 울컥했어.

Hong The best man's speech was great too. He's **hilarious**.

신랑 측 들러리 대표 축사도 좋았어. 그분 진짜 웃기더라.

Callie For sure. I think my favorite part, though, was watching everyone on the dance floor.

맞아. 그래도 내가 제일 좋았던 건, 모두가 무대에서 춤추는 모습을 보는 거였어.

Hong Mine was the bouquet toss. Those ladies did not **mess around**.

난 부케 던지기가 제일 재미있었어. 그 여자분들 진짜 장난 아니더라.

Callie It's hard to believe it's been a year **since** they got engaged in Paris.

그들이 파리에서 약혼한 지 벌써 1년이 됐다는 게 믿기지 않아.

Hong And now they're on their honeymoon. Time sure flies.

그리고 이제 신혼여행 중이라니. 시간 정말 빠르다.

Vocabulary **except for** ~을 제외하고 | **tear up** 눈물이 고이다. 울컥하다 | **hilarious** 진짜 웃긴, 배꼽 잡게 웃긴 |
mess around 장난치다 | **since** ~이래로

Wedding Idioms(결혼 관련 관용 표현)

미국에서는 결혼이나 청혼에 대해 이야기를 할 때 일상적이고 장난스럽게 쓰이는 관용 표현이 많습니다. 다음은 원어민이 자주 쓰는 몇 가지 표현입니다.

1 Put a ring on it 약혼하다, 청혼하다
- 반지를 끼우는 것이 약속과 약혼의 상징에서 나온 표현.

2 Pop the question 청혼하다
- 프로포즈가 상대방을 놀라게 하기 위해 갑자기 '툭' 튀어나온다는 뜻에서 나온 표현.

3 Tie the knot 결혼하다
- 결혼 의식에서 두 사람을 매듭으로 묶던 전통에서 비롯된 표현.

4 Get hitched 결혼하다(비격식)
- 마차를 묶어 연결하듯 두 사람이 함께 묶인다는 이미지에서 나온 표현.

5 Get cold feet 결혼을 앞두고 겁이 나다, 마음이 흔들리다
- 긴장과 두려움으로 발이 차가워진다는 비유에서 나온 표현.

 *Callie's AI Tip & Mission!*

일기 쓰기 레벨업!

ChatGPT를 활용해서 내가 쓴 일기에 대해 맞춤형 피드백을 받아보세요.

1. 267쪽 Diary를 작성한 후, 타이핑하거나 사진을 찍어서 ChatGPT에 아래 메시지와 함께 요청하세요.
   "제가 쓴 영어 일기예요. 영어를 원어민이 쓴 것처럼 자연스럽게 다듬어주세요. 어색한 문법이나 단어 선택이 있다면 고쳐주고, 왜 그렇게 수정했는지 한국어로 구체적으로 설명해 주세요."
2. 아래 예시 질문을 활용하면, ChatGPT로부터 더 풍부하게 피드백받을 수 있습니다.
   "이 표현을 다른 문장으로도 바꿔볼 수 있을까요?"
   "제가 쓴 문장과 원어민 문장의 뉘앙스 차이를 더 자세히 설명해 주세요."
3. 피드백을 활용해서 일기를 더 풍성하게 써보세요.

Diary

이번 파트에서 배운 주요 표현과 단어들을 활용해, 아래 질문에 답해보세요.

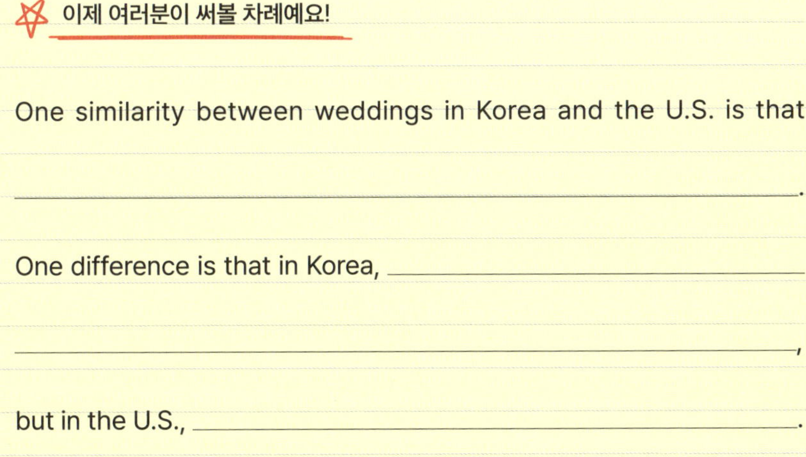

(Callie's Diary) *One similarity between weddings in Korea and the U.S. is that the bride and groom exchange rings and vows. One difference is that in Korea, the bride chooses one friend to toss the bouquet to, but in the U.S., all the single ladies try to catch it.*

한국과 미국의 결혼식이 비슷한 점 중 하나는 신랑 신부가 반지와 혼인 서약을 주고받는다는 거예요. 한 가지 차이점으로는, 한국에서는 신부가 부케를 받을 친구를 직접 선택하지만, 미국에서는 미혼 여성들이 모두 부케를 잡으려고 한다는 점이 있어요.

이제 여러분이 써볼 차례예요!

One similarity between weddings in Korea and the U.S. is that

____.

One difference is that in Korea, _______________________

____,

but in the U.S., _________________________________.

81

Housewarming 집들이

Script

My husband and I recently **moved into a new place**, so next month, I'm **having a housewarming party**. I plan on inviting **a bunch of** friends and telling them they can **bring a plus one** if they want to. I'm going to ask everyone to **RSVP**, and I hope people can **drop by** even for just a little while.

I'll set out some **finger foods,** like cheese and crackers and mini sandwiches, so everyone can grab a snack while **mingling**. I want to be a good **hostess**, so I'll **greet people at the door**. I'll tell them to **make themselves at home** and to **help themselves** to food and drinks.

최근에 남편과 저는 새 집으로 이사해서 다음 달에 집들이하려고 해요. 친구들을 여러 명 초대할 계획인데, 원하면 일행을 한 명 더 데려와도 된다고 말할 거예요. 모두에게 참석 여부를 알려달라고 요청할 건데, 다들 잠깐이라도 들를 수 있으면 좋겠어요.

저는 치즈와 크래커 그리고 미니 샌드위치처럼 간단히 먹을 수 있는 음식을 준비하려고 해요. 다들 이야기 나누는 동안 편하게 집어 먹을 수 있도록요. 좋은 호스트가 되고 싶어서, 문 앞에서 사람들을 맞이할 거예요. 그들에게 집처럼 편하게 있으라고 하고, 음식이랑 마실 것도 마음껏 즐기라고 할 거예요.

When we had a housewarming party at our old place, I spent most of the night giving house tours. I showed everyone around and **pointed out** my favorite parts of the apartment, like the kitchen and the cozy reading **nook**. Everyone **complimented** the **decor** and said they **loved what I'd done with the place**.

A few guests brought **thoughtful** housewarming gifts like a bottle of wine, candles, a plant, and even a cute **welcome mat**. I love hosting parties, and I can't wait for the **get-together** next month.

예전 집에서 우리가 집들이를 했을 때는 저녁 내내 집을 구경시켜 줬어요. 저는 모두에게 집을 보여주면서, 제가 가장 좋아하는 공간인 주방이랑 아늑한 독서 공간도 소개했어요. 모두 인테리어를 칭찬했고, 제가 집을 꾸민 방식을 마음에 들어 했어요.

몇몇 손님들은 와인, 초, 식물, 그리고 심지어 귀여운 현관 매트처럼 정성스러운 집들이 선물을 가져왔어요. 저는 파티 여는 걸 정말 좋아해서, 다음 달 모임이 벌써 기대돼요.

✓ **Move into a new place** 새 집으로 이사하다

> We just **moved into a new place** downtown last month.
> 우리는 지난달 시내에 있는 새 집으로 이사했다.

✓ **Have a housewarming party** 집들이를 하다

> My friend **had a housewarming party** last Saturday.
> 내 친구가 지난 토요일에 집들이를 했다.

✓ **Bring a plus one** 동반 1인을 데려오다

> He asked if he could **bring a plus one** to the barbecue.
> 그는 바비큐 파티에 동반 1인을 데려와도 되는지 물었다.
> **다르게 말해보기** Bring a friend / Bring someone along

✓ **Greet (someone) at the door** 문 앞에서 (누군가를) 맞이하다

> He **greeted us at the door** with a big smile.
> 그는 문 앞에서 환한 미소로 우리를 맞이했다.

✓ **Make (oneself) at home** 집처럼 편하게 지내다/쉬다

> Please **make yourself at home** while I finish up in the kitchen.
> 제가 주방에서 마무리하는 동안 집처럼 편하게 계세요.

✓ **Help (oneself)** 마음껏 하다, 마음대로 이용하다

> **Help yourself** to a drink!
> 음료는 마음껏 드세요!

✓ **Love what (someone) has done with the place** (누군가) 공간을 꾸민 방식이 마음에 들다

> It's so cozy in here! I **love what you've done with the place**!
> 여기 정말 아늑하네요! 집을 꾸민 방식이 정말 마음에 들어요!

Housewarming 집들이

DAY 82

💬 Small Talk

Hong I think the housewarming party went pretty well last night. You were a great hostess.

어젯밤 집들이가 꽤 잘된 것 같아. 너 호스트 역할 진짜 잘했어.

Callie Thank you! It was so much fun. I'm glad everyone could make it.

고마워! 정말 재미있었어. 모두가 와 줘서 기뻐.

Hong Even the people who said they might just drop by **ended up** staying for hours.

심지어 잠깐 들를 수도 있다고 한 사람들도 결국 몇 시간씩 있더라.

Callie I know! The food **disappeared** so fast.

그러게! 음식이 순식간에 금방 동났어.

Hong You gave so many house tours. I'm surprised you didn't **lose your voice.**

네가 집 구경을 엄청 많이 시켜줬잖아. 목이 안 쉰 게 신기할 정도야.

Callie Ha, yeah. But everyone wanted to see the new place.

하하, 맞아. 근데 모두 새 집을 보고 싶어 했잖아.

Hong We got so many nice compliments.

칭찬 정말 많이 받았지.

Callie And gifts! I love the welcome mat.

그리고 선물들도! 그 현관 매트가 정말 마음에 들어.

Hong Same. This place is really starting to feel like home.

나도 그래. 이제 진짜 여기가 집 같이 느껴져.

Callie Yep. I can't wait to have more get-togethers here.

맞아. 여기서 더 많은 모임을 열 생각에 너무 기대돼.

Vocabulary **end up** 결국 ~하게 되다 | **disappear** 사라지다 | **lose (one's) voice** 목이 쉬다

Home Sweet Home(역시 집이 최고지!)

'Home sweet home'은 집에 돌아왔을 때 느끼는 편안함과 안정감을 표현하는 말입니다. 여행 후 돌아왔을 때나 긴 하루를 마치고 들어왔을 때 '역시 집이 최고야'라는 기분을 표현할 때 쓰입니다. 미국에서는 현관 매트나 벽 장식, 쿠션 같은 집 꾸미기 소품에도 흔히 적혀 있습니다.

1 **Home sweet home! It feels so good to be back!**

집이 최고야! 돌아오니까 정말 기분이 좋아!

2 **Home sweet home! I missed this place so much.**

집이 최고야! 집이 너무 그리웠어.

Callie's AI Tip & Mission!

발음·억양 마스터하기!

ChatGPT를 활용해 발음과 억양을 훈련해 보세요.

1. 먼저 ChatGPT의 음성모드를 켜세요.

2. ChatGPT에 아래와 같이 요청하세요.
    "저는 원어민처럼 영어를 말하고 싶어요. 영어 문장들을 소리 내어 읽을게요. 제 발음과 억양을 더 자연스럽게 만들 수 있는 구체적인 팁을 알려주세요."

3. 270쪽의 Key Phrases 예문을 한 문장씩 영어로 소리 내어 읽어주세요.

4. 잘 와닿지 않거나, 이해가 안 될 때는 이렇게 말하세요.
    "시범을 보여주세요." 그러면 ChatGPT가 원어민 억양으로 직접 읽어줍니다.

5. 수정된 발음으로 다시 읽고, 다음 문장으로 넘어가 보세요.

Diary

이번 파트에서 배운 주요 표현과 단어들을 활용해, 아래 질문에 답해보세요.

Q Do you like hosting parties, or do you prefer to be a guest? When it comes to house parties, do you like small get-togethers with close friends or big parties with lots of people? Why?

파티를 여는 걸 좋아하나요, 아니면 손님으로 가는 걸 더 좋아하나요? 집에서 하는 파티라면, 가까운 친구들과의 소규모 모임을 더 좋아하나요, 아니면 많은 사람들과 함께하는 큰 파티를 더 좋아하나요? 이유는 무엇인가요?

(Callie's Diary) *I like hosting parties because I love planning and organizing events. For house parties, I prefer small get-togethers with close friends. I like being able to hang out and chat with everyone, and I feel more comfortable being around people I know well.*

저는 파티를 여는 걸 좋아해요. 왜냐하면 행사를 계획하고 준비하는 걸 좋아하거든요. 하우스 파티는, 소규모로 가까운 친구들과 모이는 걸 선호해요. 모두와 어울리고 이야기를 나눌 수 있는 게 좋고, 잘 아는 사람들과 있을 때 더 편하거든요.

☆ 이제 여러분이 써볼 차례예요!

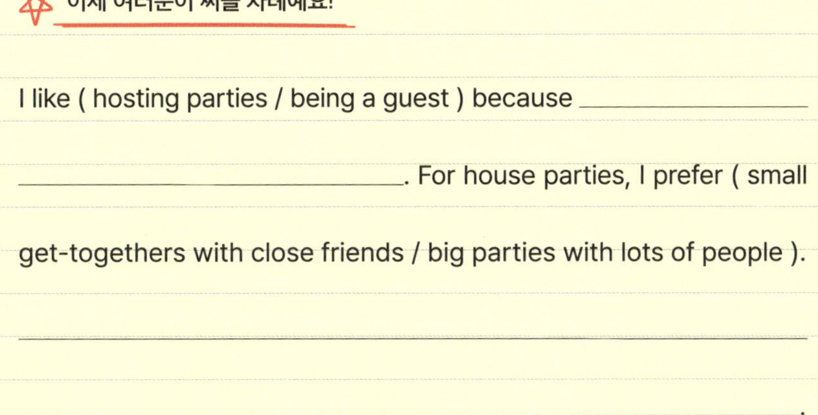

I like (hosting parties / being a guest) because ________________________

________________________. For house parties, I prefer (small

get-togethers with close friends / big parties with lots of people).

____

________________________.

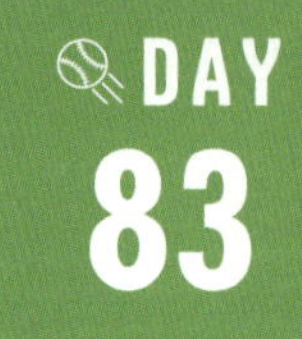

DAY 83

Baseball Game 야구 경기

 **Script**

I make sure to go to at least one baseball game every summer. They're such **a blast!** One of my friends is a **season ticket holder**, so we get great seats right behind home plate. **Tailgating** in the parking lot before the game starts is a must. People bring **lawn chairs**, coolers, and even small grills. It feels like a big outdoor party.

After heading into the **stadium**, we stop by the **concession stand** for some hot dogs, nachos, and beer. The team's mascot usually walks around and takes pictures with fans. At the last game we went to, everyone in the **stands** cheered and clapped like crazy. We were all **rooting for** the home team.

저는 매년 여름마다 최소한 한 번은 꼭 야구 경기를 보러 가려고 해요. 정말 재미있거든요! 제 친구 중 한 명이 시즌권을 갖고 있어서 홈 플레이트 바로 뒤에 있는 좋은 자리를 얻을 수 있었죠. 경기 전에 주차장에서 파티하는 건 필수예요. 사람들이 접이식 야외 의자랑 아이스 쿨러, 그리고 심지어 작은 그릴까지 가져와요. 마치 큰 야외 파티 같은 느낌이에요.

경기장에 들어간 다음에는 핫도그, 나초 그리고 맥주를 사러 매점에 들러요. 팀 마스코트가 보통 돌아다니면서 팬들이랑 사진을 찍어줘요. 지난번 우리가 보러 갔던 경기에서는 관중석에 있던 모두가 미친듯이 환호하고 박수를 쳤어요. 우리는 모두 홈 팀을 응원하고 있었어요.

They **started off strong**, but the other team wasn't **giving up**. By the fifth inning, it was **neck and neck**. Then one of our players **got benched** after striking out three times. Still, he showed good sportsmanship by **cheering for** his teammates from the **dugout**.

In the seventh inning, the **umpire made a bad call** that had the whole stadium **booing**. I was worried we were going to **fall behind**, but luckily we **scored a run** right after. We **took the lead** and ended up winning the game. **At one point**, they put us on the **jumbotron**, and we all waved and laughed when we saw ourselves on the big screen. For sure, **nothing beats** seeing a game **in person**.

그들은 초반에 힘차게 시작했지만 상대팀도 포기하지 않았어요. 5회쯤 되니 점수가 막상막하였죠. 그러고 나서 우리 선수 중 한 명이 세 번 삼진을 당해서 벤치로 빠졌어요. 그래도 그는 더그아웃에서 계속 팀원들을 응원하면서 훌륭한 스포츠맨십을 보여줬어요.

7회에는 심판이 오심해서 관중석 전체가 야유를 보냈어요. 저는 우리가 뒤처질까 봐 걱정했는데, 다행히 바로 점수를 냈어요. 우리가 앞서 나갔고 결국 경기에 이겼어요. 한번은 우리 모습이 대형 전광판에 잡혀서, 큰 화면에 나오는 우리 모습을 보면서 모두 손을 흔들고 웃었어요. 확실히, 직접 경기를 보는 게 최고예요.

✅ **Root for/Cheer for** 응원하다

Who are you **rooting for** tonight?
오늘 밤 너는 누구를 응원하고 있니?

We were **cheering for** our favorite player the whole game.
우리는 경기 내내 가장 좋아하는 선수를 응원했다.

✅ **Start off strong** 힘차게 시작하다, 초반에 좋은 출발을 보이다

She **started off strong** in the race.
그녀는 경기를 힘차게 시작했다.
다르게 말해보기 Come out strong / Get off to a good start

✅ **Get benched** 벤치로 물러나다(교체되다)

Our pitcher **got benched** in the fifth inning.
우리 투수는 5회에 교체됐다.

✅ **Make a (bad/good) call** (잘못된/올바른) 판정을 하다

We lost the game because the umpire **made a bad call**.
심판이 잘못된 판정을 해서 우리는 경기에서 졌다.

I think the ref **made a good call** on that foul.
나는 그 반칙에 대해 심판이 올바른 판정을 했다고 생각한다.

✅ **Fall behind** 뒤처지다

They **fell behind** after the other team scored twice in a row.
그들은 상대 팀이 연속으로 두 점을 넣은 후에 뒤처졌다.

✅ **Score a run** (야구에서) 한 점을 득점하다

The team **scored three runs** in one inning.
그 팀은 한 이닝에서 세 점을 득점했다.

✅ **Take the lead** 앞서다, 선두로 나서다

They **took the lead** in the final minutes of the game.
그들은 경기 막판에 앞서 나갔다.
다르게 말해보기 Pull ahead

DAY 84

Baseball Game 야구 경기

Small Talk

Hong These seats are amazing! Your friend really **hooked us up**.

이 자리 진짜 최고다! 네 친구가 진짜 좋은 자리를 잡아줬네.

Callie Yeah, I guess being a season ticket holder has its **perks**!

그러게. 시즌 회원권이 있으면 좋은 점이 많은 것 같네!

Hong I'm glad we got here early to tailgate. It was so much fun grilling out with everyone.

경기 시작 전에 일찍 와서 파티하길 잘한 것 같아. 다 같이 야외에서 고기 구워 먹으니까 진짜 재밌었어.

Callie Same. I still want a hot dog from the concession stand, though. It's a must at **ball games**.

나도 그래. 그래도 난 아직 매점에서 핫도그 먹고 싶어. 야구장에 오면 꼭 먹어야 하잖아.

Hong Can it wait until the next inning? We're starting off strong!

다음 회까지 기다릴 수 있어? 우리 경기 시작이 엄청 좋아!

Callie Of course. I have a feeling this game's gonna be neck and neck.

당연하지. 이번 경기는 막상막하일 것 같아.

Hong We would've won the last game if the **ump** hadn't made that bad call.

지난 경기에 심판이 잘못된 판정만 안 했어도 우리가 이겼을 거야.

Callie For sure. Everyone was so mad!

맞아. 다들 엄청 화났었잖아!

Vocabulary **hook (someone) up** ~를 챙겨주다, 연결해 주다 | **perk** 혜택 | **ball game** 야구 경기 | **ump** 심판을 줄여서 부르는 비격식 표현

Tailgating (경기 전 주차장에서 즐기는 파티 문화)

'Tailgating'은 미국에서 스포츠 경기를 보기 전 경기장 근처 주차장에서 파티하는 문화를 말합니다. 특히 미식축구 경기에서 매우 흔하게 볼 수 있으며, 많은 팬들은 경기 시작 몇 시간 전부터 모여 바비큐를 굽고 음악을 틀며 시간을 보냅니다.

미국 사람들은 Tailgating을 단순한 기다림이 아니라, 친목·응원·축제 분위기를 만드는 즐거운 전통으로 여깁니다. 흔히 캠핑 의자(lawn chairs), 쿨러(coolers), 휴대용 그릴(grills)을 가져오기도 합니다. 미국에서는 '경기만큼 중요한 경험'으로 여겨지기도 합니다.

1 **We got to the stadium early so we could tailgate with our friends.**

우리는 친구들과 테일게이팅하려고 경기장에 일찍 도착했다.

2 **I love tailgating before football games.**

나는 미식축구 경기 전에 테일게이팅하는걸 정말 좋아한다.

 *Callie's AI Tip & Mission!*

스몰토크 마스터하기!

ChatGPT를 활용해 스몰토크를 연습해보세요.

1. ChatGPT에 277쪽의 Small Talk 사진을 찍어 전송하세요.
2. 음성모드를 켜세요.

3. ChatGPT에 아래와 같이 대화를 요청하세요.
   "사진 속 스몰토크를 같이 읽어볼게요. 제가 Hong 역할을 할게요, Callie 역할을 해 주세요."
4. 첫 문장을 말해보세요. ChatGPT가 Callie처럼 대답하며 자연스럽게 대화를 이어 갑니다. 한 문장씩 주고받으며 스피킹을 연습해 보세요.
5. 끝까지 읽고나면 역할을 바꿔보세요.
   "이제 역할을 바꿔볼게요. Hong 역할로 먼저 시작해 주세요. 저는 Callie 역할을 할 게요."

Diary

Q Would you rather watch sports in person or on TV? In your opinion, what sport would be the most fun to watch live, and what sport would be the most boring?

스포츠를 직접 보는 걸 더 좋아하세요, 아니면 TV로 보는 게 더 좋으세요? 직접 보면 가장 재미있을 것 같은 스포츠와 가장 지루할 것 같은 스포츠는 뭐라고 생각하세요?

(Callie's Diary) *I would rather watch sports in person because it's so much more exciting, and I love the energy of the crowd. I think the most fun sport to watch live would be football because it's action-packed and very popular in the U.S. I think the most boring one to watch would be golf because it's a slower-paced sport with a lot of breaks.*

저는 스포츠를 직접 보는 걸 더 좋아해요. 왜냐하면 훨씬 더 신나고 관중들의 에너지를 느끼는 게 정말 좋아요. 현장에서 보면 가장 재미있는 스포츠는 미식축구라고 생각해요. 박진감이 넘치고 미국에서 인기가 많거든요. 보면 가장 지루할 것 같은 스포츠는 골프예요. 경기 속도가 느린 스포츠고 휴식 시간이 많기 때문이에요

 이제 여러분이 써볼 차례예요!

I would rather watch sports (in person / on TV) because _______

_____________________. I think the most fun sport to watch live

would be ________ because _______________________.

I think the most boring one to watch would be ______________

because __________________________________.

Learn it

Concert 콘서트

 **Script**

Last Friday night, I went to a concert with my best friend, and it was **incredible**. We were so lucky to **score tickets** because the show sold out in minutes. We picked them up at **will call** when we got to the **venue**. Then we grabbed some drinks and headed to the **standing section**.

When I was young, I **used to push my way to the front**. Now I don't **mind** standing in the back. The **opener** came out first and did a great job getting everyone **pumped up**. We all clapped and **put our hands in the air** when the singer told us to.

지난 금요일 밤, 저는 가장 친한 친구와 콘서트에 갔는데 대박이었어요. 공연이 몇 분 만에 매진됐기 때문에 티켓을 구한 게 정말 행운이었어요. 우리는 공연장에 도착해서 현장 수령 창구에서 티켓을 픽업했어요. 그리고 마실걸 좀 사서 스탠딩 구역으로 향했어요.

제가 어렸을 때는 앞쪽으로 막 비집고 나가곤 했었어요. 지금은 뒤에 서 있어도 괜찮아요. 오프닝 가수가 먼저 등장해서 모두를 완전히 신나게 했어요. 그 가수가 손을 들라고 하자 우리 모두 박수를 치며 손을 하늘로 들어 올렸어요.

incredible 놀라운, 엄청난 | **will call** 현장 수령 창구 | **venue** (공연·행사 등의) 장소 | **standing section** 스탠딩 구역 | **used to** ~하곤 했다 | **mind** 신경쓰다 | **opener** 첫 번째 공연자, 오프닝 무대 | **pumped up** 신나고 들뜬 상태가 되다 | **headliner** 메인 공연자 | **go wild** 열광하다, 환호하다 | **interact** 소통하다, 상호작용하다 | **performance** 공연, 연주 | **merch table** 기념품 판매대 | **backstage** 무대 뒤 대기실 | **meet-and-greet** (공연 후) 관객과의 만남 행사 | **autograph** 사인 | **raspy** 목이 쉰 | **sore** 아픈

When the **headliner** finally stepped on stage, the whole place **went wild**. The band knew exactly how to **interact** with the crowd. They asked us to **sing along** and got everyone to jump up and down together. They even **pulled someone on stage** for part of their **performance**. We were **screaming our lungs out**, and I think I might've **lost my voice** by the end of it.

After shows, I always stop by the **merch table** to check out the T-shirts. My dream is to go **backstage** one day for a **meet-and-greet** with the band. It'd be so cool to get their **autograph** and take a selfie together. Walking back to the car, my voice was **raspy** and my feet were **sore**, but I couldn't stop smiling.

드디어 메인 아티스트가 무대에 오르자 공연장 전체가 열광의 도가니가 됐어요. 그 밴드는 관객들과 어떻게 소통해야 하는지 정확하게 알고 있었어요. 우리에게 같이 따라 부르라고 하고, 모두 함께 점프하게 만들었어요. 심지어 관객 중 한 명을 무대로 불러 공연의 일부를 함께 하게 하기도 했죠. 우리는 목이 터져라 소리를 질렀고, 끝날 때쯤에는 제 목소리가 다 나간 것 같았어요.

공연 후에 저는 늘 굿즈 테이블에 들러 티셔츠를 구경해요. 언젠가 백스테이지에 가서 밴드와 만나보는 게 제 꿈이에요. 사인을 받고 같이 셀카를 찍을 수 있다면 정말 멋질 것 같아요. 차로 걸어가는 길에 목소리는 쉬었고 발도 아팠지만, 저는 웃음을 멈출 수 없었어요.

🔊 Key Phrases

✓ **Score tickets** 티켓을 운 좋게 구하다

> I can't believe you scored front-row tickets!
> 네가 1열 티켓을 구했다니 믿기지 않아!

✓ **Push (one's) way to the front** (사람들 사이를 비집고) 앞으로 나아가다, 앞으로 밀고 나가다

> Fans were pushing their way to the front as soon as the music started.
> 팬들은 음악이 시작되자 앞으로 밀고 나갔다.

✓ **Put (one's) hands in the air** 손을 들다, 양손을 공중으로 올리다

> Everyone put their hands in the air during that show.
> 공연을 하는 동안 모두가 손을 공중으로 들어 올렸다.
> **다르게 말해보기** Put (one's) hands up / Throw (one's) hands in the air

✓ **Sing along** 함께 따라 부르다

> We sang along to every song on their setlist.
> 우리는 그들의 세트리스트에 있는 모든 노래를 함께 따라 불렀다.

✓ **Pull (someone) on stage** ~를 무대로 끌어올리다, 올라오게 하다

> The band pulled him on stage to dance with them.
> 밴드가 그를 무대로 불러 함께 춤추게 했어요.

✓ **Scream (one's) lungs out** 목이 터져라 소리 지르다

> I screamed my lungs out when they played my favorite song.
> 그들이 내가 제일 좋아하는 노래를 연주했을 때 나는 목이 터져라 소리를 질렀다.
> **다르게 말해보기** Scream at the top of (one's) lungs / Scream (one's) head off

✓ **Lose (one's) voice** 목이 쉬다

> I lost my voice after all that singing and cheering.
> 나는 그렇게 노래하고 환호한 뒤에 목이 쉬어버렸다.

Concert 콘서트

💬 Small Talk

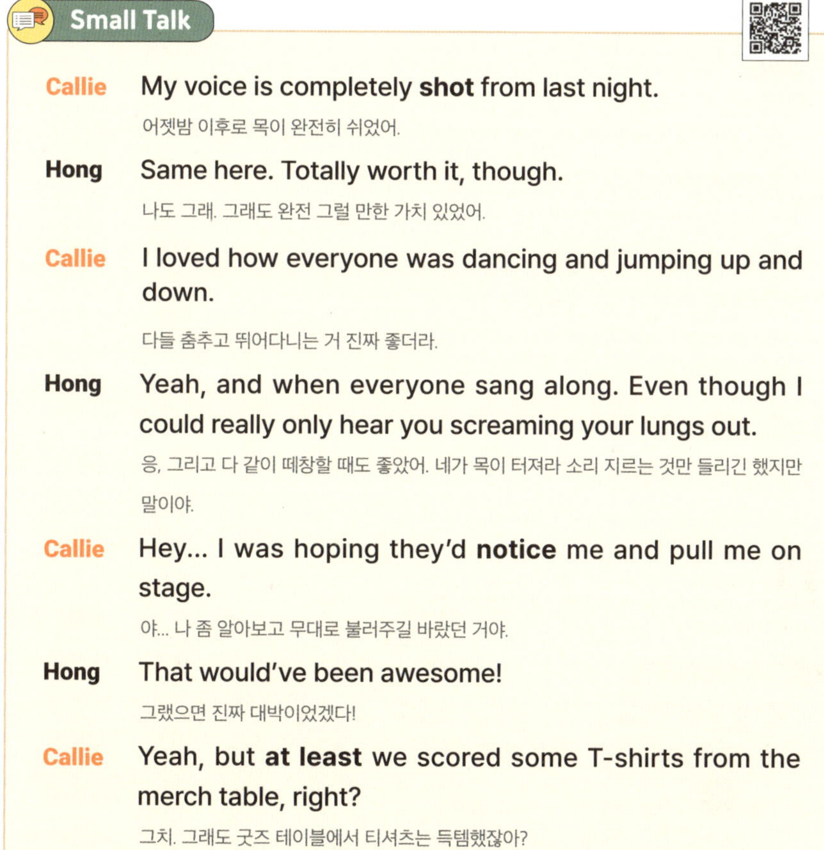

Callie My voice is completely **shot** from last night.

어젯밤 이후로 목이 완전히 쉬었어.

Hong Same here. Totally worth it, though.

나도 그래. 그래도 완전 그럴 만한 가치 있었어.

Callie I loved how everyone was dancing and jumping up and down.

다들 춤추고 뛰어다니는 거 진짜 좋더라.

Hong Yeah, and when everyone sang along. Even though I could really only hear you screaming your lungs out.

응, 그리고 다 같이 떼창할 때도 좋았어. 네가 목이 터져라 소리 지르는 것만 들리긴 했지만 말이야.

Callie Hey... I was hoping they'd **notice** me and pull me on stage.

야... 나 좀 알아보고 무대로 불러주길 바랐던 거야.

Hong That would've been awesome!

그랬으면 진짜 대박이었겠다!

Callie Yeah, but **at least** we scored some T-shirts from the merch table, right?

그치. 그래도 굿즈 테이블에서 티셔츠는 득템했잖아?

Hong Yeah... the most expensive T-shirts I've ever bought.

그래.. 내가 산 티셔츠 중에 제일 비쌌지만 말이야.

Vocabulary **shot** 완전히 망가진, 상태가 안 좋은 | **notice** 알아차리다 | **at least** 적어도

Nosebleeds(공연·경기장의 가장 높은·먼 좌석)

'Nosebleeds'는 콘서트나 스포츠 경기장에서 무대나 경기장과 가장 멀고 가장 높은 곳에 있는 좌석을 가리키는 속어입니다. 너무 높은 곳에 앉아 있다 보니 코피가 날 수도 있다는 농담에서 유래한 표현입니다. 이런 좌석은 무대나 경기에서 멀리 떨어져 있고, 경기장이 잘 보이지 않아서 살짝 부정적인 뉘앙스가 있어요. 그래도 가격이 더 저렴하기 때문에 여전히 많은 사람들이 선호합니다.

1 **We got stuck in the nosebleeds, but at least the tickets were cheap.**

우리는 맨 뒷자리에 앉게 됐지만, 그래도 표가 저렴했다.

2 **They were seated way up in the nosebleeds.**

그들은 완전 꼭대기 좌석에 앉았다.

Callie's AI Tip & Mission!

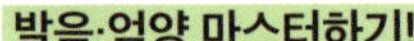

발음·억양 마스터하기!

ChatGPT를 활용해 발음과 억양을 훈련해 보세요.

1. 먼저 ChatGPT의 음성모드를 켜세요.

2. ChatGPT에 아래와 같이 요청하세요.

   "저는 원어민처럼 영어를 말하고 싶어요. 영어 문장들을 소리 내어 읽을게요. 제 발음과 억양을 더 자연스럽게 만들 수 있는 구체적인 팁을 알려주세요."

3. 282쪽의 Key Phrases 예문을 한 문장씩 영어로 소리 내어 읽어주세요.

4. 잘 와닿지 않거나, 이해가 안 될 때는 이렇게 말하세요.

   "시범을 보여주세요." 그러면 ChatGPT가 원어민 억양으로 직접 읽어줍니다.

5. 수정된 발음으로 다시 읽고, 다음 문장으로 넘어가 보세요.

Diary

이번 파트에서 배운 주요 표현과 단어들을 활용해, 아래 질문에 답해보세요.

(Callie's Diary) *At my dream music festival, Lady Gaga, Justin Bieber, and BTS would be the headliners. If I could go backstage and meet Lady Gaga, I would tell her that she is a big inspiration to me and that I'm a huge fan of hers.*

제가 꿈꾸는 뮤직 페스티벌에는 레이디 가가, 저스틴 비버, 그리고 BTS가 헤드라이너일 거예요. 만약 백스테이지에서 레이디 가가를 만날 수 있다면, 그녀가 저에게 정말 큰 영감을 줬고 제가 진짜 팬이라고 말할 거예요.

⭐ 이제 여러분이 써볼 차례예요!

At my dream music festival, ______________, ______________, and

______________ would be the headliners. If I could go backstage and

meet ______________, I would tell (him / her / them) that ____________

____.

 **DAY 87**

Chuseok 추석

Script

It's tradition for us to celebrate Chuseok at my **in-laws'** house in Changwon. Since Chuseok is one of the busiest travel times of the year, we **make sure** to book our KTX tickets weeks in advance. Tickets **sell out fast**, and the traffic is always crazy. Luckily, we're able to get seats most of the time.

Chuseok is kind of like Korean Thanksgiving. It's all about **honoring your ancestors**, **spending time with** family, and of course, eating good food. My **mother-in-law** starts prepping days in advance and cooks a ton of delicious **homemade** food. My favorite food she makes is songpyeon.

우리는 창원에 있는 시댁에서 추석을 매년 보내요. 추석은 1년 중 가장 붐비는 여행 시기 중 하나라서, 몇 주 전에 미리 KTX 표를 예매하려고 해요. 표는 금방 매진되고, 교통은 항상 장난 아니에요. 다행히 대부분은 좌석을 구할 수 있었어요.

추석은 한국판 추수감사절 같은 날이에요. 조상을 기리고, 가족들과 시간을 보내고, 물론 맛있는 음식을 먹는 날이죠. 저희 시어머니는 며칠 전부터 미리 준비를 시작해서 집에서 직접 만든 맛있는 음식을 잔뜩 해주세요. 시어머니가 해주시는 음식 중에 제가 제일 좋아하는 건 송편이에요.

in-laws 시댁 또는 처가 식구 | **make sure** 꼭 ~하다, 확실히 챙기다 | **spend time with** ~와 시간을 보내다 | **mother-in-law** 시어머니, 장모님 | **homemade** 집에서 만든 | **father-in-law** 시아버지, 장인어른 | **feast** 잔치, 성대한 식사 | **visit** 방문하다 | **relatives** 친척들 | **catch up with** ~와 오랜만에 만나 근황을 나누다 | **tasty** 맛있는

On the morning of Chuseok, we wake up early to help set the table for charye, the traditional Korean ceremony for honoring ancestors. Everyone in the family **pitches in.** Some people plate the food while others help **arrange the ceremonial table**. I usually help out with the dishes. Once everything is ready, the men in the family take turns **bowing deeply** to **show respect to their ancestors**. My **father-in-law** also shares stories about his family history.

After the ceremony, we all eat together and enjoy a big **feast**. Later, we **visit** some **relatives** and **catch up with** everyone since we don't get to see them often. Then it's nap time. Every year, all that **tasty** Chuseok food **puts me in a serious food coma**.

추석 당일 아침, 우리는 모두 일찍 일어나 조상을 기리는 전통 의식인 차례상 차리는 걸 도와요. 가족 모두가 다 같이 거들어요. 어떤 사람들은 음식을 담고, 다른 사람들은 제사상을 차리는 걸 도왔어요. 저는 보통 설거지를 도와요. 모든 준비가 끝나면, 집안 남자들이 조상님께 예를 표하기 위해 돌아가면서 큰절을 올려요. 시아버님은 가족 역사에 얽힌 이야기들도 들려주세요.

제사가 끝난 뒤에는 다 함께 모여서 푸짐하게 식사를 즐겨요. 이후에는 몇몇 친척들을 방문하고, 자주 못 보니까 서로 근황 얘기도 나눠요. 그리고 나면 낮잠 잘 시간이죠. 매년 그 맛있는 추석 음식을 다 먹고 나면 완전 식곤증이 몰려와요.

✅ **Sell out fast** 금방 매진되다

KTX tickets always **sell out fast**.
KTX 티켓은 항상 빨리 매진된다.

✅ **Honor (one's) ancestors** ~의 조상을 기리다

Many families **honor their ancestors** by visiting their graves.
많은 가정이 조상을 기리기 위해 성묘를 한다.

✅ **Pitch in** 힘을 보태다, 함께 돕다

Everyone in the neighborhood **pitched in** to help the family in need.
동네 사람들이 모두 힘을 합쳐 도움이 필요한 그 가족을 도왔다.

✅ **Arrange the ceremonial table** 제사상을 차리다

We **arranged the ceremonial table** with fruit, candles, and photos.
우리는 과일, 초, 사진으로 제사상을 차렸다.

✅ **Bow deeply** 절하다, 큰절을 올리다

At the ceremony, everyone **bowed deeply** to the elders.
제사 때 다들 어른들께 큰절을 했다.

✅ **Show respect to (one's) ancestors** 조상에게 예를 표하다

People **show respect to their ancestors** with offerings and prayers.
사람들은 음식(제물)과 기도로 조상에게 예를 표한다.

✅ **Put (someone) in a food coma** 배부름으로 인해 졸리게 만들다, 식곤증이 오게 하다

That huge dinner totally **put me in a food coma**.
그 푸짐한 저녁 식사 때문에 완전히 식곤증이 몰려왔다.

Chuseok 추석

📝 Small Talk

Hong   I still can't believe we actually got KTX tickets.

우리가 KTX 표를 진짜로 구했다는 게 아직도 안 믿겨.

Callie   I know... during the busiest travel time of the year? Well done!

그러니까... 1년 중 가장 바쁜 시기에 말이지? 잘했어!

Hong   By the way, what'd you think of charye?

그나저나, 차례는 어땠어?

Callie   I loved it! It's so cool seeing how your family honors your ancestors.

완전 좋았어! 너희 가족들이 조상을 기리는 모습이 정말 멋지더라.

Hong   They were so happy that we came.

가족들도 우리가 와서 정말 좋아했어.

Callie   I think I'm still in a food coma, though.

근데 아직도 식곤증이 가시질 않는 것 같아.

Hong   I don't **doubt** it with how much songpyeon you ate!

네가 송편을 그렇게 많이 먹었는데 안 그럴 수가 없지!

Callie   Hey, don't **judge** me! It's my favorite Chuseok food!

야, 뭐라고 하지 마! 송편은 내가 제일 좋아하는 추석 음식이란 말이야!

Vocabulary   **doubt** 의심하다 | **judge** 평가하다, 판단하다

추수감사절(Thanksgiving)

추수감사절은 미국에서 추석과 가장 비슷한 명절로, 매년 11월 넷째 목요일에 열립니다. 음식과 가족이 중심인 가을 명절로, 많은 미국인들이 하루 종일 맛있는 음식을 먹고 미식축구를 보면서 가족들과 함께 시간을 보냅니다.

추수감사절 대표 음식으로는 구운 칠면조, 매시드 포테이토, 그레이비 소스, 스터핑, 그린빈 캐서롤이 있고, 디저트로는 펌킨 파이가 빠지지 않아요. 재미있는 전통으로 '위시본(wishbone)'이 있는데, 칠면조 안에 있는 Y자 모양 뼈를 두 사람이 양쪽에서 잡아당겨서 더 큰 조각을 가진 사람의 소원이 이루어진다고 믿습니다.

Callie's AI Tip & Mission!

일기 쓰기 레벨업!

ChatGPT를 활용해서 내가 쓴 일기에 대해 맞춤형 피드백을 받아보세요.

1. 291쪽 Diary를 작성한 후, 타이핑하거나 사진을 찍어서 ChatGPT에 아래 메시지와 함께 요청하세요.

   "제가 쓴 영어 일기예요. 영어를 원어민이 쓴 것처럼 자연스럽게 다듬어주세요. 어색한 문법이나 단어 선택이 있다면 고쳐주고, 왜 그렇게 수정했는지 한국어로 구체적으로 설명해 주세요."

2. 아래 예시 질문을 활용하면, ChatGPT로부터 더 풍부하게 피드백받을 수 있습니다.

   "이 표현을 다른 문장으로도 바꿔볼 수 있을까요?"

   "제가 쓴 문장과 원어민 문장의 뉘앙스 차이를 더 자세히 설명해 주세요."

3. 피드백을 활용해서 일기를 더 풍성하게 써보세요.

Diary

이번 파트에서 배운 주요 표현과 단어들을 활용해, 아래 질문에 답해보세요.

(Callie's Diary) *Chuseok is a Korean holiday where families honor their ancestors. Some Chuseok traditions include visiting relatives and bowing to show respect. My family always does charye and then heads to a nearby cafe to catch up with everyone over a cup of coffee.*

추석은 가족들이 조상께 예를 표하는 한국의 명절이에요. 추석의 전통으로는 친척들 집에 방문하고 예를 표하기 위해 절하는 것이 있어요. 우리 가족은 항상 차례를 지내고, 그다음에 근처 카페에 가서 커피 마시면서 서로 근황을 나눠요.

⭐ 이제 여러분이 써볼 차례예요!

Chuseok is ____.

Some Chuseok traditions include ____________________________

____.

My family always ____

____.

DAY 89

Learn it

Christmas 크리스마스

 Script

Christmas is my favorite time of year, and this year was extra special because I was **home for the holidays**. I celebrated early with my mom on Christmas Eve. First, we **put up her Christmas tree** and decorated it with **ornaments**. Then we made a **gingerbread house**. It didn't turn out great, but it **had character**. After that, we took a walk around the neighborhood to look at all the Christmas lights. I love seeing how everyone decorates their homes for Christmas.

When we got home, we baked Christmas cookies and made some hot cocoa. To end the night, we curled up on the couch to watch my **all-time favorite** Christmas movie, 'The Grinch'.

크리스마스는 제가 1년 중 가장 좋아하는 시기에요. 그리고 올해는 제가 휴일에 집에 갈 수 있어서 더 특별했어요. 저는 엄마와 크리스마스이브에 미리 축하를 했어요. 제일 먼저 우리는 엄마네 크리스마스트리를 설치하고 오너먼트로 장식했어요. 그리고 나서 진저브레드 하우스를 만들었어요. 멋지게 나오진 않았지만, 나름대로 개성이 있었어요. 그러고 나서 우리는 동네를 걸으면서 크리스마스 조명들을 구경했어요. 저는 사람들이 크리스마스에 집을 어떻게 꾸미는지 보는 게 정말 좋아요.

우리는 집에 돌아와서 크리스마스 쿠키를 굽고 핫초코를 만들었어요. 하루를 마무리하면서는 우리는 소파에 폭 파묻혀서 제가 가장 좋아하는 크리스마스 영화 '그린치'를 봤어요.

Vocabulary

ornament 장식품, 장식용 물건 | **gingerbread house** 진저브레드로 만든 집 모양 과자 | **have character** 개성이 있다, 독특한 매력이 있다 | **all-time favorite** 언제나 가장 좋아하는 것 | **stocking stuffer** 크리스마스 양말 속에 넣는 작은 선물 | **paw** (동물의) 발, 앞발 | **tear open** (포장지 등을) 찢어서 열다 | **wrapping paper** 포장지 | **unwrapped** 포장을 벗긴

On Christmas Day, I went to my dad's house. In the morning, we **exchanged gifts**. When I was a kid, I was always so excited to see what Santa left under the tree. Even now, my parents still **hang stockings**. Candy and gift cards are some of my favorite **stocking stuffers**.

Even my dogs got gifts this year. It was so fun watching them use their **paws** to **tear open** the **wrapping paper**. After all the presents were **unwrapped**, we had an early Christmas dinner. Later in the day, we visited my grandma to **wish her a Merry Christmas** and spend some time together.

크리스마스 당일에는 아빠 집에 갔어요. 아침에는 선물을 서로 주고받았어요. 제가 어렸을 때는 산타가 트리 아래에 뭘 두고 갔는지 보는 게 항상 너무 설레였어요. 지금도 부모님은 여전히 크리스마스 양말을 걸어두세요. 캔디랑 기프트카드는 제가 가장 좋아하는 크리스마스 양말 속 선물이에요.

올해는 강아지들도 선물을 받았어요. 강아지들이 발바닥으로 포장지를 뜯는 걸 보는 게 정말 재밌었어요. 선물을 모두 풀고 난 후, 우리는 이른 크리스마스 식사를 했어요. 그날 오후 늦게, 우리는 할머니 댁에 찾아뵙고 크리스마스 인사를 드린 후 함께 시간을 보냈어요.

✓ **Home for the holidays** 집에서 휴일/명절을 보내다

I'm so happy I could go **home for the holidays** this year.
나는 올해 명절에 집에 갈 수 있어서 정말 행복하다

✓ **Put up a Christmas tree** 크리스마스 트리를 설치하다/꾸미다

We always listen to Christmas music while **putting up our Christmas tree**.
우리는 크리스마스 트리를 꾸밀 때 항상 크리스마스 음악을 듣는다.

✓ **Exchange gifts** 선물을 주고받다

My family **exchanged gifts** on Christmas morning.
우리 가족은 크리스마스 아침에 선물을 주고받았다.
다르게 말해보기 Do a gift exchange / Give each other gifts

✓ **Hang stockings** 크리스마스 양말을 걸다

We **hang stockings** on the fireplace.
우리는 벽난로에 크리스마스 양말을 걸어둔다.

✓ **Wish (someone) a Merry Christmas** ~에게 크리스마스 인사를 하다

Before leaving work, I made sure to **wish my coworkers a Merry Christmas**.
퇴근하기 전에 동료들에게 꼭 메리 크리스마스 인사를 전하려고 했다.
다르게 말해보기 Wish (someone) happy holidays

Christmas 크리스마스

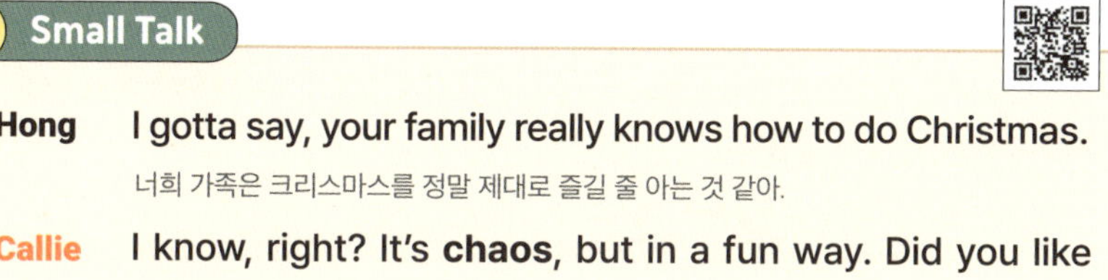

💬 Small Talk

Hong   I gotta say, your family really knows how to do Christmas.

너희 가족은 크리스마스를 정말 제대로 즐길 줄 아는 것 같아.

Callie   I know, right? It's **chaos**, but in a fun way. Did you like your gifts?

그렇지? 정신없긴 한데, 그게 또 재미있잖아. 선물은 마음에 들었어?

Hong   I loved them! Especially the stocking stuffers.

완전 마음에 들었지! 특히 양말 속 선물들이 좋았어.

Callie   Same. I get excited every year when my dad hangs the stockings.

나도. 매년 아빠가 크리스마스 양말을 걸어두면 설레.

Hong   They really go all out for Christmas. I love looking at their Christmas lights outside.

진짜 크리스마스 준비를 진짜 작정하고 하시더라. 집 밖에 있는 크리스마스 조명 보는 것도 정말 좋아.

Callie   Yeah, my mom doesn't **mess around**. She starts decorating the day after Thanksgiving.

응, 우리 엄마는 장난 아니야. 땡스기빙 바로 다음 날부터 꾸미기 시작해.

Hong   Well, it looks great! Your gingerbread house, on the other hand...

진짜 예쁘더라! 네가 만든 진저브레드 하우스는 그에 반해...

Callie   Hey... it's got character, okay?

야... 개성 있는 거라고, 알겠어?

Vocabulary   **chaos** 혼란, 엉망진창인 | **mess around** 장난 치다

A Christmas Story (영화 '크리스마스 스토리')

1983년에 개봉한 '크리스마스 스토리'는 미국을 대표하는 크리스마스 고전 영화입니다. 1940년대 미국의 향수 어린 크리스마스 풍경을 유머러스하게 담아낸 이 영화는, 미국에서 크리스마스이브부터 크리스마스 당일까지 24시간 연속으로 상영될 정도로 사랑받고 있어요.

많은 미국 가정에서는 선물을 풀거나 식사를 할 때 이 영화를 배경처럼 틀어 놓으며, 영화 속 소품들을 재현한 굿즈도 인기가 많습니다. 미국인들이 가장 좋아하는 크리스마스 영화 중 하나이니, 한 번쯤 꼭 보길 추천해요.

1 We always watch 'A Christmas Story' while opening presents.

우리는 선물을 여는 동안 크리스마스 스토리를 본다.

2 It doesn't feel like Christmas until you've watched 'A Christmas Story'.

'크리스마스 스토리'를 보기 전까지는 크리스마스 같지가 않다.

 *Callie's AI Tip & Mission!*

스몰토크 마스터하기!

ChatGPT를 활용해 스몰토크를 연습해보세요.

1. ChatGPT에 295쪽의 Small Talk 사진을 찍어 전송하세요.
2. 음성모드를 켜세요.

3. ChatGPT에 아래와 같이 대화를 요청하세요.

   "사진 속 스몰토크를 같이 읽어볼게요. 제가 Hong 역할을 할게요, Callie 역할을 해주세요."

4. 첫 문장을 말해보세요. ChatGPT가 Callie처럼 대답하며 자연스럽게 대화를 이어갑니다. 한 문장씩 주고받으며 스피킹을 연습해 보세요.

5. 끝까지 읽고나면 역할을 바꿔보세요.

   "이제 역할을 바꿔볼게요. Hong 역할로 먼저 시작해 주세요. 저는 Callie 역할을 할게요."

Diary

이번 파트에서 배운 주요 표현과 단어들을 활용해, 아래 질문에 답해보세요.

Q Let's play 'Would You Rather'.
'어떤 게 더 나은지' 밸런스 게임을 해봐요.

1 *Would you rather make a gingerbread house or bake Christmas cookies?*
진저브레드 하우스를 만드는 게 좋아요, 아니면 크리스마스 쿠키를 굽는 게 좋아요?

2 *Would you rather get one big present or many small presents?*
큰 선물 하나를 받는 것과 작은 선물 여러 개를 받는 것 중 어떤 게 좋으세요?

3 *Would you rather have a white Christmas or a warm Christmas?*
화이트 크리스마스를 맞이하는 게 좋으세요, 아니면 따뜻한 크리스마스가 좋으세요?

(Callie's Diary)

1 *I'd rather bake Christmas cookies because they taste better.*
저는 크리스마스 쿠키를 굽는 걸 더 좋아해요. 왜냐하면 더 맛있거든요.

2 *I'd rather get many small gifts because it's fun to open lots of presents.*
저는 작은 선물을 여러 개 받는 걸 더 좋아해요. 왜냐하면 선물을 많이 열어보는 게 재미있거든요.

3 *I'd rather have a white Christmas because the snow is so pretty.*
저는 화이트 크리스마스가 더 좋아요. 왜냐하면 눈이 너무 예쁘니까요.

이제 여러분이 써볼 차례예요!

I'd rather _________________ because _____________________.

I'd rather _________________ because _____________________.

I'd rather _________________ because _____________________.

90일 동안 꾸준히 공부해 온 여러분, 정말 고생 많으셨어요! 90일 동안 차곡차곡 쌓아온 노력과 배움은 앞으로 분명 큰 힘이 되어줄 거예요.

※ 단어들을 바르게 배열하여 문장을 만드세요.

01   a flight / I / New York / to / booked

____

02   boarded / and found / I / my seat / the plane / right away

____

03   to / my room / the meal / I / told them / to charge

____

04   Just / me / off / drop / at the / corner

____

05   for about / We / 30 minutes / had to / in line / wait

____

※ 영어 문장을 한국어로 번역하세요.

06   Don't forget to submit your expense report by Friday.

____

07   We need to hurry if we want to catch the train.

____

08   That guy just cut me off!

____

09   I celebrated my birthday with friends this weekend.

____

10   They just got engaged.

____

※ 배운 표현들을 활용하여 한글을 영어로 바꿔보세요.

11   음료는 마음껏 드세요!

____

12   오늘 밤 너는 누구를 응원하고 있니?

____

13   네가 1열 티켓을 구했다니 믿기지 않아!

____

14   KTX 티켓은 항상 빨리 매진된다.

____

15   우리 가족은 크리스마스 아침에 선물을 주고 받았다.

____

1. I booked a flight to New York.   2. I boarded the plane and found my seat right away.   3. I told them to charge the meal to my room.   4. Just drop me off at the corner.   5. We had to wait in line for about 30 minutes.   6. 금요일까지 경비 보고서를 제출하는 거 잊지 마세요.   7. 우리 기차를 타려면 서둘러야 해.   8. 저 사람이 내 앞에 갑자기 끼어들었어!   9. 이번 주말에 친구들과 내 생일을 축하했다.   10. 그들은 막 약혼했다.   11. Help yourself to a drink!   12. Who are you (rooting/cheering) for tonight?   13. I can't believe you scored front-row tickets!   14. KTX tickets always sell out fast.   15. My family exchanged gifts on Christmas morning.

여러분의 새로운 시작을 응원하며

여기까지 온 여러분, 정말 멋지세요! 집 안에서의 일상 루틴부터 집 밖에서의 다양한 상황들, 그리고 여행과 같은 특별한 순간들까지... 여러분은 이제 삶의 거의 모든 영역에서 자신감 있게 영어로 소통할 수 있는 든든한 무기를 갖게 되었습니다.

복습이 완성을 만듭니다

이 책을 한 번 읽고 끝내지 마세요. 진짜 마법은 복습에서 시작됩니다. 포함된 음성 파일을 반복해서 들으면서 원어민의 자연스러운 발음과 리듬에 여러분의 귀와 입을 익숙하게 만들어보세요.

망각과의 싸움에서 이기는 법

독일의 심리학자 헤르만 에빙하우스(Hermann Ebbinghaus)의 망각곡선 연구에 따르면, 우리가 새로 배운 정보는 하루 후 67%, 일주일 후 77%, 한 달 후 79%를 잊어버린다고 해요. 하지만 걱정 마세요! 제가 알려드리는 복습 루틴을 따라가시면 잊어버리지 않아요.

2회차 공부를 위한 복습 루틴

- 2일 차 이후: 오늘 새로운 루틴 + 어제 루틴
- 8일 차 이후: 오늘 새로운 루틴 + 어제 루틴 + 일주일 전 루틴
- 한 달 후 ~: 오늘 새로운 루틴 + 어제 루틴 + 일주일 전 루틴 + 한 달 전 루틴

예를 들어, 한 달 후에는 하루에 총 4개의 루틴을 복습하게 되는 거죠. 많아 보이지만 실제로 복습에는 하루 10~15분 정도면 충분해요! 이렇게 체계적으로 복습하면 그 표현들이 여러분의 장기기억 속에 완전히 자리 잡게 됩니다.

영어가 삶의 루틴이 되는 순간

이제 아침에 침대를 정리하며 "I'm making the bed", 카페에서 커피를 테이크아웃하며 "I'm grabbing a coffee"라고 입 밖으로 말해보세요. 여러분의 일상에 영어를 초대하여 더 이상 공부할 대상이 아닌, 함께하는 친구가 되기를 진심으로 바랍니다.

이 책을 통해 여러분과 만나게 되어 너무 즐거웠어요. 앞으로도 공감할 수 있고, 실생활에서 바로 써먹을 수 있는 콘텐츠로 계속해서 찾아뵐게요. 여러분의 영어 여정을 끝까지 응원하며, You got this!

캘리쌤 드림

캘리쌤의 루틴 잉글리시

© 캘리쌤, 2025

초판 1쇄 발행 2025년 12월 17일
초판 3쇄 발행 2025년 12월 26일

지은이 캘리쌤

책임편집 김아영
콘텐츠 그룹 배상현, 김다미, 김아영, 박화인, 기소미
표지 디자인 R DESIGN 이보람
본문 디자인 정윤경

펴낸이 전승환
펴낸곳 책 읽어주는 남자
신고번호 제2024-000099호
이메일 bookpleaser@thebookman.co.kr

ISBN 979-11-24038-12-3 (13740)